本书系国家语言文字智库建设试点成果之一

中国语情与社会发展研究中心

中国语情档案丛书

总主编　赵世举

中国语情年报

ZHONGGUO YUQING NIANBAO

（2016）

赫　琳　主编

白利莹　黄一丹　谭　昭　徐　祎　叶继舟　参编

社会科学文献出版社
SOCIAL SCIENCES ACADEMIC PRESS (CHINA)

《中国语情档案》丛书总序

信息化全球化智能化的推进，尤其是网络的发展和自媒体的兴起，促使语言的功能空前拓展、价值大大提升，语言及语言生活日新月异，语言问题更加密切地与大众生活、经济社会发展乃至国家安全息息相关。因而上至国家，下至民众，都对语言问题日益重视，日常很多语言问题往往受到社会的普遍关注，有的甚至形成舆论热点。及时观测和把握语情动态，正确引导社会语言生活，化解语言问题，改善语言服务，促进语言生活和谐和语言健康发展，至关重要。

我们所说的语情，是指语言生活中的各种新情况。主要包括语言文字本身发展变化情况、语言文字的使用状况及相关活动、与语言文字相关的舆情等。现实语言生活中的语情，不仅是语言文字自身发展变化和语言文字使用状况的集中反映，也在一定程度上是社会的风向标和晴雨表，折射出相关的社情民意。关注和研究语情，不仅具有语言学的重要价值，而且对于社会安定、文化建设、经济社会发展等都具有十分重要的意义。

我国目前相对全面集中地关注、研究和发布语情状况的，是国家语委组编发布的四个皮书，即系统反映我国语言文字事业年度发展状况、语言文字方针政策和各领域相关数据的综合性报告《中国语言文字事业发展报告》（白皮书），调查分析我国年度语言文字使用基本状况及社会语言生活热点难点问题的《中国语言生活状况报告》（绿皮书），整理选编我国年度语言政策与规划及相关研究成果的《中国语言政策研究报告》（蓝皮书），介绍世界各国语言生活最新动态的《世界语言生活状况报告》（黄皮书）。这四个皮书各有侧重，相互补充，形成了较为完整的系列，产生了很好的影响。

然而，由于篇幅、主旨等因素限制，这四个皮书搜集反映的语情并非全部，还有大量的具体语情信息未能涉及和收录。这就使得不少语情信息未得关注，并可能被淹没甚至散失。这是一大缺憾。“中国语情档案”丛书正是为了弥补此缺憾而编撰的。力图全面搜集、整理和综合分析我国不同年度的重要语情信息及相关研究信息，系统地建档立案，并依年序持续编撰，旨在为中国语情及其研究建立一套原始的信息资源档案，为国家语委四皮书做些补充，留下真实的历史记忆，以供有关部门制定语言政策和规划、解决相关问题和有关领域学者开展学术研究作参考。如果把国家语委四皮书看作中国语情“正编”的话，那么这套丛书就可看作“外编”。

本丛书的主编单位中国语情与社会发展研究中心是国家语委的研究机构，是国家语言文字智库建设首批试点，主要从事中国语情监测分析和语言战略、语言政策与规划、有关国计民生的重大现实语言问题研究。其宗旨是：“观测语言生活，解读社会万象，提供决策咨询，服务国家发展。”《中国语情档案》丛书的内容全部来自本中心的语情监测分析信息，是在本中心所编的内部简报《中国语情》《中国语情特稿》《中国语情月报》和“中国语情动态资源库”基础上，精选加工而成的。本丛书目前暂设以下三种。

《中国语情研究档案》。以中国语情与社会发展研究中心主办的内参《中国语情》和《中国语情特稿》为基础，精选其中研究当年重要语情和热点语情的文章进行精加工，力图集中反映当年社会各方面对重要语情和热点语情的不同看法及对策建议。

《中国语情年报》。以中国语情与社会发展研究中心主办的内部简报《中国语情月报》为基础，精选较重要的语情信息，进行进一步加工，以期集中反映当年中国语情的基本状况。

《汉语新词语档案》。以《中国语情》刊发的新词语追踪研究文章和“新词语快报”栏目所收词语为基础，进行适当增补和修改。可集中反映某时间段有代表性的新词新语和相关社会现象。既做侧重语言本体发展变化情况的梳理，也间或对社会语言生活及相关社会现象进行点评。

由于本中心的前身“武汉大学中国语情监测与研究中心”成立于2009年4月，《中国语情》和《中国语情特稿》也于那时创刊，因此本丛书搜罗的信息便从2009年开始。丛书编撰工作启动于2016年，采取了回溯方式，首辑汇集2009～2015年的语情信息，唯因《中国语情月报》创刊于2015年，所以《中国语情年报》的内容便始自2015年。后续《中国语情年报》每年一集，《中国语情研究档案》和《汉语新词语档案》每2～3年一集。

本丛书是众人之功。感谢所有的原作者、编者和集成修订者！感谢有关媒体和刊物！感谢长期以来指导和支持中国语情与社会发展研究中心语情监测研究工作的教育部语信司历任领导和相关人士！

2017年10月于武汉大学珞珈山

序

随着全球化和信息化进程的不断加快以及语言交流平台的日新月异，语言自身及其功能正呈现出前所未有的新情况、新特点。

语言是资源已经逐渐成为共识。国家安全、经济、文化、科技、政治等领域以及社会生活的各个方面都离不开语言资源的支撑和服务。中国正在实施的“一带一路”建设也呼唤各类语言人才和相关的语言服务及时跟进。因此，关注语言生活，了解语情状况，有针对性地发展语言文字事业，是国家的现实战略需求。

网络为新的时代带来了交流和传播方式的变革，李世石与AlphaGo的人机大战引爆了人工智能新一轮的热潮，G20峰会向世人展现了语言服务的新发展，共同汇聚成了一股强大的“洪荒之力”。另外，低俗语言、网络语言暴力也正消解着社会的真善美，“吃瓜群众”要看穿语言垃圾的“套路”，警惕“老司机”把网络文明带入歧途……各种语情折射的是社会百态，其中也饱含着家国情怀、社会追问和大众对有关问题的思考。虽是“语情”，更是“人情”和“国情”。

为了客观记录中国语情状况，我们特编撰《中国语情年报》，力图全方位、多角度地反映当年中国语言生活，特别是与国家、社会和民生息息相关的语言状况、热点问题以及突发事件。希望以此保存中国每年的重要语情，为相关学术研究提供档案资料，也为国家制定相关的语言政策及规划提供参考。

赫　琳

2019年1月

目录

语言使用动态

语言资源保护

语言科技和语言服务

语言教育

语言规划及辞典编纂

中国语言文化国际传播

语言学术动态

语言使用动态

引　言

2016 年，我国语言生活丰富多彩，出现了许多值得关注的现象。

年度汉字、热词、流行语再次引起人们的关注和热议，不少机构和组织纷纷评选出最具代表性的字、词或短语。如“一带一路”年度汉字“和”、两岸年度汉字“变”、2016 春夏季中国主流报纸十大流行语、十大文玩热词、朋友圈十大流行语等。随着两会和 G20 峰会的召开，一批关键词也同样得到了广泛关注。这些热词和流行语反映了人们日常生活的方方面面，也折射出人们的心理状态。2016 年，网络词语也层出不穷，具有鲜明的网络文化色彩。然而，不少人士对其中的低俗词语表示担忧，认为它们污染了语言环境，破坏了汉语的健康，应实施治理以净化网络环境。

汉字的使用和传播有声有色。“汉字听写大会”等活动的举办，从不同方面推动汉字的传播传承和中华语言文化事业的发展。繁简字的使用需加强规范。港台地区对简体字的使用仍存在争议。

在语言的使用和规范方面，一系列语言规章相继出台，语言使用的规范化进一步加强：广电总局正面回应了字母词的使用；广告法对广告用语进行规范；新华社公布首批媒体禁用词，中央编译局公布中央文献重要术语日语翻译规范，第四批外语中文译词发布；《普通话异读词审音表（修订稿）》向社会征求意见；一些地方的地名和人名的汉字使用和读音引关注；新疆重视少数民族人名规范、公安部推动冷僻字人名身份证正常使用。

方言和民族语言使用活跃。四川方言电影引起广泛关注，湖北武汉公交使用方言报站，浙江丽水畲族使用方言上党课，广东雷州足荣村举办方言电影节，习近平讲话出版多种少数民族文字单行本，河北建首个满文交通指示牌，云南陇川用民族语言讲国策，内蒙古阿拉善盟促进蒙古语言文字发展。

地名问题广受关注。“大、洋、怪、重”等不规范地名被叫停，一些地方改名看法不一，“六安”读音起争议。

一 年度汉字、热词和流行语

“2015 媒体关注度十大榜单”发布

（摘自：光明日报，1 月 7 日，作者：晋浩天）

2016 年 1 月 6 日，中国传媒大学国家语言资源监测与研究有声媒体中心举行“2015 媒体关注度十大榜单”新闻发布会。中国传媒大学副校长廖祥忠教授出席发布会并致辞。

廖祥忠副校长在致辞中充分肯定了我中心的工作，并指出，“媒体关注度十大榜单”一直以来都非常令人期待，它用几个词绘制出一张圈点图，串起了过去的一整年。如果把 10 年、20 年的词放在一起，一定会是一个大的全景图，让我们回忆、记忆。通过这种方式去描绘、记录整个时代也是我们高校媒体人的责任。他表示，今年的榜单让人眼前一亮，脑洞大开，背后凝聚了整个团队的心血，希望一直做下去。

记录鲜活历史　勾勒时代变迁

——2015 年度汉字与流行语词评点

（摘自：光明日报，1 月 24 日，作者：朱瑞平）

2015 年底，国内外多家机构相继发布年度汉字和流行语词，媒体上一时颇为热闹。“汉语盘点 2015”年度国际字“恐”，反映了这一年世界范围内恐怖主义活动猖獗；年度国内字“廉”，既体现了民众对政府官员和社会环境的期待，也高度肯定了政府所付出的努力。“2015 年全媒体年度汉字”是“调”，昭示着中国经济进入了结构、发展方式和发展理念的全面调整期，如生育政策、外交政策等。

新加坡年度汉字“耀”，既代表了新加坡植物园列入联合国教科文组织世界文化遗产名录和东南亚运动会收获 84 金的双重荣耀，也包含了对 2015 年辞世的建国总理李光耀的怀念。

日本年度汉字“安”则令人联想多多：国内安倍政府当权，强行通过安保法案；国际恐怖袭击令人不安，气象异常令人不安，所以人心思“安”。

2015 中国车事年度汉字：慢

（摘自：大周说车，1 月 28 日）

回望就要结束的 2015 年，很多中国汽车人一声叹息：“这几年，日子一年比一年不好过!”尽管 2015 年的最终销量统计还没有出炉，但是今年汽车产销同比增长仅为 3% “大差不差”，从高增长转入慢增长已是不争的事实。如何应对“新常态”是未来几年中国车市发展的大课题。《北京晨报》将 2015 年中国车事的年度汉字定义为“慢”，其他 9 个关键汉字按序分别是：假、降、换、电、新、减、限、反、更。

如果用这 10 个年度汉字自由凑成一副对联，上联是：造假降价换来慢；下联是：电商难限反不减；横批：更新 2016。

《咻字词典》一夜“咻”成

（摘自：语言锋标，2 月 8 日）

“支付宝”软件 2016 年 1 月 15 日发布 9. 5 版，新版上线了“咻红包”相关体验功能，用户点击屏幕即可“咻”到惊喜。全球观众在看春晚的同时，手机打开支付宝就可以参与“咻红包”活动，与央视春晚进行现场互动。“咻”到红包的用户，可以分享给亲朋好友。人们将好运与福气传递给更多人，共同完成“集福卡”任务，以获得更大红包。

“咻红包”，即抢红包。在操作过程中，该系统发出“咻咻”之声，屏幕不时出现“咻”、“咻咻”、“咻一咻”等字眼；在具体互动过程中，系统不时推出类似“成语”、“谚语”的“咻咻”互动语。

商务印书馆出版《现代汉语词典》（第六版）对“咻”的释义为：（书）吵；乱说话；喧扰。咻咻 xiūxiū 拟声词。1. 形容喘气的声音：咻咻的鼻息；咻咻地喘气。2. 形容某些动物的叫声：小鸭咻咻地叫着。

猴年伊始回首羊年 10 大文玩热词

（摘自：中国经济网，2 月 19 日）

2015 年，星月降价、崖柏跳水、椰壳白菜价……文玩界今年讨论最多的，莫过于“跌”，目前，许多种类仍处“跌停”状态。文玩谈“药”，常作动词，“又被药了”、“目测被药”是文玩爱好者们交流常用的口头禅。玩家买到假货或以次充好，均可称为被“药”了。

随着社交媒体的发达，涌现了一大批文玩微商，在朋友圈里常见“秒”这个词，卖家以远低于市场价的价格出售文玩，并设定时限。通常伴随着“漏”共同使用。

“三无”逐渐成为文玩衡量标准之一，通常无绺裂、无优化、无杂质的玉石文玩，是质地较好的，针对每个种类，标准略有不同。

热字之“加（+）”：推进“互联网+”

（摘自：中国政府网，3月1日，作者：陈轩）

“发展是第一要务”。改革开放以来的中国故事，本质上是一个发展的故事——也可以称之为“加法”的故事。本届政府成立以来，这道“加法”题融入了最新的要素，那就是“互联网+”。由国家语言资源监测与研究中心、商务印书馆等机构主办的“汉语盘点2015”活动中，“年度词”落在了“互联网+”。《华尔街日报》盘点中国2015年五大热词，排名第一的同样是“互联网+”。自从李克强总理在2015年《政府工作报告》中首次提出“制定‘互联网+’行动计划”后，这个“加”便在更深刻地改变着中国。越来越多的公众见证着这样一场改变：政府办事部门依托“互联网+”相互衔接，变“群众跑腿”为“信息跑路”，最大限度地便利了百姓。

两会，哪些教育话题会成热词？

（摘自：中国教育报，3月2日，作者：柯进、刘博智）

党的十八届五中全会以来，教育等民生话题被赋予了新的内涵。教育部部长袁贵仁在2016年全国教育工作会议上说：“以新的发展理念为引领，全面提高教育质量，加快推进教育现代化。”在此背景下，教育精准扶贫、普及高中阶段教育、关爱农村留守儿童、全面放开二孩和推进教育供给侧改革，这些词汇可能成为今年两会的教育热词，抑或成为读懂“十三五”中国教育改革的“密码”。

2016年两会热词盘点

（摘自：新华网，3月16日，作者：张紫赟、邬慧颖、张非非）

1. 脱贫攻坚：加大力度，加快速度，加紧进度。
2. 绿色发展：像保护眼睛一样保护生态环境，像对待生命一样对待生态环境。
3. 创新：全面提升自主创新能力。
4. 新型政商关系：概括起来就是“亲”、“清”两个字。
5. 简政放权：“看不见的手”和“看得见的手”都要用好。

6. 强军兴军：以重点突破带动和推进全面创新，不断开创强军兴军新局面。

7. 民族团结：让各民族在中华民族大家庭中手足相亲、守望相助、团结和睦、共同发展。

8. 供给侧结构性改革：把握好“加法”和“减法”。

9. 两岸关系：我们对台大政方针是明确的、一贯的，不会因台湾政局变化而改变。

10. 农业现代化：实现藏粮于地、藏粮于技。

11. 振兴东北：扬长避短、扬长克短、扬长补短。

QQ 浏览器“两会”大数据：1.15 亿浏览下的八大热词

（摘自：中国新闻网，3 月 17 日）

在 QQ 浏览器“大数据”话题榜单上，除了“女神翻译”意外位列话题榜首之外，房价、就业、反腐等传统话题也备受关注。而改革、“十三五规划”、“互联网 +”，这些与未来社会、经济发展息息相关的话题，也成为移动端用户的热门关注点。借助互联网的推动力量，人们对“两会”的关注渠道日益多元化，并逐渐向移动端聚拢。

“和”成为“一带一路”年度汉字

（摘自：人民日报海外版，4 月 29 日）

“丙申年谷雨祭祀仓圣典礼和 2016‘一带一路’年度汉字发布仪式”，4 月 19 日在文字始祖仓颉的故乡——陕西白水县仓颉庙举行。

据介绍，2016“一带一路”年度发布的汉字是“和”，意寓着“一带一路”和谐共处、和谐发展，同时大屏幕展示了由全国政协常务委员、著名书法家、中国书法家协会主席苏士澍先生特意为发布仪式所书写的“和”字。

本次活动紧紧围绕“一带一路”大格局，携手“一带一路”和“汉字文化”研究领域的权威机构、著名专家、学者，并得到我国著名语言文字学家、汉语拼音之父、现年 111 岁高龄的周有光先生的支持和关注。

“雨露均沾体”网络爆红　一言不合就玩坏

（摘自：搜狐公众平台，6 月 16 日）

最近，“雨露均沾体”突然火了起来。这个梗开始跑偏始于综艺节目《欢乐喜剧人》，当时宋小宝表演了小品《甄嬛后传》，里面有“奉劝皇帝雨露均沾，却独宠我一人”的台词。

不过在上周六的《奔跑吧兄弟》中，在最后撕名牌环节，鹿晗 KO 宋小宝之后，再次“复刻”雨露均沾，把一句“后宫佳丽三千，皇上就独宠我一人”说出来。这一言不合，“雨露均沾体”就在微博火了起来，鹿晗的表演令大家脑洞大开，纷纷用“雨露均沾”造起了句，于是出现了不少金句，大家感受一下。

单身狗版

@单身的日常：自打我出生以来啊，就独得上帝恩宠，我劝上帝一定要雨露均沾，可上帝非是不听呢，就让我单身，就让我单身，就让我一直单身。

夏天的蚊子版

@俺家勋勋帅帅滴：自打入夏以来，我就一直被蚊子咬，我让蚊子雨露均沾，他不听就，就咬我，就咬我，就咬我一个！

考试版

@中南大学微博协会：自打入中南以来，就独得考试恩宠，全校那么多班级，考试就偏偏宠我，所以我劝考试一定要雨露均沾，可是考试啊，就是不听呢！就考我，就考我，就考我，都把我考傻了。

试卷版

自打我入考场以来呀，就独得试卷恩宠，我告诉试卷，一定要雨！露！均！沾，可是试卷偏不听呢，就出我会写的，就出我会写的，就出我会写的，害得我都写对了。

肥肉版

@M 狍娃子 M：自打入夏以来，就独得肥肉恩宠，我劝肥肉一定要雨露均沾……可肥肉非是不听呢，就肥我，就肥我，就肥我！

点名版

@总有这么多 CP 喂我吃狗粮：自打入学以来呀，我就独得老师恩宠，我劝老师啊一定要雨露均沾……可老师非是不听呢，名单上只看到我一个人的名字，就点我，就点我，就点我！

英语四级版

@麻麻鑫思：自打上大学以来，我就独得四级恩宠，我就劝四级一定要雨！露！均！沾，可他吖，非是不听，413，420，424，就挂我一人！

驾校版

自打报了驾校以来，就独得教练恩宠。我劝教练一定要雨露均沾……可教练非是不听呢，就骂我，就骂我，就骂我！

玩游戏版

自打我玩游戏开始，就独得 boss 恩宠，于是我就劝 boss 要雨——露——均——

沾——可 boss 不听啊。就挂我，就挂我，就挂我！

拉肚子版

自打入夏以来，老天就没让我肚子舒服过，我劝老天一定要雨！露！均！沾，可他非是不听，就让我拉，就让我拉，拉死我了！

2016 年春夏季中国报纸十大流行语发布

（摘自：国家语言资源监测与研究平面媒体中心，7 月 24 日）

2016 年 7 月 20 日，北京语言大学国家语言资源监测与研究平面媒体中心发布“2016 年春夏季中国主流报纸流行语”。本次发布的流行语包括 7 个类目，分别为：综合类、国内时政类、国际时政类、经济类、文教科技类、体育娱乐类，以及社会生活类。中国主流报纸综合类十大流行语是：“十三五规划、两学一做、知识产权、脱欧、南海、阿尔法狗、熔断、工匠精神、塞卡病毒、暴雨。”

“2016 年春夏季中国主流报纸十大流行语”以北京语言大学动态流通语料库（DCC）的数据为基础，通过计算机提取及人机交互处理获得。流行语的语料来源包括国内 17 家报纸 2016 年 1 月 1 日至 6 月 30 日的全部文本。

自带表情包的傅园慧用洪荒之力刷爆朋友圈

（摘自：现代快报，8 月 9 日）

北京时间 8 月 8 日上午，里约奥运会女子 100 米仰泳半决赛中，傅园慧以 58 秒 95 的成绩排名第三，晋级决赛。赛后，在接受媒体采访时，傅园慧凭借着自己的丰富表情和那句“没有保留，我已经……我已经……用了洪荒之力了！”，迅速走红网络，被广大网民封为“表情帝”。半天时间，她的微博粉丝涨了 110 万，采访视频播放量超 3000 万，成为本届奥运会第一“网红”。

“洪荒之力”原义是天地初开之时足以毁灭世界的力量。2015 年，仙侠玄幻剧《花千骨》中，“洪荒之力”一词被用于剧中最强神力，即妖神之力。同时花千骨的经典台词“我已控制不住体内的洪荒之力”激发了该词的热度并在网络迅速传成潮流，在当时被网友们形容人的脾气、力量、忍耐限度将被激活，是一种调侃的方式。经傅园慧使用后，达到发酵裂变。

“洪荒之力”一词引网友热“译”

（摘自：青年报，8 月 15 日，作者：陈晓颖）

“‘洪荒之力’英语应该怎么说？”8 月 10 日，中国日报双语新闻在社交媒体上抛出提问，并引用央视英语新闻频道官方微博“prehistorical powers”与国内英语学习者“I have swum up to my potential”的翻译，引来不少英语爱好者留言讨论。相关的翻译贴阅读量超过十万，翻译话题在微博上也成为热门搜索。国内的英语爱好者们用“Hong huang Power”、“Genesis Strength”、“Unrelenting Force”等词翻译。

数据解码“女排精神”　大国崛起的精神动力

（摘自：荆楚网，8月19日，作者：郑青、唐小涛）

8月17日，女排“苦战五局击败东道主晋级四强”消息出炉后，网络搜索指数一跃而起，从8月16日的56698点飙到了333007点，增长近5倍，成为今年中国奥运会关注度最高的项目。

2016年8月21日，里约奥运会女排决赛，中国女排在先失一局的情况下连扳三局，以3∶1逆转战胜塞尔维亚女排，获得奥运冠军。“中国女排”“女排精神”也因此登上热搜。

中国奥运代表团的“清流”、“泥石流”和砥柱中流

（摘自：央广网，8月22日）

有实力有突破，奥运健儿无愧赛场中流砥柱，在里约，中国军团派出了境外参赛规模最大的代表团。他们都是本届奥运会中国代表团的中流砥柱。

有惊喜也有遗憾。26枚金牌，这也是2000年以来我国代表团金牌数最少的一届。直到奥运比赛的第二天才由张梦雪射落首金，拳击、举重赛场遭遇到裁判因素的干扰，传统强项体操、羽毛球等项目的表现不佳，也让中国观众感到里约的“寒流”。

行走表情包引发网红“泥石流”。如果说宁泽涛是游泳池的一股“清流”，“洪荒少女”傅园慧赛后的一段采访，更让她成为本届奥运会涌现的一股“泥石流”。

2016网络热词现古文版　燃尽洪荒之力

（摘自：微信公众号“字媒体”，8月25日）

互联网的飞速发展不断充实着网络文化，今年网上又诞生了不少热词，比如“撩妹（汉）”、“友谊的小船说翻就翻”、“洪荒之力”，等等。这些词网友们经常使用，但是大家想过没：老祖宗说这些话是怎样的场景？

“你这么厉害，咋不上天呢？”翻译为“汝乃天骄，何不上九霄？”

“友谊的小船说翻就翻”翻译为“与子同游，动辄覆舟”。

“我已经使出了洪荒之力”翻译为“太古滔滔之气，一泄于此”。

“辣眼睛”翻译为“以目尝之，其味甚辛！”

“A4腰”翻译为“一纸束楚腰”。

王健林“先定一个小目标”语录刷爆网络

（摘自：重庆晨报，8月29日）

8月26日晚，全新真人秀式访谈节目《鲁豫有约大咖一日行》在东南卫视震撼首播，第一期嘉宾是万达集团董事长、华人首富王健林。节目中，王健林在接受鲁豫访谈时说：“先定一个能达到的小目标，比方说我先挣它一个亿。”一时间，亚洲首富这句话火爆网络，网友们纷纷模仿。

女排精神与“北京瘫”

（摘自：人民日报，8月30日，作者：长余）

在被女排精神刷屏了的微信朋友圈里，有一位年轻朋友这样感叹：好久没有像今天这样备受精神的鼓舞了，有一种久旱逢甘霖的感觉。女排精神，刚好可以治疗我的“北京瘫”！

在最困难的时刻，呈现出最顽强的精神，不屈不挠、知其不可为而为之，这或许就是女排精神的实质。对于当下的年轻人来说，这种精神的激励也许正是一场及时雨。如今年轻人生存压力太大，常常感觉“身体被掏空”，与其拼命奋斗，不如躺在沙发上舒舒服服享受一下“北京瘫”。而新时代的女排精神，恰恰告诉我们这样一种生活态度：前路不可能一帆风顺，最重要的是拼搏的态度，即便面对挫折和苦难，倒下后拍拍尘土依然有继续拼搏的勇气。

从A到Z，习近平B20峰会演讲的这些关键词亮了

（摘自：人民网，9月3日，作者：徐丹、胡婧怡、崔波涛、封张琳）

二十国集团工商峰会开幕式在杭州举行，习近平主席出席开幕式并发表题为《中国发展新起点全球增长新蓝图》的演讲，全文近7000字，包含从A到Z共26个关键词。

◎Actions speak louder than words 行胜于言

◎Blueprint on innovative growth 创新增长蓝图

◎Common prosperity 共同富裕

◎Deepen reform 深化改革

◎Equality 平等

◎First – mover advantage 先发优势

◎Green development 绿色发展

◎Historical starting point 历史起点

◎Investment 投资

◎Juncture 节点

◎Key 钥匙

◎Livable 宜居

◎Modernizing 现代化

◎New normal 新常态

◎Openness 开放

◎Prescription 药方

◎Quality of their lives 人民生活质量和水平

◎RMB 人民币

◎Supply – side structural reform 供给侧结构性改革

◎Trade 贸易

◎UN2030 Agenda for Sustainable Development 2030 年可持续发展议程

◎Virtual economy 虚拟经济

◎Win – win cooperation 合作共赢

◎Xi's expectation 习近平主席的期待

◎Youth 青年

◎Zhejiang 浙江

G20 杭州峰会，“淘宝体”路标惊艳世界

（摘自：中国江苏网，9 月 6 日）

“亲，畅通高速、畅行江苏，你感受到了吗？亲，违规营运真心不能有哦。”由京沪支队精心打造的 10 块“淘宝体”交通综合执法宣传标牌于 9 月 1 日正式亮相京沪高速，成为服务 G20 峰会的一道风景线。路标不是摆设，其能否发挥作用才是解决问题的关键。江苏京沪高速这些“淘宝体”路标，就引爆民众眼球，发挥了预期效用。

2016 年刷爆朋友圈的十大流行语，还不知道你就 out 啦！

（摘自：中国新闻网，10 月 24 日）

10 月底，根据网络热度排名，2016 年十大网络流行语出炉。

1. 蓝瘦香菇（火爆指数：5 星）

因小伙说话带地方口音，视频原话（音译）如下：“蓝瘦，香菇，本来今颠高高兴兴，泥为什莫要说这种话……”翻译一下就是：“难受，想哭，本来今天高高兴兴，你为什么要说这种话……”

2. 小目标（火爆指数：5 星）

在谈及对创业者的建议时，王健林表示想做首富是对的，“但是最好先定一个能达到的小目标，比方说我先挣它一个亿。”此语一出，小目标立即刷爆了互联网社交平台。

3. 老司机（火爆指数：4 星）

“老司机”原本意指在各个网站、论坛里接触时间比较长，熟悉站内各种规则、内容以及技术、玩法，并且掌握着一定资源的老手。后来一首云南山歌《老司机带带我》让“老司机”这个词爆红。

4. 一言不合就（火爆指数：2 星）

在百度贴吧等论坛，最开始大家都是说“一言不合就开车”“一言不合就飙车”。现在它也是一句吐槽用语，多指毫无预料地发生了某件事情，冷不丁地就突然做出某事了。

5. 洪荒之力（火爆指数：5 星）

源自热播剧《花千骨》。洪荒之力是最厉害的法力，拥有洪荒之力之人便得天下。今年里约奥运会之际，傅园慧表示：“我昨天把洪荒之力用完了，今天没有力气了。”

6. 撩（火爆指数：3 星）

原意有掀起、撩动的意思；网络用语中带有调戏、撩拨的意思。比如：撩妹、撩汉。在互联网上，撩字通常与“撩妹”联系在一起。值得注意的是，撩妹本来是地方方言，伴随着某韩剧中的男主角宋仲基撩妹大法而走红。

7. 宝宝（火爆指数：5 星）

“宝宝”指“我”，“吓死宝宝了”就是“吓死我了”。女生受到惊吓时常用此语来卖萌。后来“宝宝”独立单用，只要说话氛围协调，几乎可用在任何语境中。

8. 没想到你是这样的××（火爆指数：3 星）

对于目前的互联网行业，这个词有很多应用的地方。比如在支付宝提现收费后，有人会说“没想到你是这样的支付宝”。

9. 狗带（火爆指数：2 星）

“狗带”是“go die”的谐音，源自艺人黄子韬在一次演唱会上表演的英文 Rap。由此，在微信、微博等互联网社交平台，经常有人在不满或者无奈时说“我选择狗带”。

10. 友谊的小船（火爆指数：5 星）

来自漫画作家喃东尼最开始创作的漫画“友谊的小船”：两只萌萌的企鹅共同坐在一艘小船上，有一段“话不投机”的对话最终导致“友谊的小船说翻就翻”。

香港民建联公布 10 个候选年度汉字

（摘自：中国新闻网，11 月 19 日，作者：林宇星）

由香港政治团体民主建港协进联盟（民建联）举办的 2016 年“香港年度汉字”评选，11 月 19 日公布 10 个候选年度汉字，邀请全香港市民从中投票选出一个最能代表今年香港的“香港年度汉字”。

民建联自 2013 年开始举办“香港年度汉字”评选，今年已进入第四届。过去三届得票最多的汉字依次是“和”“融”“法”，而今年的 10 个候选汉字为：“理”“智”“礼”“思”“同”“安”“稳”“创”“机”“乱”。10 个候选汉字由 15 位来自不同界别人士组成的活动评审委员会选出，再请市民公开投票。

“汉语盘点 2016”活动启动

（摘自：光明网，11 月 22 日，作者：谭华）

11 月 21 日，由国家语言资源监测与研究中心、商务印书馆、人民网联合主办，央视新闻、微博等十余家主流媒体、高校、研究机构参与协办和支持的“汉语盘点 2016”启动仪式在商务印书馆举行。

启动仪式上，主办方推出“专家版本”和“大数据版本”的年度推荐字词，为活动预热。其中，语文出版社社长王旭明推荐的年度国内字词为“严”和“双十一”，国际字词为“难”和“川普”；清博大数据推荐的国内五大热词为“飞天、扶贫、两学一做、洪荒之力、网红”，国际五大热词为“大选、奥运、南海闹剧、破冰、萨德”；搜狗输入法则推荐了“猴赛雷、翻船体、洪荒之力、小目标、蓝瘦香菇、神舟十一号”等。而根据国家语言资源监测语料库调查，“长征精神、里约奥运、神舟十一号、美国大选、中国女排、量子卫星”等有可能进入今年的年度流行语。

日本2016年度汉字：“金”

（摘自：文汇报，12月13日，作者：丛云峰）

日本汉字能力检定协会12日在京都清水寺宣布，最能反映2016年世态民情的年度汉字为“金”。这是继2000年和2012年以来，“金”字第三次当选日本年度汉字，主要是与2000年有悉尼奥运会、2012年有伦敦奥运会一样，今年有里约奥运会，而日本更是获得了21枚“金”牌刷新历史纪录，极大激发了民众对奥运会的热情。不过，安倍称自己选定的2016年度汉字却是“动”字，他认为今年是日本政府很多计划都开始启动起来的一年，言外之意是其主推的停滞了近一年的新安保法近期终于开始启动了。

台湾：一个“苦”字　多少辛酸

（摘自：人民日报海外版，12月13日，作者：王平）

台湾票选年度代表汉字，今年选出了“苦”字。苦从何来？岛内当权者不思建设一味政争，置民生经济于不顾，苦！民进党不认“两岸一中”，台海风云再起，相关产业陷入衰退，苦！岛内民众不分蓝绿，皆被绑上“亲美日、远大陆”云霄飞车，命途多舛，苦！台湾今年的经济增长率恐怕保不住1%，台当局不去积极疏困，却把施政重心都放在剿灭政敌上，追杀国民党无所不用其极，令人叹为观止。纵观民进党施政，不难发现其中只有一条主线，就是政党利益大于一切，舍此都可牺牲。

年度流行语成大众心态晴雨表

（摘自：解放日报，12月15日，作者：施晨露）

《咬文嚼字》编辑部昨天发布2016年十大流行语，“洪荒之力”“吃瓜群众”“工匠精神”“小目标”等词入选。据《咬文嚼字》执行主编黄安靖介绍，今年十大流行语中，除“工匠精神”“供给侧”外，全部来自网络或由网友推荐，是历年数量最多的，“这标志着社会语言生活从精英创造到大众智慧发展的趋势”。流行、创新、文明，是《咬文嚼字》编辑部评选流行语的三大标准，“老司机”“厉害了我的哥”“你怎么不上天”等同样在今年相当流行的词语因不符合创新或文明的要求而落选。在语言学家郝铭鉴看来，流行语是社会生活的显示屏、流行时尚的风向标、大众心态的晴雨表，应该提高对流行语的价值认识。

新华时评：网络热词中的民意表达值得品味

（摘自：新华社，12 月 17 日，作者：孙丽萍）

一些网络热词反映了人们关注改革的热情。这些年，“供给侧”“顶层设计”“互联网 +”“新常态”“创客”等政经术语，作为网络热词传播，早已妇孺皆知。中国进步每一小步，都会让国人感到振奋，引起共鸣。从 2008 年的“不抛弃不放弃”，到 2012 年的寻找“最美”，再至 2016 年的“洪荒之力”，人们在互联网上传递真善美，为开拓奋进的人和事贴上正能量标签，有利于营造健康的、乐观的社会氛围。从淘宝体“亲”的频繁使用到“萌萌哒”“宝宝”等卖萌表情风行一时，能感受到人们对和谐人际关系的渴望。

流行语，一种越来越快的生活

（摘自：浙江日报，12 月 19 日，作者：熊志）

一个词语或句子被视作流行语，至少要满足时与空两个条件，时间上流行语的生命力在不断压缩，空间上却正好相反。对流行语爆炸式的过度使用，从传统媒体到自媒体到社交媒体，无一幸免，呈现出一种无比拥挤甚至乏味的景观。于是，审美疲劳的周期越来越短，在今天谁要是还把“蓝瘦香菇”挂嘴边，一定会被指责无趣。更轻的语言、更快的节奏，至于生活，则变得既轻又重，这是发生在互联网上的诡异事实。当然有一点是确定的，不管是迷失于生活，还是迷失于网络语言，瓦解与颠覆，创造与重生，都变得越来越快。

“汉语盘点 2016”年度字词揭晓

（摘自：教育部语信司网，12 月 21 日）

12 月 20 日，由国家语言资源监测与研究中心、商务印书馆、人民网主办的“汉语盘点 2016”揭晓仪式在北京举行。2016 年度十大流行语、十大新词语、十大网络用语同时发布。“规”“小目标”“变”“一带一路”分别当选年度国内字、国内词、国际字、国际词。2016 年度十大流行语是：长征精神、两学一做、杭州 G20 峰会、南海、里约奥运会、脱欧、美国大选、亲信干政、天宫二号、阿尔法围棋。2016 年度十大新词语是：两学一做、冻产、表情包、洪荒之力、阿尔法围棋、网络大电影、摩拜单车、山寨社团、吃瓜群众、闺蜜门。2016 年度十大网络用语是：洪荒之力、友谊的小船、定个小目标、吃瓜群众、葛优躺、辣眼睛、全是套路、蓝瘦香菇、老司机、厉害了我的哥。

反感“小鲜肉”和“颜值”

（摘自：辽沈晚报，12 月 21 日，作者：小易）

在“汉语盘点 2016”仪式上，著名作家王蒙“炮轰”网络上的一些流行词语：“‘颜值’是仅次于小鲜肉的我最痛恨的字之一，什么‘影帝’‘影后’，我也很讨厌这样的词。”王蒙表示，大陆现在吸收了很多港台的词汇都很不错。不过，前些年他在《人民日报》发文章批评“影帝”“影后”等词语的滥用，后来广电总局也发文禁止使用这些词汇，“我相信不是由于我的文章起的作用，只能说明和我有同感的人还不少而已”。王蒙表示，现在出现各种新词是好事儿，但是希望人们能够学会正确使用自己的语言，他同时表示希望通过汉语盘点的活动使中国的语言更加丰富起来。

看懂新词背后的网生代“部落文明”

（摘自：文汇报，12 月 21 日，作者：张祯希）

动画片《你的名字》近期在中国内地公映。这部影片两个月前在日本上映便叫好又叫座，席卷百亿日元票房，被“粉丝”誉为导演、编剧新海诚的“封神”之作。该片的票房号召力也延续到了中国，也让二次元再次成为文化圈的“热词”。北京大学中文系副教授邵燕君认为，二次元热词已然形成一套游离于规范用语之外且语义多元的全新话语体系，更因为大量经典动漫游戏作品的“前文本”积累而具有高度的概括性与暗示性，而这些词汇本身是迅速解锁“二次元部落”审美体系的秘钥。

触摸流行语背后的时代体温

（摘自：人民日报，12 月 22 日）

@孙静翊：词语能迅速成为人们热议的话题，不仅在于符合网络社会短平快的传播方式，更因为它们源于社会生活、反映了很多人的心理诉求。读懂流行语背后所反映的民情民意，把握社会思潮的风向标，方能准确体察舆情，更精准地服务民众，帮助他们排忧解难。

@李建华：“以我口说我心”，流行语是时代的折射，也是时代个体的内心表白。之所以能流行，是因为夹带有亦庄亦谐的意味，暗合了隐晦的情感表达，戏谑中不乏愉悦。其实，真正能记录时代、反映时代的词语，才会被人们沿用。比如“工匠精神”，就是对精雕细琢、精益求精品质的综合表述。不仅有内容、有内涵，也凸显了当前社会对创新培优的呼唤。可以说，词语有“内核”，才能历久而弥新。

@白聪聪：流行语带有时代印记，诸如“工匠精神”“供给侧”等，彰显了国家改革发展历程，让人深切感受到时代发展的脉搏。不过随着网络的日趋发达，有些流行语却流行得莫名其妙，给人泥沙俱下、眼花缭乱的感觉。语言之美在韵味、在内涵、在传承，盲目跟风使用，可能会消解语言本身的美感。时代在变迁，流行语也会层出不穷，我们应当警惕某些“新奇”用语对语言美感的侵蚀，多给孩子留一方表达的净土。

年之变

（摘自：工人日报，12 月 26 日，作者：王瑜）

从 2008 年网络流行用语占比五分之一到 2016 年占比近五分之四，流行用语中，网络文化色彩日益凸显。长期研究语韵学和社会文化的学者郭簃表示，互联网等新媒体已成为流行语乃至流行文化产生和传播的主要通道。以网络消费文化为代表的“快餐文化”仍存隐忧。此外，不少流行用语表现出较短暂的流行周期。需要警惕的是，网络流行语在宣泄某种社会情绪时，使参与者很容易找到一种群体归属感。这种归属感在虚拟环境中若得不到引导和约束，易引发“集体无意识”的非理性“语言暴力”，对传统文化和主流价值产生伤害，尤其对青少年伦理道德和价值观培养将带来负面影响。

网络造词传递现代世界活力

（摘自：中国教育报，12 月 28 日，作者：周潜之）

书籍传播文化以“年”来计，报纸杂志传播文化以“天”来计，而在互联网时代，由于互联网传播的速度和广泛性优势，文化的传播是以时甚至以分来计。一个词语广泛传播并成为流行语，几乎可以在一天时间内完成。像“小目标”“洪荒之力”一夜之间就铺天盖地传播开来。因为普通人加入传播的行列之中，他们不仅是流行新词的接受者，同时更是编辑者和传播者。所以说，网络造词力量背后，是网络本身文化创造和传播力量的表现，也让我们看到了社会思潮的活力源头所在。

“花式”汉语盘点　多元文化盛宴

（摘自：光明日报，12 月 29 日，作者：张欣）

年度汉语盘点以鲜活的形态记录着时代、文化的递变轨迹。在今年的汉语盘点活动中，来自各类机构的“花式盘点”也呈现出不同的资源禀赋，既有以搜索引擎、输入法为助力的数据派，也有以语言文化分析见长的学院派，大家监测路径各异、观察视角多元，形成了各自的独家特色。好的评点能够摸清吃透人们语言表达中潜在的逻辑脉络，在纷繁琐碎的个体话语集合之上，凝练出观察社情民意的整体性视角。而一些“走量不走心”的评点，则在对大量不知所云的网络流行语的盲目堆砌之下，引发人们的审美疲劳，观之难免味同嚼蜡。

汉字的年度盛宴

——2016 汉字文化圈年度汉字评选纵览

（摘自：光明日报，12 月 29 日，作者：刁晏斌）

今年已经评出的结果是，日本的年度汉字是“金”，马来西亚是“贪”，新加坡是“忧”，中国台湾是“苦”，而海峡两岸年度汉字则是“变”，韩国评选的代表性成语为“君舟民水”。不同年份的年度汉字连缀起来，写就了一部社会生活史。比如，从 2008 年起，“台湾代表字大选”评选出的年度汉字分别是“乱”“盼”“淡”“赞”“忧”“假”“黑”“换”和“苦”，这一汉字的链条构成了近年来台湾社会的简明发展史及民众心路历程史。年度汉字评选活动给了世界东方汉字文化圈十几亿人一个惊喜，他们欣悦地发现，从上古走来的汉字给新世纪的人们提供了一个观察社情舆情的令人惊艳的视点。

二　汉字的使用与传播

两岸大学生汉字文化创意大会在南京举行

（摘自：人民日报，1月11日，作者：申琳）

近日，2015年两岸大学生汉字文化创意大会在南京艺术学院举行，大会由中国语文现代化学会主办，包括两岸大学生汉字文化创意作品征集、汉字文化创意作品展、汉字文化创意研讨会等内容。

两岸大学生汉字文化创意大会共收到两岸大学生文字创意作品1.1万余件，包含设计、视觉传媒作品，美术、书法及篆刻作品，其他以汉字为主题的表演类作品等。经过初评及复评，活动共评出入围作品500余件，其中入选作品360余件。此外，本次大会还同时发布了两岸合作编纂的中华语文工具书《两岸通用词典》《两岸科技常用词典》。

四款汉字复刻字体发布

（摘自：北京晨报，1月12日，作者：张硕）

近日，“中文复刻字体研讨会”在北大百年讲堂举办，多位复刻字体专家、字体设计师等探讨了复刻字体的前世今生，并见证了方正金陵粗等字体的发布。方正金陵粗、方正金陵细、方正龙爪、方正萤雪四款复刻字体也于当天发布。

研讨会上，长期从事中国图书史、出版印刷史、年鉴学等领域教学和研究工作的肖东发教授以《朝阳产业探寻规律——从出版史说起》为题，讲述了我国出版历史的演变，从结绳记事、契刻到甲骨文、竹木简牍，再到雕版印刷、机械铅印，直至光电技术、多媒体。

来自日本的今田欣一是著名的字体设计师、欣喜堂字体公司的主人。演讲中，今田欣一以“汉字字体二十四史”为例，从书风、笔法、结法、章法等角度对汉字字体作了详解。

中国汉字听写大会晋江分赛区选拔赛落幕

〔摘自：海峡经济网（福州），1月30日〕

1月28日上午，第四届“中国汉字听写大会”福建省选拔赛晋江分赛区个人赛举行，全市中学近200名师生观看比赛。

比赛现场，40名“汉字英雄”同场竞技，比拼汉字书写水平，展示中国汉字魅力。大赛采取淘汰赛制，比赛共分三轮进行，每10人一组，选手组别由抽签确定，经过2个多小时的激烈角逐，最终5名选手脱颖而出，成为本场比赛最终得胜者，他们也将组成晋江代表队参加第四届“中国汉字听写大会”福建省选拔赛泉州赛区比赛。

据悉，此次晋江分赛区比赛的参赛对象为初中一、二年级在校学生，之前已经过学校初赛及团体赛两轮选拔，最终决胜出40名学生参加本次比赛。

台北书展：“繁简”的碰撞融合

（摘自：人民日报海外版，2月18日，作者：陈晓星）

2月16日开幕、为期6天的台北书展，正如流水席般呈现着文化的美丽，繁简中文的碰撞融合，书、讲座、表演、展示乃至与书相关的美酒、美食，多达200多场活动在书香中诠释现代书展的样貌和文化的多彩。

“那现在两岸出版界合作的点在哪里?”记者问，张叔言表示，台湾出版界的策划能力和对市场的敏感有优势，大陆的市场、物流、社科研究成果对台湾同行有吸引力。问起他的两岸合作出版经历，他说：“把大陆的书简转繁，把台湾的书繁转简，做些调整后推广到更广大的人群，扩大了各自的市场。”而台湾出版人的解释是，台湾的软实力加大陆的硬底子，“一体作业、两岸出版、三方同步、四地发行”。

在台北书展上，台北故宫举行了电子书首发仪式，29本故宫出版的画册被制作成电子书上线销售。

香港无线TVB播放普通话新闻用简体字幕引争议

（摘自：环球时报，2月24日，作者：杨伟民）

据新加坡《联合早报》报道，TVB数码频道22日将高清翡翠台改为J5台，并在晚上8点半黄金时段播放普通话新闻时，使用的是简体字字幕。有媒体注意到，报道内容的图说、字幕全部使用简体字，家用电视不论选择繁中、英文或关闭字幕，均不能转换字幕。

这样的举动引发一些争议，有网民称，既然TVB是香港电视台，就应该使用粤语和繁体字字幕。一些激进团体称，无线电视的普通话新闻字幕用简体字，正式完成“央视化”，此举将使香港渐渐丧失文化主体性。截至23日下午5时，通讯局共收到逾万宗投诉。通讯局称，有关中英文字幕表达形式，本地免费电视节目服务牌照并无规管，由电视台自行决定。

繁简之争近来成为香港社会的敏感话题。有评论称，说到底，学不学简体字，与其说是教育问题，不如说是政治问题，港人着眼更多的地方并不是简体字是否会拖累学生学习，而是担心简体字的“入侵”，将会取代繁体字的地位，触及最敏感的港人身份认同问题。香港星岛日报网23日援引相关评论称，如果将繁简强分优劣甚至当作身份标签，是太过浅薄无知，而将问题泛政治化，强分正宗旁门，甚至给使用者扣帽子、安罪名，就无理且失礼了。

中国内地与香港之间的“繁简矛盾”

（摘自：BBC中文网，2月25日，作者：李翰文）

“繁简之争”一直为推特（Twitter）上的热门话题，继香港无线电台22日在普通话新闻中搭配简体中文字幕之后，这场议论变得更为热烈。支持者认为，使用简体有助于学习中文，比较实用；反对者则认为，繁体比较“正统”，可与汉字的根源更好地联系在一起。官方媒体呼吁港人不要将此议题“政治化”。其实“繁简”并非先天对立，更不应附会政治含义，学习和使用哪一种，应回归实用精神和开放态度。兼收并蓄，顺其自然，才是正道。

莫让生僻字推高公共服务成本

（摘自：光明网，2月27日，作者：张西流）

为避免重名，选生僻字作为取名用字的做法，在坊间比较流行。在汉字进一步简化的信息时代，再用生僻字取名，对个人来讲，是自找麻烦；对社会而言，则增加了公共服务成本。事实上，为了解决汉字与计算机应用之间的矛盾，早在2013年，国务院就要求社会一般应用领域的汉字，应以《通用规范汉字表》为准，户口登记也是以该表为准。

马英九：繁体字与简体字并列，谁都不争谁

（摘自：中国台湾网，2月27日，作者：扶海涛）

台湾当局领导人马英九27日在出席台湾“中华文化总会”新春活动时，称赞该会编纂的《中华语文大辞典》最重要意义是把冲突变成包容，把对立变成并立，让海外中文学校不再为繁体字与简体字而争执。马英九表示，繁体字与简体字并列，谁都不争谁，到最后融合，学习上也会有很大的方便，是化解冲突、增加融合的方式。

去汉字化还是恢复汉字？ 韩国又开撕了

（摘自：观察者网，5月16日，作者：芮晓桓）

近日，困扰多年的“去汉字化”之争，再次成为韩国社会关注的焦点。

2016年5月12日，韩国宪法法院举行《国语基本法》有关使用纯粹韩文的条款是否违宪的公开辩论。

根据《国语基本法》第3条和第14条，“韩文是指标记国语的固有文字”，“政府机构等的公文必须符合语文规范，须用韩文书写。仅在制定总统令时，可以用汉字或其他外国文字后附括号标注”。

提请违宪审查申请的韩国语文政策正常化促进委员会认为，上述规定事实上将汉字排除在国文范畴之外，等同视为外国文字。这不仅与宪法文字本身就是韩文和汉字混用的实际情况相违背，还违背了宪法第9条“致力于继承发展传统文化和弘扬民族文化是国家义务”的规定。

这是“去汉字化”之争首次登上韩国宪法法院的公开辩论台。违宪之争的背后，反映的是困扰韩国社会多年的“去汉字化”之争。过去几十年来，韩文专用派和韩汉混用派各执己见，分歧巨大，“去汉字化”的争论从未停息过。

广告牌滥用繁体字 好些都不对

（摘自：山西晚报，6月20日，作者：冯戎）

近来，太原市数字城管中心的500余名采集员走街串巷，普查社会不规范用字现象，发现200余处店铺牌匾存在滥用繁体字现象，违反现行语言文字法律法规。一些带“鱼”和“龙”字的店铺，容易用到繁体字；一些打着国际、进口招牌的店铺，也青睐繁体字。

《太原市社会用字办法》规定，将已注册定型商标用字，加入可使用或保留繁体字行列。对在限期内确实不能改正的大型石刻、金属、锻铸及其他造价昂贵的牌匾上的不规范社会用字，可暂在一旁挂上书写规范的字牌，但须在用字载体维修或更换时予以改正；对不规范使用社会用字，公民可提出批评和建议。如果店铺牌匾滥用繁体字，由县级以上人民政府有关行政主管部门依法责令改正；拒不改正的，予以警告；仍不改正的限期拆除。

繁体字和简化字可以混搭吗?

（摘自：新华网，7月9日）

近日，山东大学在今年硕士学位证书上将其办学宗旨“为天下储人材，为国家图富强”的简体和繁体版混用一事引起社会广泛关注。

厦门大学人文学院中文系特聘教授黄鸣奋说：“繁体字在我国已经使用了数千年之久，对传统文化的建构与传播贡献不菲，至今在海外华人中仍然有相当数量的使用者。虽然它笔画较多、书写较慢，但在保存传统文化的意蕴和增加文明认同方面具有独特作用。”李明洁认为：现代人在使用繁体字时最应注意的问题是“繁简混杂”和“繁简不当”。在诸如法律、文书等正式文本中，应该全部使用国家通用文字，即简化字，不应繁简混杂。

公安部：推动姓名中含冷僻字身份证全面正常使用

（摘自：中新网，7月23日）

据公安部治安管理局暨打四黑除四害专项行动办公室官方微博消息，公安部日前召集工信部、人社部等7部委，推动姓名中含有冷僻字身份证在各用证部门特别是基层窗口单位全面正常使用。与会各部门表示，要结合实际抓紧推进业务信息系统字库升级工作，即便在字库没有完成升级的情况下，也要保证公民使用姓名中含冷僻字的身份证办理相关事务时没有限制、正常办理。从方便群众自身工作生活考虑，与会各部门也建议为新生儿起名时尽量使用常用规范汉字，减少因姓名含冷僻字带来的不便。

大陆简体字图书走进台湾

（摘自：人民日报海外版，12月7日，作者：付敏、李凯）

6日，第十七届大陆书展在台湾辅仁大学开幕。来自大陆的47家出版社共展出6000多种简体字图书。本届书展的主题是“创享乐读”，图书的内容涵盖了教育、学术、儿童、科技、旅游、网络等领域。书展现场还规划了“互联网文学”“文化衍生品”“两岸出版交流精品图书”等专区。来自台湾大学的学生允礼表示，大陆的网络文学在台湾很受欢迎。中国出版协会副秘书长沈建林表示，期待通过书展，让台湾民众通过简体字图书了解、认识大陆；在促进两岸出版同业交流的同时，增加两岸民众的了解，促进两岸文化的交流。根据安排，本届书展还将在台中、高雄举办活动。

三　社会用语及规范

推行规范汉语汉字　打造优质汉中文化

（摘自：汉中市人民政府网，1月4日，作者：张增发、张露伟）

近年来，汉中市紧紧依托“汉水文化带”的区位优势，以“三市”建设为目标，以“循环发展、生态宜居”为核心，以语言文字规范化工作为抓手，建立起覆盖各级党政机关、学校、新闻媒体、公共服务行业的语言文字工作网络，推广普通话，推行规范汉字，提高市民文化素质，提升城市文化软实力，高水平通过国家二类城市语言文字工作评估验收。

以法律法规为依据，坚持依法行政。我市将《国家通用语言文字法》和《陕西省实施〈国家通用语言文字法〉办法》列入法制建设的重要内容。以教育教学单位为主阵地，开展各项活动。以党政机关为龙头，做到“三个结合”。以新闻媒体为辐射，发挥示范引领作用。以公共服务为窗口，突出行业特色。以规范语言文字为标准，打造优质文化。

话风是领导干部的“软实力”

（摘自：人民日报，1月11日，作者：李章程）

语言，不仅仅是一种表达工具，有时候它足以产生一言兴邦、一言丧邦的影响。言语是心灵的窗户，话风是作风的影子。党的十八大以来，党风政风有了明显好转，文风中的一些恶习也大为改观。相较而言，“正话风”却还有待加强。话风关乎长期形成的思维方式和行为习惯，一些不良话风更加根深蒂固。一些党员干部要么说话不分场合、不看对象，要么无话可说、不会说话，影响了工作开展。

“打铁还须自身硬”“‘老虎’‘苍蝇’一起打”“鞋子合不合脚，自己穿了才知道”“绿水青山就是金山银山”……党的十八大以来中央的新提法、新表述，既通俗又深刻，展示出高超的语言艺术和震撼人心的语言力量。

炒货店因“最”字或受20万重罚　新广告法禁用此类字眼

（摘自：杭州日报，2月2日，作者：柴悦颖）

说起方林富炒货店，杭州人都很熟悉。自从20多年前开始营业，如今已名声在外。不过最近，老板方林富却遇上了麻烦事，因为店内不少招牌上印有“杭州最优”“最好”等字样，违反了新广告法规定，面临20万元罚款。

根据《中华人民共和国广告法》第九条第三项“广告不得使用‘国家级’、‘最高级’、‘最佳’等用语”的规定，方林富炒货店内的广告显然违规了。根据新广告法第五十七条第一项的规定，由工商行政管理部门责令停止发布广告，对广告主处以二十万元以上一百万元以下的罚款。

昨天下午，西湖区市场监管局举行听证会，听取方林富本人及其代表律师的申辩。罚与不罚，将在5个工作日后揭晓。

那些令人脑洞大开的“新式春联”

（摘自：福建日报，2月18日，作者：冯川叶、杨玲）

每逢春节，家家户户都要精选大红春联贴于门上，辞旧迎新，增加喜庆的节日气氛。随着互联网语言的普及，越来越多的网友“推陈出新”，不再拘泥于传统的对联形式，自创了许多独具个性的对联，也让网友们大呼“脑洞大开”。

网友贴出的“新式春联”，大多和互联网语言紧密相连，例如“上联：靠老公是傻白甜；下联：靠父母是小公举；横批：靠自己是网红”。（按：上下联颠倒了）而创业者贴：“上联：和和顺顺齐创业；下联：月月年年O2O；横批：互联网+。”也有人用对联的形式调侃过年亲戚们的关怀，甚至还给出了回答：“上联：考了几分什么工作能挣多少呢；下联：有对象没买房了吧准备结婚吗。横批：呵呵呵呵。而正确回答应该是，上联：这个嘛呵呵呵呵呵；下联：那什么哈哈哈哈哈。横批：阿姨吃菜。”

有网友说，传统的对联讲究用工整、对偶、简洁、精巧的文字描绘时代背景，抒发美好愿望，而这些新式春联既不讲究平仄对仗，也没有表达美好的愿望，不能称之为“春联”。但也有网友认为，这些自创的对联风格各异，花样百出，彰显个性，实在应该点赞。

日本网友发明“伪中国语”爆红　中国网友惊呼：竟能看懂

（摘自：环球网，2月22日，作者：任梅子）

近年来学中文的热潮席卷全世界，日本网友也在推特（Twitter）上大玩“伪中国语”，将日文中的片假名与平假名以汉字取代、拼凑，使整句话都是汉字，虽然语句不顺，也非真正的中文，但不论日本或中国网友都能猜出大意，因此称为“伪中国语”。最近日本网友更在社交媒体上成立“伪中国语研究会”，吸引不少中国网友加入讨论。

其实“伪中国语”自2009年就出现，日本相关网站还有教材可供阅读，如“大变”的日文意思为“很；非常”，“大变寒冷”意即“很寒冷”，“你明天去哪里”的“伪中国语”便是“贵方明日何行处?”，“全然问题无”是“完全没有问题”的意思，“意味理解不可能”意思是“不能理解意思”。

“潮词”的变化令人担忧

（摘自：光明日报，2月23日，作者：刘博超）

随着信息技术的发展和网络空间的开放，互联网一代的年轻人在虚拟空间找到了自己的领地，青少年亚文化以惊人的速度被创造和传播，其中最引人注目的就是激发了流行语言的迅速嬗变。

“单身狗”“考研狗”“挂科狗”“绿茶婊”“心机婊”“鸡汤婊”……四川师范大学的大三学生左远一口气数出了十几种“狗”和“婊”的用法。作为一种自嘲的用法，一些原先不被接受的“污言秽语”作为新潮的象征被接纳到语言系统中来并得到了社会的认可。

“我们那个时候也有脏话，但没有像现在的青年潮流语言那样一套一套的，全社会都关注、全社会都使用，更不会张口就来、随便就是一串。”华中师范大学讲师黄贺说。但他觉得，从语言的角度，如今青少年口中的脏话其实并不出乎意料。“哪个时代没有脏话呢?”黄贺认为，语言总有禁忌，激烈的情绪通过触犯禁忌得以释放，并没有什么不好。“你想想，中华文明那么多年，出现过多少脏词，有几个进到今天的日常语言中了？都是过眼云烟。”

我们正在毁灭我们本来追求的美好

（摘自：光明日报，2月23日，作者：李镇西）

侵入校园的当然不只是“牛×”，还有“傻×”“逗×”“尼玛”“卧槽”“哇塞”等网络语。似乎不用大惊小怪，放眼社会，包括网络社会，这些词都很“正常”，许多名人，包括我真心尊敬的文人学者，也都这样说。过去不能明说，最多私下朋友间在口语里面说说的词，现在也堂而皇之地登上公共平台。包括电视台的主持人，我不止一次看到电视里女主持人毫无羞赧地谈“diao丝”说“牛×”。

不只是语言学家，还有许多有识之士已经指出，这些粗鄙语言因网络而日常化，表明了一种优雅文明正在面临挑战。我同意这个判断，这不是保守。语言“约定俗成”的规律并不表明粗鄙词汇的流行都是语言发展的必然；一个民族优美得体的语言还是应该有文明作为内核。而现在，所谓“诗书之国”“礼仪之邦”的百姓甚至文人，都以语言粗鄙为正常，这绝不是正常的。复旦大学中文系严峰教授说：“今天，好像你要做好人，也得带脏字，因为脏字眼好像代表你是一个性情中人。反而说话像我们以前这么文雅的，感觉有点假，人家就觉得你做作，可能是伪君子。”我认为，这种“正常”恰恰是可怕的。

新华社公布首批媒体禁用词

（摘自：北京晚报官方网站，2月15日）

新华社在《新闻阅评动态》第315期发表《新华社新闻报道中的禁用词（第一批）》，规定了媒体报道中的禁用词，主要分为五个类别：第一类为社会生活类的禁用词，如对有身体伤疾的人士不使用“残废人”“独眼龙”“瞎子”“聋子”“傻子”“呆子”“弱智”等蔑称，而应使用“残疾人”“盲人”“聋人”“智力障碍者”等词语。第二类为法律类的禁用词，如不要将“全国人大常委会副委员长”称作“全国人大副委员长”，也不要将“省人大常委会副主任”称作“省人大副主任”，各级人大常委会的委员，不要称作“人大常委”。第三类为民族宗教类的禁用词，如对各民族，不得使用旧社会流传的带有污辱性的称呼，不能使用“回回”“蛮子”等，而应使用“回族”等；也不能随意简称，如“蒙古族”不能简称为“蒙族”，“维吾尔族”不能简称为“维族”，“哈萨克族”不能简称为“哈萨”等。第四类为涉及我领土、主权和港澳台的禁用词，如不得将海峡两岸和香港并称为“两岸三地”。第五类为国际关系类禁用词，如不使用“穆斯林国家”或“穆斯林世界”，而要用“伊斯兰国家”或“伊斯兰世界”。

“中文罗马字母拼音法”新国际标准发布

（摘自：中国教育报，2月18日，作者：焦新）

经国际标准化组织批准，由我国主导修订的国际标准ISO 7098《信息与文献——中文罗马字母拼写法》于2015年12月15日正式出版发布。

《信息与文献——中文罗马字母拼写法》是汉语拼音在国际上得到认可并推广使用的重要依据，是用以规范国际上使用汉语拼音的统一标准。该标准主要应用于世界各国图书馆、博物馆、国际机构中有关中国人名地名的拼写、图书编目、信息与文献的排序检索等，发布后实现了跨语种的信息交换，有力推进中外文化交流与发展。

2000 年我国颁布了《国家通用语言文字法》，其中第十八条规定："《汉语拼音方案》是中国人名、地名和中文文献罗马字母拼写法的统一规范。"《汉语拼音方案》公布推行近 60 年，在我国教育、文化、科技和经济建设等方面发挥了重要作用。同时，《汉语拼音方案》在推动中华文化走向世界的过程中也发挥了无可替代的作用。ISO 7098《信息与文献——中文罗马字母拼写法》的修订成功，将进一步推动《国家通用语言文字法》的贯彻实施，提升汉语拼音在国际上的影响和作用，促进中华文化在世界范围的推广传播。

广府庙会民俗巡演直播首用英语解说

（摘自：南方都市报，2 月 28 日，作者：吴广宇、许晓蕾）

广府庙会的重头戏民俗大巡演昨日下午在广东省人民体育场举行，七大巡游方队一改以往在马路上巡游，场面更宏大，表演的节目包括亚运开幕式表演过的少林武僧功夫、韩国腰鼓舞、饶平布马舞等，现场万名观众及电视机前中外友人收看了这一国际化民俗盛事。由庙会组委会据古籍考证，还原的唐代广州"五仙祈福仪式"采用了粤语作为祭祀语言，遵循了民间传统祈福的习俗和流程，表现了广州人感念恩德的美德。昨日广东广播电视台对上述表演进行了直播，除了采用普通话、粤语（广府话）外，还首次采用了英语进行直播，让中外友人都来领略广府文化的魅力。

"青年之声·净语良言我承诺"网络大行动启动

（摘自：光明日报，3 月 3 日，作者：张薇）

由团中央网络影视中心、中国孔子基金会、团中央学校部全国学校共青团新媒体运营中心联合主办的"青年之声·净语良言我承诺"网络大行动日前正式启动。全国"青年之声"平台将开通微话题"#举报粗俗网络语言#"，号召广大网友对身边出现的粗鄙低俗网络语言进行举报，并将在全国开展签名活动。

据全国少工委副主任、团中央网络影视中心党组书记、"青年之声"综合服务办公室主任金东介绍，作为共青团面向青年的互动社交平台，"青年之声"开通 10 个月来，累计阅读量已达 21 亿，问题留言总计 70.29 万条，共回答网友问题 30.03 万条，目前全国 3931 个团组织已开通了"青年之声"。主办方表示，为配合活动开展，"青年之声"国学教育联盟将联合全国百所高校团委，共同开展"国学大讲堂进高校"活动，每月还将公布"青年之声·名家书单"，分批推荐给广大青少年。

国际台斯瓦希里语节目实现常态化直播

（摘自：国家新闻出版广电总局网，3 月 4 日）

近日，中国国际广播电台东非调频台集群的斯瓦希里语节目实现常态化直播。节目通过肯尼亚、坦桑尼亚、乌干达等 3 个非洲国家的 5 个城市落地调频频率，面向东非斯瓦希里语国家和地区播出。

全国 849 所高校联合抵制网络暴力语言

（摘自：现代教育报，3 月 9 日，作者：曹阳）

网络暴力语言侵入了青少年的日常网络生活，影响到青少年的健康成长和网络的健康发展。团中央学校部副部长、全国学校共青团新媒体运营中心执行主任李骥表示，将在全国 849 所高校“青年之声”平台上设置专门的互动栏目，倡导使用文明优美语言，抵制、举报暴力低俗语言。“青年之声”国学教育联盟副主席鲍鹏山认为，中国人应当继承汉语的高贵和雅致，不应当把它变得肤浅，不能让网络上的粗俗语言把汉语变得粗鄙不堪，更不能变得下流，贬低、放任都是对文明的亵渎。

内蒙古乌兰察布市城市语言文字规范化建设取得成绩

（摘自：乌兰察布市普通话培训测试工作站，3 月 11 日）

乌兰察布市地处内蒙古自治区中部，辖 11 个旗县市区，为汉族居多数的少数民族聚居区。乌兰察布市委、市政府高度重视语言文字工作，下大力气从地区实际出发，制定强有力的工作措施推动语言文字工作健康发展。

近年来，乌兰察布市以开展城市语言文字工作规范化建设为契机，认真贯彻国家语言文字工作方针政策，强化国家通用语言文字制度化管理。乌兰察布市集宁区于 2007 年启动了二类城市语言文字工作评估，并且于 2008 年顺利通过二类城市语言文字工作评估验收。其中，开展对农民工义务普通话培训、制作开通地市级语言文字工作网站、实现语言文字工作军民共建和警民共建、面向出租车司机开通普通话“空中课堂”培训、设计规划并立项研究国家级语言文字科研课题、在城市中心城区打造并挂牌命名“社会规范用字一条街”等 6 项工作在二类城市语言文字工作评估过程中，实现了自治区乃至全国语言文字工作的“六个第一”，为全国创造性地开展推广普通话工作和城市语言文字规范化建设提供了宝贵经验，教育部、国家语委对此进行了宣传和通报表彰。2011 年普通话测试站被国家语委普通话培训测试中心评为“全国普通话培训测试先进集体”。

2012 年乌兰察布市又启动了三类城市语言文字规范化建设工作。截至 2015 年底，乌兰察布市辖区内 10 个三类城市的语言文字规范化建设任务全部完成，成为内蒙古自治区第一个全面完成城市语言文字规范化建设任务的城市，这也标志着乌兰察布市城区初步实现了“普通话初步普及、汉字的社会应用基本规范”的工作目标。

将“李世乭”转写成“李世石”是正确的吗?

（摘自：知乎，3 月 13 日）

“乭”是一个朝鲜自造的汉字，读音为滀（dol），这是一个朝鲜语固有词，意为“石”。北宋赴高丽的使团书状官孙穆，在出访后写的方言笔记《鸡林类事》中记载“石曰突”；天启年间会同馆传抄茅瑞征编录的《朝鲜馆译语》中又把滀（dol）标音为「朵二」。

根据意义把“乭”读为“石”是可以理解的，正如日本自造的汉字“辻”可以读为“十”。但是既然它们不是汉字词，那么从它们的意思出发去找对应的汉字是不具有通用性的。对于这些域外来源词、自造的汉字，可能还需要一字一议。因此，直接音译“乭”为“突”也是可行的。

网络语言形态革新娱乐化、符号化倾向明显

（摘自：人民网，3 月 25 日，作者：陈晓冉、廖灿亮、周亚琮、张力、杨卫娜）

日前，人民网舆情监测室发布了《2015 网络语象报告》，对网络语言进行了剖析观察。报告指出，一方面，网络流行语更趋娱乐化。娱乐节目和社交平台拓宽了传播渠道，“不要不要的、脑洞大开”等流行语在网民使用中舆情热度高。随着技术革新使微博、微信等平台不断融入网络社交功能，拓展输入传播渠道，网络语言新增不断，社会大众能够迅速接触新颖热词，尤其一些求新、求趣的热语词汇，往往形成多平台的刷屏式传播。另一方面，网络语言更趋符号化。输入法通过标点符号构型，对“笑”“哭”“喜”“怒”等情绪反应进行动态表情支持。其中，表情符号中“呲牙”表情成为国民最爱，使用频次达到 521 亿次。

中纪委：将“副职”叫成“正职”是语言贿赂

（摘自：中国纪检监察报，4 月 6 日，作者：陈军）

当前，党内称呼庸俗化的现象有了明显改善，但一些职务称呼喜欢“戴高帽”的

现象却仍然屡见不鲜。给称呼“戴高帽”中最常见的是将“副职”叫成“正职”。有的同志为了“讨好”上级，故意在称呼中省略“副”字，以此来表示自己对上级的尊重。但这其中也不免有“奉承”心理，从某种程度讲，也是一种“语言贿赂”。

在笔者看来，称呼“戴高帽”现象不但会助长吹捧之风，消解党内关系的严肃性，同时也会对党群关系和党的整体形象带来负面影响，不利于党员干部作风的转变。

党内称呼非小事。党内互称同志就是党内政治生态良好的重要指征，是党的重要政治规矩，是严肃党内政治生活的重要体现。党员干部要克服封建特权思想和等级观念，增强平等观念，营造党内民主的良好风气，保持清醒头脑，放下领导架子，务实清廉为民，脚踏实地干事。应大力倡导以同志相称，让党内称呼纯洁起来，使“同志”成为党内人际交往的主流。

扫除“语言垃圾”得有铁扫帚

（摘自：人民日报，4月28日，作者：张音、于洋、吴姗）

对话嘉宾：

彭兴颀：教育部语言文字应用管理司副司长

陈晓冉：人民网舆情监测室副秘书长

周晓鹏：新浪网总编辑

张颐武：北京大学中文系教授

王君超：清华大学马克思主义新闻学与新闻教育改革研究中心执行主任、教授

如今，网络上的一些“常用词”，人们似乎已见怪不怪，比如“尼玛”“滚粗”，等等。这些难登大雅之堂的“常用词”，甚至还明目张胆登上了标题：《马年将到“草泥马”给您拜年了》《让明星情侣“撕逼”飞一会》……某种程度上，不断蔓延的网络语言低俗化现象，挑战着公序良俗的底线，成为网络的一种不良标签。

近日，人民网舆情监测室发布《2015网络语象报告》指出，网络语言低俗化的现象相当突出，已经由网络虚拟空间向现实生活渗透，向学校、纸质媒体、广播电视等《国家通用语言文字法》规范的重点领域延伸。网络语言低俗化这股风气，绝非无伤大雅而可听之任之，应当及时予以纠正规范。

网言网语为何“低俗不休”？网络语言低俗化有无界定标准？如何规范网络语言？就这些问题，本报记者邀请专家学者、业内人士、政府官员进行了对话。

有专家指出，从国家层面讲，要从规范语言文字使用的角度，认真研究网络语言的生成机制和对现实语言的影响，高度关注网络语言的发展，定期对网络语言来一次

“大扫除”。有学者主张可以设置禁用词汇列表，建立“黑名单”，避免网络低俗词语再传播。

彭兴颀指出：政府相关部门应该尽快联合启动确立标准规范的工作，形成合力、确保实效。要加快制定《〈国家通用语言文字法〉实施办法》，对国家机关、学校、新闻媒体、公共服务行业等四大重点领域尤其是网络媒体正确、规范使用国家通用语言文字，提出明确要求、推出可行机制。

国家 12 部门联动解决人名中的一“点”烦恼

（摘自：新华社，5 月 13 日）

互联网时代书写输入的不规范给一些姓名中间有“点”的人生活带来诸多不便。针对此问题，国家民委、教育部、工信部、公安部、民政部、人社部等 12 个部门本周联合发布了《关于在政府管理和社会公共服务信息系统中统一姓名采集应用规范的通知》。

《通知》规定，对姓名中间的“点”，严格按照国家标准，统一采用“·”（GB13000 编码为 00B7，GB18030 编码为 A1A4）表示；对于姓名文字较长的，在信息系统设置中，姓名数据项最大长度不少于 50 个字符（25 个汉字）；对姓名中有生僻字无法识别的，在信息系统设计研发工作中，实现对国家标准编码汉字 GB18030 或 GB13000 的全覆盖。

浙江大学 120 周年校庆公告　全篇文言文你读懂多少

（摘自：钱江晚报，5 月 22 日，作者：张冰清）

今年的 5 月 21 日是浙大 119 岁生日。庆生的同时，浙大正式启动了 120 周年校庆倒计时一周年系列活动。校庆公告在启动仪式上首次亮相。

“国有成均，在浙之滨；启真笃学，求是育英。公元二〇一七年五月二十一日，将值浙江大学建校一百二十周年，适甲子之逢双，肇华诞之隆庆……”

公告由浙大农业与生物技术学院徐同教授、传媒与国际文化学院韩梦琳同学共同朗诵。在低沉浑厚的男声和清亮甜美的女声中，浙大 120 年历经的风雨和辉煌被娓娓道出。

公告发布没多久，浙大的师生、校友就纷纷在朋友圈转发。

有人称赞文笔了得，“中文系的老师们真是厉害”。也有人感叹自己古文素养不够，没怎么看懂，“求翻译成白话文！”

据悉，这篇公告由浙大人文学院中文系古代文学专业的楼含松、陶然、王德华和胡可先教授合力创作。

如何破除文言文校庆公告背后的尴尬?

（摘自：荆楚网，5月24日，作者：卢思敏）

一篇文言文版的校庆公告一出，浙大师生的朋友圈就被其刷屏了，有人叫好，也有人表示文言文苦涩难懂。浙江大学，是一所拥有一百多年历史的高校，前身是1897年创建的求是书院，是中国人自己最早创办的现代高等学府之一，却陷入了“有知识无文化”的偏见旋涡，走入了需要靠一篇文言文来证明自己人文学科的深厚历史底蕴的窘境。

一篇“雄文”引起阵阵涟漪，引人深思。“有知识无文化”并非偏见，而是事实，是我国的高校教育在人文教育尤其是传统文化教育方面存在着被弱化和淡化倾向的事实。浙大并非真的有知识无文化，而是其人文学科的深厚历史底蕴被忽视冷落了。

传统文化并非只有遥不可及的“孔孟之道”，人文素养也非熟背诗经。作为历史悠久的名校本身就是优秀传统文化的载体。深入挖掘本校的优秀文化，加以学习建设，不能靠学校唱“独角戏”，需发挥学生的力量。如何才能冲破尴尬？一篇“雄文”并不能掀起千层浪。传统文化的教育、人文素养的提升是一个潜移默化的过程。单凭一篇激情澎湃的“雄文”当然不能立马改变现状。正如浙大副校长罗卫东所说，需要更多师生校友的共同努力。

浙大文言文校庆公告暴露的问题

（摘自：南方都市报，5月25日，作者：陈心尘）

这篇集中了浙大古典文学学科力量拿出来的骈体文言文，却被内行人看出了多处硬伤破绽：有不文的问题，有出韵的问题，有偏枯的问题，有赘词的问题……看来，这篇被浙大寄予“改变人们对浙大有知识无文化的偏见”的厚望的“雄文”，不仅不能实现其美好的愿望，反倒有可能成为坐实“偏见”的又一力证。

其实，这篇文章暴露的问题绝不仅有这些，更重要的问题是其作者对中国传统文学主流知之不深、把握不准。

浙大这篇文告的起草者选择以骈文形式起草这样一篇意在“让大家了解浙大浓厚的人文学科底蕴”的重要文章，恰恰说明其对中国古典文学的精要领悟有限，对中国古典文学的主流和支流把握不准，对中国古典文学的精华和糟粕不能精确区分——质言之，起草者过于艳羡骈文，本身就足以证明其传统素养不足，于中国古典文学主流崇尚的“文质彬彬”（儒家的美学主张）和返璞归真、大巧若拙的“大美”（道家的美学主张）会心尚浅；或者至少是炫奇之心过甚，以致芜叶障目，不见繁英。

但是如果认为文言文甚至这种在文言文中也属于非主流的骈文还有大的生命力，就未免过于天真了；如果以为凭一两篇古典美文就可以“挑战快餐文化”，就更加可爱可笑了；如果冀望借此不分青红皂白地鼓吹传统的价值，那甚至就可以说是有点不负责任了。

普通话成为青海省海东市校园语言

（摘自：海东时报，5 月 26 日，作者：张娜）

近年来，海东市各级各类学校坚持将语言文字规范化工作纳入学校培养目标、常规管理、基本功训练，渗透到德智体美和社会实践等各项教育教学活动之中，使普通话成为学校的教学语言和校园语言。

海东市教育系统机关单位、各类学校均在校园醒目位置设立了 3 处以上永久性宣传标语牌，在校园网、校报刊、墙报、宣传橱窗等增设了宣传《国家通用语言文字法》的版面，通过召开主题班会、普通话演讲比赛、规范字书法比赛、国旗下的演讲等丰富多彩的活动，营造了“人人说普通话，个个用规范字”的浓郁氛围，并普遍对学校的名称牌、指示牌、标语牌、公告栏、墙报、宣传橱窗和自办刊物、公文、讲义、试卷以及教师教案、批改作业、评语用字等进行了规范整改。

同时，海东市语委办组织开展了“啄木鸟在行动”社会用字纠错实践活动，对市区主要街道、建筑物的广告牌、名称牌、指示牌，车体、墙体广告以及主要广场、景点、商场、宾馆、饭店、车站等公共场所用字情况进行了全面检查和整改。在全市中小学中开展了语言文字规范化示范校园创建活动，提高了学校语言文字工作整体水平。

为什么说浙大校庆公告的文言文不合格?

（摘自：澎湃新闻网，5 月 30 日，作者：程羽黑）

真的“每个字眼细细推敲”了吗？为什么会出现从网上随便拉下来的错别字？大家可以好好想一想。

唐代以后，重大场合的文章恰恰以骈文为多，像《唐大诏令集》《宋大诏令集》收集的诏书，很多都是骈文。公告不得体处不在“骈”，而在根本不该用押韵的赋体。三位作者都是研究古典文学的教授，缺乏这一常识，令人遗憾。

我在知乎上发了对公告的评价后，引来了一些人身攻击，但无论从回复和私信看，我都要对浙大的一部分学子表示最大的敬意，因为他们身为浙大人，并不讳言这是一篇不合格的公告，很好地贯彻了“求是”的校训。《礼记·檀弓》：“君子爱人以德，小人爱人以姑息。”他们以正直而非姑息的态度对待本校，我认为，这才是真正的爱校。

请允许我再次强调，浙大两个甲子的荣光，绝不会受到一篇公告质量的影响，就像一对金婚老夫妻丢失了戒指，绝不会影响到他们的世纪恩爱。我衷心期盼浙大师生是“古之君子”，而非“岂徒顺之，又从为之辞”的“今之君子”。我在这里指出一篇被舆论认为绝妙好辞的文言文其实并不合格，正是要为宏大的文化建设尽一份绵薄之力，在无形中消弭悲剧的可能。

教育部、国家语委发布《中国语言生活状况报告（2016）》

（摘自：中新网，5 月 31 日）

据教育部网站消息，教育部、国家语委今日在京发布《中国语言生活状况报告（2016）》。这是教育部、国家语委第 11 次向社会发布年度语言生活状况报告。

报告指出，打造文化传承品牌，启动语言资源保护工程。中国语言资源保护工程全面启动，按计划完成了 81 个少数民族语言调查点、53 个汉语方言调查点和 32 个语言文化调查点的工作任务，基本建成中国语言资源采录展示平台，进一步完善相关技术规范和管理制度。

报告提到，关注社会热词，聚焦语言生活。2015 年，热词热语势头不减，一大批反映社会百态的词语活跃在社会语言生活中。“廉”“互联网 +”“恐”“反恐”分别当选年度国内字、国内词、国际字、国际词。十大新词语、十大流行语、十大网络用语出炉，语言生活热点不断。

在新词语方面，“互联网 +、众创空间、获得感、非首都功能、网约车、红通、小短假、阅兵蓝、人民币入篮、一照一码”十大新词真实记录了 2015 年出现的新事物、新概念、新状况，以及这一年中百姓心理、观念上悄然发生的变化。作为社会变化的记录仪和显微镜，年度新词语集中体现了这一年的语言变化以及社会变化。

流行语方面，“抗战胜利 70 周年、互联网 +、难民、亚投行、习马会、巴黎恐怖袭击事件、屠呦呦、四个全面、大众创业万众创新、互联互通共享共治”，这十个流行语涵盖国际时政、国内时政、经济和科技等多个领域，如同一部恢宏壮阔的时代交响，奏出了媒体视野中的时代之音。

在网络用语方面，“重要的事情说三遍、世界那么大　我想去看看、你们城里人真会玩、为国护盘、明明可以靠脸吃饭却偏偏靠才华、我想静静、吓死宝宝了、内心几乎是崩溃的、我妈是我妈、主要看气质”，年度网络流行用语反映了一年来网民对社会生活的关注与感悟，是认识社会、感悟社会、理解社会的一个窗口。

报告显示，在语言生活热点上，“两会”期间，有关媒体发布《2015 全国两会“十大热词”》，引起社会广泛关注，各行各业的“热词榜”成为 2015 年中国互联网的一道特色风景。正式的排行榜达 100 余种，平均每 3 天就有一个；算上自媒体，排行榜则达 400 余种，平均每天都有 1.3 个“热词榜”发布。

报告还指出，全球孔子学院总数达 500 所、孔子课堂 1000 个，注册学员超过 190 万人，分布在 134 个国家和地区，中外专兼职教师达到 4 万人。

太原公共场所将禁止使用一些“任性”的广告词

（摘自：新华社，6 月 6 日，作者：王学涛）

火锅店广告“锅色天香”，酒吧广告“朝酒晚舞”，服装店广告“衣衣布舍”，女帽广告“一戴添娇”……这些谐音招牌以及诸如“大胖饭館”“仃车场”等繁体字、异体字，今年 6 月下旬以后，在山西太原全市将被禁止使用。

太原市语委办副主任邓丽娟介绍说，国家、省、市三级有规范语言文字使用的相关法律和办法，他们将依法对全市范围内公共场所的广告牌、标语牌、名称牌、指示牌、电子屏等违规使用谐音字篡改成语、繁体字、错别字、字迹缺损、断亮等情况进行检查，并督促其整改。在具体实施上，太原市语委办与工商部门、太原市数字城管指挥中心联合，从今年 6 月下旬开始，将对太原市六城区及清徐县、娄烦县、阳曲县、古交市“三县一市”的公共场所用字情况进行普查，之后用一个月时间宣传普法，并督促其整改。对不按规定整改的，将对其进行处罚并强制整改。

《普通话异读词审音表（修订稿）》向社会公开征求意见

（摘自：教育部语信司网，6 月 6 日）

为全面贯彻《国家通用语言文字法》，落实党的十八大提出的“推广和规范使用国家通用语言文字”，推进普通话推广工作，国家语委于 2011 年 10 月启动了新中国成立以来第三次普通话审音工作，主要内容是研制普通话审音原则，根据当前语言生活发展需要修订 1985 年发布的《普通话异读词审音表》，建立健全普通话语音规范标准体系。

课题组经过3年多的努力，完成《普通话异读词审音表》修订初稿研制，并采取多种形式征求意见：向国家语委成员单位和各地语委发函征求意见；在北京、上海、广州分别召开座谈会听取部分省市代表意见；通过搜狐网及手机新媒体等渠道收集网民意见，共有5万多人参与了网上读音调查。在广泛听取各界意见的基础上，形成《普通话异读词审音表（修订稿）》。为确保修订稿的科学性和可行性，现面向社会公开征求意见。

端午节问候“端午安康”最恰当

（摘自：长春日报，6月7日，作者：赵婉姝）

端午节为什么不能“祝快乐”？因为端午节是个祭祀的节日，所以不能互祝快乐，说祝福的话可以用“祥瑞和安康”等字句。

除此之外，夏天到来疾病多，端午节这一天，人们用兰草进行沐浴，这样可以将疾病和瘟疫驱走。在这一天，通常是一吃、二拴、三采。一吃吃五黄，需要吃名称中带有黄字的食物，如蛋黄、黄酒，也可以是黄瓜。意思是指这个季节青黄不接，吃黄色的食物就可以接上了；二拴就是要拴葫芦、扫把、五毒图，代表着福、禄，生命延续安康，可以将坏的东西扫除，五毒图则可以以毒攻毒；三采就是采艾蒿，也是为了驱除霉运、不好的东西。民间还有戴五彩绳的说法，老人将五个颜色的绳子拴在孩子手腕脚脖上，第一场雨出现彩虹，把五彩绳扔进流水中，寓意驱走疾病。还有挂小辣椒、老虎鞋，孩子头上写上王字，这样孩子不闹，也是为了驱除灾害、瘟疫。

今日端午　说“安康”别说“快乐”？

（摘自：人民网，6月9日，作者：梁思齐）

祝福安康与祝愿快乐有什么区别吗？俗话说，无病乃是福，无债即发财。一个人平安无事、身强体健，是人生最大的快乐和幸福。所以相信端午节收到这种祝福安康的微信短信，从内心来说，每个人浑身上下都会觉得很快乐，这与直接祝愿快乐其实没什么两样。祝端午快乐有什么不对吗？在这个传统节日里，祝愿快乐与纪念屈原并没有矛盾。而且我以小人之心度屈原之腹，要是其泉下有灵，一定更愿意让大家在快乐中记住他，而不是把它变成一个抑郁沉重的日子，原因只有一个，他是诗人。

端午节毕竟与清明节不同，它既没有任何规定的过节仪式，也没有与祭祀相关的严谨礼俗。作为普遍的风俗，不外两个，一是吃粽子，二是赛龙舟。我觉得提出在端午节不能祝愿快乐的专家有点“拧”，不知道是不是为了显示自己“另类”，高人一等。

从“端午安康”中感受文化魅力

（摘自：湖北日报，6月12日，作者：王石川）

安康和快乐，都是表情达意，原本不必细究两者差别。争执端午节该不该快乐，客观上也是对传统文化的一次温习乃至致敬。“安康论”并非乱弹琴，所谓“伍子胥投钱塘江，曹娥投曹娥江，屈原投汨罗江”的传说中也许有演绎成分，但端午节的源流确有悲壮的因素在内，若从源头论，不说快乐只祝安康，也不无道理。

然而，文化是一条流动的河，在漫长岁月的冲击下，端午的内涵必然会越来越丰富。在民间，端午的主题是迎接暑热来临之前的辟邪、驱毒和祈福，被赋予了祛病防疫的含义，后因纪念屈原，又成了一个缅怀的日子。我们今天过端午，除了它的文化内涵之外，还会想到欢快地吃粽子、赛龙舟，还会佩香囊、悬艾叶菖蒲，给孩子们挂咸鸭蛋，享受一个难得的假期……不同的行为代表不同的含义，要求在这一天不能快快乐乐，只能悲悲戚戚，其实也窄化了端午节的精要。如果通过争议，促使更多的人去阅读与端午相关的历史背景，去诵读古诗词，去唤醒并未沉睡的文化记忆，对传承优秀的传统文化而言，未尝不是一件好事。

“端午安康”讨论刷屏　莫丢掉端午传统习俗

（摘自：渤海早报，6月12日，作者：任东海）

如何应对端午节节味儿变淡，打破传承的障碍，让人们不再为突然出现的一句“端午安康”备受困扰呢？专家认为，这有待文化部门带头抓住端午习俗的文化载体，深挖其文化内涵，就像让市民知道端午吃粽子是为了纪念屈原，也要让他们知道把粽子做成大枣、蜜枣、豆沙等馅儿料，是为了让水中鱼虾尽享美味，从而不再去伤害屈原的遗体一样，挖掘并传递好新区民间插艾条儿、做五毒鞋、缝香包等习俗的由来、故事和文化渊源。

端午只能“送安康”不能“说快乐”？

（摘自：南方日报，6月13日）

此前有“粽子是甜是咸”之争，如今又多出“祝快乐还是送安康”讨论。这种争论主要源自不同地域的人对于传统节日的理解与庆祝方式的差异，而在互联网时代，信息的交流使这种差异更加显性。其实，端午节虽然有纪念屈原、伍子胥等历史人物的含义，但并不局限于此，赛龙舟、吃粽子、挂香袋等快乐的活动也是重要习俗。因此在端午节说一声“安康”当然无误，但祝福一句“快乐”也无碍。更何况祝福语重在表达对亲友的问候，“安康”还是“快乐”，实在无须较劲。

抵制网络詈语俗词净化网络语言环境

（摘自：光明日报，6 月 18 日，作者：佘桂林）

互联网时代，很多人尤其是年轻人都过着两种语言生活——现实语言生活和虚拟语言生活。由于两种语言生活环境差异很大，个人所呈现出来的状貌并不完全一样，甚至会截然相反。网络空间的虚拟性，使个人将现实生活中不能说、不敢说、不愿说的话在网上都说出来了。这些话语中就包含着网络低俗词语，有人称之为网络詈语俗词。网络詈语俗词在某种程度上是现实语言生活中低俗一面的网络再现。现实语言生活中存在着一批詈语俗词，这些词语多数跟性和排泄物等有关，如“屌、操、屄、骚货、婊子、放屁、狗屁、操你妈”；在网上，这些词语转换为“屌丝、草、逼”等。有关部门更要密切关注、搜集网络詈语俗词，开出网络詈语俗词清单，供主流媒体把关，消除这些詈语俗词扩散传播的通道和途径。

端午节祝“快乐”这个可以有

（摘自：北京青年报，6 月 21 日，作者：高语阳）

北京师范大学文学院教授、民俗学家杨利慧表示，端午节并不是祭祀性节日，可以互祝“快乐”。杨教授解释说，端午节的设立和传统农业民族注重时令节气相关，五月初五气温上升，天气开始进入暑热时段，这时各种害虫、五毒等滋生，老百姓为了祛邪避毒、祛病防疫而设立了端午节。端午节喝雄黄酒，挂蒿草、艾叶，熏苍术、白芷等行为就是为了驱虫避邪，因此设立端午节的初衷是欢乐喜庆的，是为了祛毒平安的，并不是像清明节一样的祭祀性节日。

关于是先有节日还是先有传说，学界仍有争论，但大部分民俗学家认为，是先有节日之后，才有传说附着在节日上，赋予节日以其他意义，但这些意义也只是端午节其中的一部分，并不是因此端午节就成为一个祭祀性的节日。杨教授说：“没有听说过端午节不能祝快乐的说法，端午节设立初衷就是一个欢乐的节日。”

第四批 24 组推荐使用外语词中文译名正式发布

（摘自：中国教育报，6 月 22 日，作者：李澈）

外语中文译写规范部际联席会议专家委员会正式发布第四批 24 组推荐使用外语词

中文译名，如 PM10，译为可吸收颗粒物；IMF，译为国际货币基金组织。

第四批推荐使用外语词中文译名，遵循反映社会应用热点和规范性要求高的原则，尊重词汇产生发展变化和应用的规律，以推荐社会语言生活中已经使用的译名为主。据了解，在译名研制过程中，除了运用语料库频次统计等方法外，还特别注意听取了计算机、通信、网络、商标注册、语言文字应用等领域专家的意见和建议，还采取网络问卷的方式进行一定范围的调查，作为择定部分译名的参考。

新疆将于年底前基本实现少数民族证件标准化和人名规范使用

（摘自：新疆经济报，6 月 24 日，作者：于兮石速）

23 日，新疆维吾尔自治区召开少数民族证件标准化和人名使用规范工作新闻发布会，宣告今年年底前，将基本实现全区社会管理、公共服务领域的少数民族证件标准化和人名规范使用。

新疆维吾尔自治区党委将解决少数民族证件标准化和人名使用规范问题作为改善民生、促进民族团结的重要工作，列为自治区“民族团结进步年”活动需完成的 27 项重点任务之一，给予极大支持。自治区人民政府专门下发《关于进一步做好全区少数民族证件标准化和人名使用规范工作的通知》，并制定工作方案，明确工作目标、工作措施和工作要求，具体开展六项工作。

“保卫”汉语应当回归对语言的敬畏

（摘自：工人日报，6 月 28 日，作者：嘉湖）

近日，教育部和国家语委发布了《中国语言生活状况报告》，盘点了 2015 年的热词和流行语。被多数人以“好玩儿”的心态迅速吸收、使用的网言网语，对于汉语来说是新创意还是污染源？汉语需不需要被“保卫”？

流行语之所以被广泛使用，说明人们有需求，此时，抵制汉语“污染源”可能成为横亘在人们参与语言淘沙过程的一道沟渠。其实，面对所谓的“冲击”，历经数千年积淀的汉语，理当拥有“任尔东西南北风，我自岿然不动”的自信。在古代，文人很注重对语言和文字的千锤百炼，甚至“吟安一个字，捻断数茎须”，现在很多人已经失去了这种对文字的敬畏。如何让人们回归对语言和文字的敬畏，才是保卫汉语的应有之道。

“才”和“材”，学位证用字不统一

（摘自：齐鲁晚报，6 月 29 日，作者：许亚薇）

山东大学今年学位证书上有错别字！在其封皮上写着“为天下储人才”，但在学位证上却写“為天下儲人材”，“人才”“人材”到底哪个说法正确？

山大宣传部作出官方回应，山大办学宗旨“为天下储人才，为国家图富强”于2011年确定，以学校文件形式公布。该宗旨出自1901年山东大学堂诞生之时，袁世凯呈光绪帝《山东省城试办大学堂暂行章程》，章程原文为繁体字：“為天下儲人材”，“為國家圖富强”。

根据《现代汉语词典（2005年第5版）》，第1144页“人才”词条，“人才”同“人材”。故学校在使用办学宗旨字句时，根据原文，繁体字书写时用“材”；根据《现代汉语词典》，简体字书写时用“才”。

吉林化工学院学位证印错　有毕业生拿着证书封皮回家

（摘自：新文化报，6月30日，作者：李洋）

6月29日下午1点多，新浪微博网友@江城鹏飞和微信网友@江边跐溜坡在网络上爆料，称吉林化工学院学位证印刷出现重大纰漏。网帖中附了一张照片，图片中，赫然出现“中国人民共和国”字样。

吉林化工学院分管教务的副校长庄志军表示：出现错误的是今年毕业的大四学生学位证书，数量共计3000余份。其中，分发给毕业生大约2000份的时候发现了错误，随后停止分发并开始收缴追回，目前几乎已经全部追回。“预计在6月30日晚8点左右可以印刷完成新的学位证，并进行分发。有的学生没有离校，可以直接分发；已经离校的，我们将通过邮寄方式送达给学生；有需要开学位证明的，校方会完全配合。”

对网络低俗语说“不”！

（摘自：人民日报，6月30日，作者：闵大洪）

近三年来，网络低俗语呈现蔓延态势，在网络流行语中占有的比例迅速上升。当互联网作为人们交流沟通工具使用，由于匿名无约束环境使然，“国骂”等现实中使用的脏话、粗话便第一时间登录网络。

网络语言对熏陶和感染社会风气、公共道德有着重要影响，对青少年的影响更是直接而显著。网络不应该成为存储收纳低俗语的垃圾箱、污物桶，而应成为文明用语的营养钵和育苗圃。网上的语言环境不应该降低人的品位，而应该提升人的素养。使用文明、规范、纯洁的语言文字，是媒体和每个人传承文明、传播文化的基本要求。因此，各类媒体和广大网友，应成为网络传播良好环境的建设者和国家纯洁语言文字的捍卫者。

广电总局否认手游禁用英文:保时捷车身上还可写 POR

（摘自：新华网，7 月 7 日）

7 月 7 日，在 2016 ChinaJoy 媒体报道会议上，国家新闻出版广电总局首次正面回应了目前业内流传的移动游戏版号审批、手游界面禁止有英文字母等相关问题。总局强调，审批移动游戏免费，也未授权给任何组织或个人开展代办服务；至于“手机游戏界面不能出现英文”的说法，广电总局回应称，“我们在对游戏企业的培训和出版的规定当中都说明过，不是说一刀切，一点儿都不让用，而是原则上如果这个英文（外文）不是极其必要的，那么我们建议还是不要出现。比如赛车类的游戏中，保时捷车身上出现 POR 的缩写，我们是不会要求改成中文‘保时捷’的。甚至在我们目前审核的另一款赛车游戏中，引入了很多国内没有引进的汽车品牌和车型，国内还没有这些品牌的商标和官方名称，那么我们是不会要求其涉及的这些英文改成汉字的。而网上流传的一些截图里，例如 mission star 对于一些老玩家、习惯外语的玩家来说是能接受的，但是我们要考虑到整个国家的出版情况，游戏出版以后不会对玩家的外语水平做任何区分，所以根据出版物语言文字使用的规定，我们需要统一要求。”

标“凹凸”的厕所多几个也无妨

（摘自：长沙晚报，7 月 26 日，作者：谢伟锋）

把不标男女标“凹凸”的厕所称为“史上最污厕所”，这种判断逻辑，大抵有着鲁迅先生所言的“一见短袖子，立刻想到白臂膊，立刻想到全裸体”的语境，实在是过于敏感了。毕竟，“凹凸”二字和人体构造的“不谋而合”，更多地和发散思维有关，而和色情暗示和性别歧视无关。即便有的话，恐怕也是我们自己先入为主地戴上了有色眼镜。

对于“凹凸”二字，成人一眼望之，便心领神会；现在问题是儿童在看到这两个字的时候，一定会产生辨认的迷茫。那，为什么不就地取材，把这个作为有趣有料的性启蒙早教课呢？否则，一直讳莫如深，反而会增强儿童对此的误解和深究。用“凹凸”二字当这堂生理课的敲门砖，也未尝不可。

公共信息图形标识是城市的通用语言，一定要按照相关标准来一一对标。不过，在“法无禁止”的角落，也可以点缀些新颖创意，增加点情趣气氛，多一些自我符码。它不会成为城市管理水平的反面教材。在国外，很多抽象化、拟人化、卡通化的厕所标识，已经成了当地城市的风景线，有些人还特意“到此一游”。以此看来，“凹凸”厕所标识，多几个也无妨。

厕所标“凸凹” 最污还是最文艺?

（摘自：南宁晚报，7 月 26 日，作者：赵翠玲）

网友热议整理：

岑生：我觉得这样设置很好玩，彰显个性，符合年轻人新潮开放的思想。

毛先生：男女厕所用“凸”“凹”两个汉字来区分非常形象，还有利于汉字的传播。

东写西读：一个凑趣而已，大家没必要上纲上线。

葛金华：商家这样标注男女厕所确实有“滥用汉字的嫌疑”，是“低俗化的表现”。建议增加一个烟斗或者一个高跟鞋，这样更加一目了然，走错厕所的概率也会小很多。

厕所标“凹凸”糟蹋语言文字

（摘自：中国江苏网，7 月 26 日，作者：毛开云）

早在 2000 年，国家就对厕所标志作出明确规定，用穿西服男士与穿裙子女士的图形代表男女厕所，早已在人们心中深深扎根。关于公厕，住建部有《环境卫生图形符号标准》，常州市有《常州市环境卫生公共图形标志设置导则》，都对公厕外观、标志等有要求。而这间厕所用“凸凹”两字代表男女厕所，此外没有其他的图标和文字注释，显然违规。

厕所的设计可以新潮，可以有创意和个性化，但前提是遵规守纪。如果因为厕所设计别出心裁，轻者，成为对语言的滥用和暴力；重者，因误识、误判、误导而酿成纠纷，甚至被好事者利用而成犯罪工具，那将得不偿失。

厕所是公共场所，反映一个单位、地区和城市的整体形象和文明程度。厕所标“凹凸”虽是个例，但一颗老鼠屎烂掉一锅汤，果真厕所标“凹凸”成为创造“汉字第一次世界通用”的奇迹，那将是中国文化的悲哀和中国文明的浩劫。

“凸凹厕所”是创新的错误示范

（摘自：中国江苏网，7 月 26 日，作者：刘颂寒）

“凸凹厕所”看起来是玩了一把创新，但却可能造成一些人上厕所的不便。例如，字还没有认全的孩子，以及对于“凸凹”并不清楚的成年人。当他们面对这种厕所的时候，究竟应该如何去上厕所呢？

凸凹在汉字里的意思，并不是指代男女。这里用凸凹指代男女，其实是因为字体的形状，但将凸凹代替男女，其实深处还有低俗文化的影子。凸指男，凹指女，给人了太多不必要的联想。而这种联想的背后，其实是一种低俗的思想观念在作祟。

“凸凹”厕所丢失了文明

（摘自：广西新闻网，7月26日，作者：王捷）

一些个性化的厕所标志，的确体现了一种精巧的构思和创意，也可以说包含着智慧和幽默，对于这些厕所标志谁都没有理由拒绝。但是，不知从何时起，少数厕所标志滑向了低俗，好像是恶搞，又仿佛是传播“黄段子”，甚至像“性别写真”。《标志用公共信息图形符号第一部分：通用符号》写明，正确的厕所图形符号应当是白底，图形为穿西服男士与穿裙子女士，颜色只能使用黑色、蓝色、棕色等。既然国家有相关规定，为何还有人“违规”呢？显然，这些人丢掉了“文明”。

常州“最污厕所”凹凸两字已拆除

（摘自：现代快报，7月27日）

目前厕所上“凸凹”两个字已经被拆除，饭店方面下一步将对厕所进行改造。

饭店负责人冒先生表示除了经营餐饮外，他的主业其实是文化创意，当初接手饭店进行装修时，他就想把厕所搞得个性一些，并希望尽量淡化厕所的概念，所以才想到用凸凹汉字来代替男女标志，把厕所做得个性文艺一些。

下一步，饭店负责人表示可能会换成烟斗和高跟鞋，或者其他的标志，然后再添加一些容易辨别男女厕所的辅助性文字说明，大概一周内改造完成。总体还是不会改造成普通厕所那样仅写上男女字样，还是要淡化厕所概念，做得更有创意一些。

白岩松解说开幕式获赞　被网友捧为“国家级的段子手”

（摘自：中国商务新闻网，8月6日）

热情的桑巴舞，动感的乐曲，迷人的世界名模，以及美轮美奂的点火仪式……里约奥运会向一早起床观看开幕式的中国观众，献上了一场不错的视觉饕餮大餐。只是这一切，被电视机里“只闻其声不见其人”的白岩松给抢走了。

多次解说奥运会开闭幕式的白岩松老师并不缺少“经典语录”，但在里约奥运，白岩松老师又“说出了新高度”，甚至被网友们捧为“国家级的段子手”“自带弹幕的解说员”……开幕式后不到一个小时，微博上#白岩松解说奥运会#的话题，就超过了400万次的阅读量。

郑州街头出现粗俗化商铺店名

（摘自：大河报，8月15日，作者：杜一格）

“Kao!”“哎约我烤”“厕所串串”“尚床吧”……这不是在说脏话，而是郑州街头一些餐饮商铺的名称。河南省工商局工作人员介绍，目前相关法律法规仅规定了不可使用粗俗词汇的拼音和英文字母，以及广告宣传不得违反社会主义和谐风尚，但谐音和方言仍有一定的灰色地带，不少商家打起了擦边球。不少市民表示在给店铺取名的诸多技巧和方法之中，谐音始终是一种非常有用的技巧。然而，使用“谐音”取名法，并不表示店名就可以低级恶俗。

网络低俗用语和语言暴力须治理

（摘自：人民日报，8月16日，作者：徐敬宏）

治理网络不文明用语，是建设良好的网络文化环境的基础，也是互联网产业健康发展的保障。但我们必须清醒地认识到，这势必是一项系统工程，不可能一蹴而就。文明网络用语，需要从网民文明上网和网站文明办网两个方面去努力。另外，也需要制定相关的政策和法律法规，依法对违反者进行惩处。这样才能真正确保文明上网和文明办网有法可依，实现清朗的网络空间。

滥用“洪荒之力”折射语言贫瘠

（摘自：深圳新闻网，8月16日，作者：汤嘉琛）

坦白说，我并不觉得“洪荒之力”是一个多么具有创意的新式词语。它最初走红，更多是因为这种有别于“感谢国家”的夸张表达与傅园慧的魔性表情产生了某种化学反应。只有在当时那个特殊情境下，“洪荒之力”才是让人眼前一亮的、有幽默感的。除此之外的其他场合，基本都可判定为刻意误用或借势营销。这种跟风最终必然导致网络热词的“速生速死”。在这个过程中，语言贫瘠被展现得淋漓尽致。

第39届国际标准化组织大会召开　习近平致贺信

（摘自：新华社，9月12日）

第39届国际标准化组织（ISO）大会开幕式9月12日在北京国家会议中心举行。

国家主席习近平发来贺信，向大会表示热烈祝贺。

习近平在贺信中指出，标准是人类文明进步的成果。从中国古代的“车同轨、书同文”，到现代工业规模化生产，都是标准化的生动实践。伴随着经济全球化深入发展，标准化在便利经贸往来、支撑产业发展、促进科技进步、规范社会治理中的作用日益凸显。标准已成为世界“通用语言”。世界需要标准协同发展，标准促进世界互联互通。

第 19 届全国推广普通话宣传周在青海海东闭幕

（摘自：人民网，9 月 14 日，作者：郭慧芳）

9 月 14 日上午，第 19 届全国推广普通话宣传周闭幕式在青海省海东市隆重举行。全国推普周领导小组副组长杜占元强调语言文字工作战线要深入贯彻落实习近平总书记系列重要讲话精神，全面贯彻落实刘延东同志关于语言文字工作的部署要求，勇于担当，积极有为，不忘初心，继续前进，全面落实《国家语言文字事业“十三五”发展规划》，努力开创语言文字事业发展新局面。

河南新规：“红头文件”出台需配套阅读“白话版”

（摘自：新华社，9 月 14 日，作者：甘泉）

政府机关出台的政策文件，往往因表述严谨让群众觉得“高冷”、不易懂。河南省政府办公厅近日印发了《河南省行政机关政策文件解读实施办法》，其中规定，政策文件解读应当结合社会热点、群众关注点，把政策文件的背景依据、执行口径、注意事项、新旧政策文件差异等讲清楚，把政策文件与群众利益的关系讲明白。用通俗易懂的语言多角度、多方面解读，提供相关背景、案例、数据等，把政策文件讲透讲清，让群众听得懂、信得过、用得上。解读可通过数字化、图表图解等方式展现，使解读信息可视、可读、可感。

哪些类型“红头文件”需要配套解释？河南明确省一级层面包括：涉及面广、社会关注度高、和群众利益密切相关的省政府规章；省政府或省政府办公厅制定的行政规范性文件；省政府部门制定的行政规范性文件；其他需要进行解读的政策文件。此外，河南的市、县级政府及其部门政策文件解读工作，也须参照执行上述办法。

重庆市启动第 19 届全国推普周活动

（摘自：新华网，9 月 18 日，作者：重庆市语委办）

9 月 18 日，重庆市第 19 届全国推普周暨中国文字博物馆校园巡展重庆行启动仪式。推普周活动的举办，在贯彻国家语言文字法律法规、提高国民语言应用能力等方面发挥了重要的示范引导作用，重庆市深入贯彻落实语言文字“十三五”规划，以推普周为平台，推动语言文字工作再上新台阶。在推普周期间，重庆市语委办以及相关单位还结合重庆市第三届中学生规范汉字听写大赛、重庆市第二届大学生成语大赛、城市社会用语用字执法检查啄木鸟行动、书法和诵读名家进校园、市级语言文字规范化示范校创建等专项活动，开展了具有地方特色的推普周活动。

网络语言文字不能跳出法律“田字格”

（摘自：法制日报，9 月 23 日，作者：张昊）

教育部、国家语言文字工作委员会近日印发的《国家语言文字事业“十三五”发展规划》明确提出，“建设新闻出版、广播影视、新媒体、公共服务领域、公共场所语言文字使用情况监测体系以及社会语言生活引导和服务体系。加强对网络语言、新词新语、字母词、外语词等的监测研究和规范引导。强化对互联网语言文字使用的规范和管理”。网络语言带有低成本、隐蔽性、虚拟化、攻击性的特征。但是，网络语言文字不能跳出法律“田字格”。网络语言文字的本质是以年轻人为主体的内心发泄，对传统语言文字规范提出挑战和思考。立法根本的目标是调适各种语言变体的关系，保证语言生活健康和谐。网络并非没有规则，要引导网友把法律精神实质和语言规范运用于网络语言生活。

荧屏多见“白字先生”

（摘自：新民晚报，10 月 15 日，作者：陈日旭）

文字错误大多出现在文艺类、电视剧节目中。比如，驴友在景区乱涂乱“花”；大学新生报“道”；比如，戏剧节目里出现一“席”长衫；“旋”索叮咚；又比如，将家喻户晓的消防急救电话号码“119”，打成“199”……不胜枚举。这里面，有的是低级错误，有的是驾驭文字功力尚欠火候，有的连汉语拼音都未过关，但总起来一句话，有关“先生”太缺乏责任心。荧屏文字屡屡出错，不仅涉及千家万户，而且对正在学习文化的学生也会产生误导作用。“白字先生”是对电视作品的粗制滥造，对广大观众的不尊重。规范运用祖国的语言文字是一件严肃认真、匹夫有责的大事，实在马虎不得。

维护良好的网络语言环境

（摘自：人民日报海外版，10 月 15 日，作者：刘菲）

针对网络用语的粗鄙化现象，许多网友和社会有识之士呼吁：重视网络语言的文明建设，营造良好的网络语言生态环境。网络虽是虚拟世界，但使用它的却是现实中的人。如何用词、用什么词，能够反映出一个人的学识、教养和心态，也能折射出现实社会的世间百态。不论是在现实生活中，还是在网络虚拟世界里，使用者都应该自觉摒弃不文明用词，在规范使用中文的基础上，尽量体现其优美，而不是把粗俗错当作幽默，也不能跟风使用不文明的语言。

在社交平台上需规范使用表情包

（摘自：人民日报海外版，10 月 15 日）

近年来，表情包凭借其新颖的创意和幽默的画风，迅速占领各大网络社交平台，成为人们在社交软件上聊天时离不开的新宠。“表情包文化”也逐渐进入主流文化视野，成为一种无法忽视的网络文化现象。

河北科技师范学院副教授吕雪菊认为：“表情包之所以能够大范围地传播，是因为其弥补了文字交流的枯燥和态度表达不准确的弱点，有效地提高了沟通效率。部分表情包具有替代文字的功能，还可以节省打字时间。”

中国社会科学院语言研究所副研究员唐正大表示，在社交平台或软件上使用中文表情包需要规范。他认为，对于表情包这种跟随互联网社交应运而生的新型语言符号，我们应该持积极和欢迎的态度。表情包的使用是建立在交流双方关系友好和谐的基础之上的，是积极的交际符号，多是“绿色环保”的。但部分表情包的图画或文字会出现色情、暴力或其他消极、不健康甚至触碰道德和法律底线的内容，对于这一类内容必须坚决予以抵制。

《公共服务领域英文译写指南》正式出版发行

（摘自：北京外国语大学中国外语教育研究中心网，10 月 19 日）

近日，我中心戴曼纯教授作为专家委员会主要成员参与研制、编写、审定的《公共服务领域英文译写指南》（以下简称《指南》）由外语教学与研究出版社正式出版发行。该规范涉及英、俄、日、韩 4 个语种，涵盖交通、旅游、文化娱乐、体育、教育、医疗卫生、邮政电信、餐饮住宿、商业金融等领域，内容包括公共服务领域外文译写的规则、示例等。《公共服务领域英文译写规范第 1 部分：通则》经国家质量监督检验检疫总局、国家标准化管理委员会批准，已于 2013 年 12 月 31 日发布，于 2014 年 7 月 15 日起实施。另外，涉及交通、旅游、教育等领域的 9 个分则已研制、审定完毕，即将发布。

构建网络时代的和谐语言生活

——访广州大学人文学院教授汪磊

（摘自：中国社会科学网，10 月 27 日，作者：张杰）

中国社会科学网：对于全面推进我国语言文字建设，您有何意见建议？近日印发的《国家语言文字事业“十三五”发展规划》强调推进“互联网 +”语言文字服务工程，我们知道，您致力于网络语言研究，作为语言学者，您认为未来研究应该着重探索哪些问题？

汪磊：我们应着力关注两个方面，一是与信息技术相关的方面，在密切关注网络传播平台的推陈出新对语言传播、语言生活影响的同时，关注信息技术对语言研究的影响；二是与语言使用相关的方面，虚拟语言生活无疑是现实语言生活的延伸，但同时又凭借其不可抗拒的信息技术优势反作用于现实语言生活，应科学认识虚拟语言生活的多层性与分众性，关注网络语言使用人群的变化，追踪网络语言流向通用语言的路径，合理规划与引导，以促进虚拟语言生活与现实语言生活的良性互动，构建网络时代的和谐语言生活。

流行语与流行病

（摘自：人民日报，11 月 1 日，作者：长余）

在近期网上热传的“2016 年十大网络流行语”的帖子中，与“蓝瘦香菇”一同入选的还有“洪荒之力”“老司机”“狗带”，等等。如果说“洪荒之力”还是源于现实社会中的新闻事件的话，那么其他的绝大部分都是源于网络“原生态”，而且常常具有这样的特性：突然爆发、病毒式传播、寿命大多很短——就如同一场流行病。网络流行语，到底是不是一种语言上的“病症”？这个话题似乎已争论多年。如果说它们都是语言的“毒瘤”，显然有一棍子打死之嫌，因为毕竟有一些网络流行语已在口耳相传中“扶正”，得以登上大雅之堂，成为语言丰富性的有益补充，如“给力”“蛮拼的”，等等。但无论如何，过度使用网络流行语对于我们的一大影响是，终究患上了“语言贫乏症”。

“微时代”的“网络成语”

——对传统成语的戏仿与文化意义的消解

（摘自：天津日报，11 月 8 日，作者：陈曦）

网友们把最流行的网络用语语句，提炼为类似成语形式的四字词语，用来表达生活中的种种情感。网络成语的形成是“微时代”作用的结果，在形式和内容上的特点，显现着“微时代”的特征。例如“人生已经如此艰难，有些事情就不要拆穿”被简化为“人艰不拆”等。这种“极简”表达方式的出现，与“微时代”信息爆炸所造成的快餐式阅读有关。“网络成语”不遵守传统汉语语法，是一种缺乏语言逻辑的个性化表达，被嵌套在一个成语形式中，是对传统成语的有意戏仿。而在“网络成语”对传统成语的戏仿中，在“网络成语”的流行程度甚至超过传统成语的情况下，成语神圣的文化意义在某种程度上被消解。

《中国各民族名称的罗马字母拼写法和代码》（修订）通过鉴定

（摘自：教育部语信司网，11 月 14 日）

11 月 9 日，全国信息与文献标准化技术委员会二分会在北京召开《中国各民族名称的罗马字母拼写法和代码》（修订）鉴定会。该项目由中国社会科学院民族学与人类学研究所承担。鉴定专家组听取了项目组的修订报告，审阅了相关材料，并进行了认真质询，一致同意该项目结项。专家组认为，我国各民族名称的罗马字母拼写法和代码修订的原则、方法合理可行，符合国内外使用罗马字母拼写我国民族名称的传统和习惯。该标准的修订符合国家关于少数民族和少数民族语言文字的政策法规，符合国家通用语言文字标准的相关规定。

“网俗”有了负面清单

（摘自：人民日报，11 月 17 日，作者：吴姗）

近日，中国记协把“卧草”“我日”等一批网络不文明用语列入负面清单，倡议媒体和网站不使用、不传播。有专家指出，由于互联网的虚拟性以及自媒体“缺少把关”的特性，聚集社会戾气的网络低俗用语大量涌现，已到了非治理不可的程度。此次中国记协明确列出网络不文明用语负面清单，体现了向“网俗”亮剑的决心和力度。有关统计数据显示，今年以来，“卧草”“我日”等低俗网语在纸媒近乎绝迹。近日，部分偏中性的新词“蓝瘦香菇”（心里难受想哭）等持续刷屏，尤其在微博、微信、门户类网站中高频出现，比如《蓝瘦香菇凭么又扣我工资》等。

让语言之河澄澈明净

（摘自：人民日报，11 月 17 日，作者：史晓韵）

新语汇的形成，需要沉淀和研磨，大浪淘沙才能出现“信达雅”的新概念。君不见，曾经的网络热词，很多早已消失在了词语的密林之中。不过，这绝不意味着，对于“野蛮生长”的网络热词，可以一意纵容、曲意逢迎，乃至培土追肥，助力稗草疯长。有不少词汇，起源低俗、意义恶俗、表达粗俗，如把国骂“翻译”成谐音的文字之类，已经可说是“网络脏话”了。当此之时，应加快制定相关法规，建立起“话语约束”的有效机制，确保在国家机关、学校、新闻媒体、公共服务行业等重要领域，正确、规范、有序地使用国家通用语言文字，这正是汉语在我们时代能够保持生机活力的根本。

青岛市检察院在全省率先出台《公诉人出席法庭语言标准》

（摘自：青岛日报，11 月 17 日，作者：戴谦、王海声）

《语言标准》分为《公诉人出席法庭常用语言标准》和《公诉人出席法庭常见问题应对语言标准》，包括两大类 26 项内容。除明确规定了公诉人出席法庭时宣读起诉书、讯问被告人、举证、发表公诉意见、答辩时的语言及行为标准规范之外，该标准还对庭审过程中，被告人、辩护人在发回重审的一审案件中提出原审公诉人也应该进行更换，被告人以刑讯逼供、指供诱供为由当庭翻供否认犯罪，被告人在法庭调查中对公诉人的提问答非所问等 21 种常见情形出现时，公诉人应对语言进行了规定。

白字先生满屏飞，影视示范成失范

（摘自：文汇报，11 月 18 日，作者：王彦、张祯希）

在业内人士看来，明星念白字、写错字成家常便饭，除了折射出演员文化素养不高，也是如今影视剧陷入“快餐式”生产的最直观病症——在片方的匆忙赶工与演员的匆忙赶场中，疏于学习，漏洞百出，使得影视作品对于青少年的示范作用已然失范。明星错漏百出，导演兼职“纠错员”。在演艺圈流传着这样一句话——演员最终比拼的其实是文化素养。现实与生活的容量远远大于小说和电影电视，大于演员的想象与经验。没有向生活学习、从书斋汲取知识的自觉，演员如何生动体现“真实”？

“中杯是大杯”　星巴克的语言伪装术

（摘自：南方都市报，11 月 19 日）

近日，杭州消费者林国童，因在星巴克买咖啡被店员反复询问要中杯还是大杯，忍无可忍，给星巴克中国 CEO 王静瑛女士写了一封公开信，怒问：“什么时候才不觉得中杯顾客无知或愚昧。”

针对这一事件，南方都市报署名为“兽兽”的评论称，星巴克的“小杯是中杯，中杯是大杯”是一种有意为之的营销手法。商业语言的逻辑就是要有意形成“误导”，或者用中性一点的语言，通过精心设计的语言机关，引导消费者掏腰包。这样的语言伪装术，是针对顾客心理反复推演、博弈计算的结果。可是，它是以顾客的迷惑不解、浪费客人时间，以及员工每天不计其数、机械重复的劳动为代价的。这样的营销套路耗尽了顾客的耐心、店员的体力，受益者只有尽最大可能赚取利润的商业品牌。

评论认为，星巴克是否从善如流，商家有商家自身的考虑，也有决断的权利。但任何商业品牌进入中国，都应该考虑翻译和本地文化的特殊性。

有表现力的网络用语才会留下

（摘自：东方早报，11 月 22 日，作者：臧继贤）

《近代汉语词典》第 7 版词典修订主持人江蓝生：网络语言中有许多超出汉语语法常规组词造句的情况，归纳起来，大致有以下几种：（1）名词直接作动词：别忘了伊妹儿我、回头电话你、雷人；（2）名词直接带数量补语：百度一下、网恋一把；（3）名词直接用作形容词：很淑女、太喜剧、特现代；（4）新兴程度副词：巨好看、超乏味、雷震撼。由于网络语言一定程度偏离了全民通用语言，有的表达意思并不准确，有的格调不高，因此，它的传播必然受到限制。在官方文件、新闻媒体和学校教学中应该避免不加选择地使用网络语言、语汇。同时，语言的社会功能也能促使网络语言进行自动的调节，使它跟全民语言的距离控制在一个有限的范围内。大浪淘沙，是金子才会留下。

《人民日报》评“蕾力争议”：语言污染阻碍共识交汇

（摘自：人民日报，11 月 24 日）

近期，在热播的网络综艺节目《爸爸去哪儿 4》中，击剑运动员董力和小女孩阿拉蕾的组合格外引人注目。这对父女组合被某些网友过度解读为“蕾力 CP”（CP 是英语 couple 的缩写，指“夫妻”），引发争议。网上观点交锋互不相让，甚至掀起脏词对骂，最后以节目组删掉“歧义”情景语言，增加儿童保护内容而告终。

《人民日报》评论称，互联网的负能量，恐怕不是激情的表达分歧，而是放肆的语言污染阻碍了共识的交汇。拥有观点，只是进入公共讨论的第一步，学会正确表达见解或者反对意见，是公民的重要修养。呼吸法治赋予的自由空气，我们可以拥有自己的价值判断，须顾忌不要对他人生活造成伤害；可以阐释自己的利益，但不能妨害社会的公共秩序；可以充分表达自己的观点，却不能消解社会的核心价值观。

“言语粗鄙化”应当警惕

（摘自：联合时报，11 月 25 日，作者：安琦）

网络语言用词的粗鄙化现象正逐渐从虚拟空间进入现实世界。要扭转目前语言用词的粗鄙化局面，首先各级文化管理部门应及时认识到这种现象的危害性，尽早采取措施，制止这种现象的继续蔓延；尽快制定网络用语规范，明确哪些词汇不能使用，并落实到每一个网站，确保低级粗鄙的文字不在网络上流传；尽快制定演艺界人员语言规范，规范演艺界人员在作品、节目及公众场合的语言用词，对于那些在公众场合讲话用词粗鄙的演艺界人员进行教育和引导；昭告所有的电视台、报刊、出版社等媒体，对于违反的单位应该予以教育、批评直至处罚；各级教育主管部门应旗帜鲜明地在教育过程批判语言用词的粗鄙化现象，让青少年一代树立鉴别能力和防范意识，做自觉捍卫汉语言纯洁的实践者。

娃娃满口网络语言　家长老师一头雾水

（摘自：怀化新闻网，11 月 25 日，作者：谌芳荣）

周女士的女儿 13 岁，近年来，她发现自己越来越听不懂孩子的话，尤其是孩子的微信朋友圈，里面的内容简直像看天书，什么“你造吗”“人不骚、长不高”“我伙呆”“人艰不拆”“蓝瘦，香菇”“累觉不爱”等，经常让她感到一头雾水。市民周先生是一名家长也是一名老师，他认为，网络语言用于网络，给人感觉或省时省力，或生动形象，或诙谐幽默，但不管怎么说，它的使用不规范，尤其是一些粗鄙低俗的网络语言，比如“尼玛”“屌丝”“逗比”等语言频频成为使用广泛的流行语，对孩子的学习和生活有着很大负面影响。因此对网络语言的应用，家长和老师既要尊重和了解孩子，不能一味地反对指责，又应该加强引导。

新华社译名室：为啥 Trump 译成“特朗普”而非“川普”

（摘自：参考消息网，11 月 26 日）

新华社、中央电视台和人民日报等官方主流媒体都将美国新当选总统的中文译名统一为“唐纳德·特朗普”，但也有一些媒体、网站和学者则一直坚持使用“唐纳德·川普”。针对这一现象，新华社译名室主任李学军发表题为《为啥 Trump 译成特朗普而非川普》的文章，给出了三个理由。

第一，把 Trump 译成“特朗普”由来已久。在 20 世纪 50 年代，针对全国的外文译名很不统一的情况，周总理指示：译名要统一，要归口于新华社。根据总理指示，新华社译名室 1965 年出版《英语姓名译名手册》，后又委托中国对外翻译出版公司出版《世界人名翻译大辞典》，都将 Trump 译为“特朗普”。这是美国新当选总统 Trump 的中文译名定为“特朗普”的最重要依据。

第二，美国新总统“特朗普”的中文译名已被我国官方认可和使用。从美国大选拉开帷幕之日起，新华社、中央电视台和人民日报等中国官方媒体在报道中就一直使用“特朗普”这一译名。今年 11 月 9 日，国家主席习近平致电祝贺唐纳德·特朗普当选美国总统。这也就意味着，中国政府正式确认美国当选总统 Donald Trump 的中文译名为“唐纳德·特朗普”。

第三，外文译名的对错有时候并不重要，译名统一才是最重要的。在译名问题上，为了保持译名统一，避免引起报道混乱和读者混淆，译名的学术性应该让位于统一性。

各界热议网络流行语，反映公众情绪的“表情包”

（摘自：深圳特区报，12 月 5 日，作者：魏英杰）

这些年来，网络流行语几经变迁，但其承载的社会功能却没有多少变化。这些流行语，因此也成为网络文化形成与演变的一个重要载体。它们不仅改变了网络文化生态，同时也在影响人们日常生活的语言构成。这就像一个文化密码，经由网络传播后，逐渐嵌入现实生活，为人际交往增添新的活力。从这个角度讲，网络流行语既给汉语带来了某种程度的“混乱”，却也给这一古老的语言文字注入了源源不绝的活力。互联网让每个人拥有自己的话筒，创造流行语，自然也属于其中的一种权利。

别因“翻译”误伤科学

（摘自：光明日报，12 月 9 日，作者：齐芳）

近日，一项国际研究团队对我国雾霾的研究在网络上被一些网友质疑。研究报告认为，中国目前的雾霾成分与英国伦敦 1952 年的“夺命雾霾”成分不同，而这些网友认为，这样的研究结果是预设的，不可信。为何一些网友会产生质疑？在科学的语境中，“不同”只是指成分和大小有差异，但在日常生活中，我们极其容易把与有害情况的“不同”，理解成“无害”。这样看来，网友的质疑其实是一场误会。现代科学体系发源于西方，在汉语系统中很难找到一一对应的词汇。要求科学词汇的翻译都达到“信达雅”看似强人所难，但有先贤实例，恐怕“困难”二字并不足以服众——那些在汉语语境下出现的极为别扭的用词，大多是因为很多科学家与科技传播工作者并不看重“翻译”所致。如何翻译好科学，是每一位从事科学研究和科学传播工作的人，都应该思索的话题。

微语言中的“语言污染”

（摘自：光明日报，12 月 11 日，作者：宋晖）

“朋友圈”的出现使社会交往变得异常容易，使我们不得不对传统意义上的“语境”进行重新审视。根据我们的观察与研究，可将微语言中的“语言污染”分为：语言暴力、语言低俗、语言臆造、语言失范、语言符号表情化、语言符号拼音化等。微语言生活是在移动互联网时代语境下产生的新型语言生活方式，其种类和问题绝不限于上述种种。只有全社会行动起来，共同塑造健康和谐的微语言生活，我们才能享受新型语言生活方式带来的幸福感。

《咬文嚼字》公布年度十大语文差错

（摘自：人民日报，12 月 19 日，作者：曹玲娟）

素有“语林啄木鸟”之称的《咬文嚼字》杂志社近日在沪公布 2016 年度十大语文差错。十大语文差错包括：航天新闻报道中的读音错误，“载人飞行”的“载”误读为上声（第三声）；经济新闻报道中的用词错误，“一篮子货币”误为“一揽子货币”；美国总统大选报道中的量词混淆，“任”误为“届”；英国脱欧公投报道中的概念错误，“脱离欧盟”误为“脱离欧洲”；韩国“亲信门”事件报道中的词形错误，“手足无措”误为“举足无措”；娱乐新闻报道中的用字错误，“凭借”误作“凭藉”；娱乐明星的用字错误，“令人髮指”误为“令人發指”；体育明星的词形错误，“作为”误为“做为”；广告宣传中常见的用字错误，“绅士”误为“绅仕”；常见的食品名用字错误，“黏豆包”误为“粘豆包”。年度十大语文差错评选重点关注语文运用中使用频率高、出错频率高的典型差错，出现在重大新闻、热点事件报道中以及名人偶像所犯的差错等，取样力求全面，语言文字及文史百科等各类差错兼顾，街头店招、广告、书、报、刊，广播、电视、电影及网络等全方位考虑。

施晓菁：外宣翻译要有的放矢

（摘自：中国网，12 月 21 日，作者：陈霞、黄姗）

12 月 16 日，中国翻译研究院第二期（2016）国际翻译家研修活动在北京开幕。本次研修活动，聚焦的是时政翻译。近几年，随着中国经济社会的迅速发展，出现了许多诸如“四个全面”“五位一体”等新提法，新词汇。那么，在中译外的过程中，遇到中国特色的政治词汇该如何处理呢？美国蒙特雷国际研究学院（MIIS）高级翻译与语言学院副教授施晓菁认为首先就是要吃透原文，其次是要先明确外宣的对象是谁，不能笼统地把外国人看成一个群体，并认为人工翻译和机器翻译要扬长避短，分工合作，才能把翻译事业和翻译工作做得更好。

维护汉语的纯净

（摘自：光明日报，12 月 22 日，作者：邓海建）

在文化炒作成为产业链的现实语境下，防止恶俗语言习惯对汉语言文字的侵蚀，恐怕也是相关部门的责任所在。这里包含相辅相成的两个层面：一方面，我们要相信汉语言文字的自净能力，没必要风声鹤唳，尊重语言文化的汰选规律；另一方面，在文化自信的前提下，能敏锐发觉网络流行语中的“病毒”，并在传播使用中多些规范意识、规则意识。此前，中国人使用最广泛的语文工具书《新华字典》在第 12 次修订中，明确了结合时代特点加注常用网络用语的取向。可见，传统语言的严谨与网络语言的鲜活，并非鱼与熊掌般的矛盾。

中国翻译协会发布首部团体标准

（摘自：中国翻译协会网，12 月 26 日）

为顺应国家支持和大力发展团体标准的有利形势，规范语言服务市场，推进行业标准化建设，中国翻译协会在充分调研的基础上，组织编制了首部团体标准《翻译服务笔译服务要求》，该标准等同采用了国际标准 ISO 17100，为企业开展笔译服务业务提供了框架性、方向性的技术指导，使语言服务行业标准化建设有标可依，使企业人力资源配置和笔译服务过程有章可循，使笔译服务质量提升有据可考。同时，标准对翻译服务企业的个性化发展预留了自由发挥空间，不搞“一刀切”，也不要求“齐步走”，鼓励有不同特点的企业根据自身的资源禀赋，因地制宜、创新发展。

四　汉语方言和民族语言的使用

四川首部方言电影登陆网络引热议

（摘自：四川日报，4 月 29 日，作者：常雄飞）

四川方言网络大电影《以为是老大》4 月 28 日独家登陆爱奇艺。作为第一部四川方言大电影，该片上线后就引来热议：网友观众觉得，影片接地气又好耍；业内人士则觉得，这算是方言大电影的一次尝试，如果效果好，可能会吹起一股新的“西南风”。

其实在国内，用方言的电影不少，但近几年真正能主要用四川方言的几乎没有。王光利在筹备《以为是老大》的时候，就希望全片都能用四川方言来演绎，于是他的 4 位编剧中有来自绵阳的，或者祖籍四川的。当确定廖健、闵天浩、胖姐等本土笑星来主演之后，王光利就把给剧本润色的任务交给了他们。《以为是老大》讲述的是一个经历 10 年牢狱生活的江湖老大高山眼，在出狱后面对世事变迁和一连串啼笑皆非的圈套的故事。“剧本已经很丰满了，我们只修改了一些台词。”胖姐告诉记者，四川方言很有特色，有时候很短一句话就能表达很复杂的情绪，有时候要用很多词来表达一个简单的东西。

“猴年马月”周日来临　错过这次要等 12 年

（摘自：鲁南商报，6 月 2 日，作者：庞尊利）

临近阴历五月份，“猴年马月”这个词也越来越火，引得不少网友纷纷讨论。平常用来形容一件事遥遥无期，但是在今年阴历五月（6 月 5 日至 7 月 3 日），迎来了传说中的“猴年马月”。人们常常说等到“猴年马月”，这回真的到了。不少网友纷纷表示，终于等到“猴年马月”，你当年许下的愿望实现了吗？

“猴年马月”这个词究竟是怎么来的已经不得而知，一种说法是，“猴年马月”中的“猴”，本应为“驴”。根据《现代汉语词典》的解释，“驴年马月”用来指不可知的年月（事情遥遥无期，不能实现而言），而农历用代表地支的十二生肖纪年，其中没有驴年，于是也称“猴年马月”。另一种说法是，“猴年马月”这个词义多半源于方言的以讹传讹，是天津话“何年嘛月”谐音的变体。

武汉公交首启方言报站

（摘自：长江日报，6 月 27 日，作者：王刚）

6 月 26 日，武汉公交 313 路（老汉口旅游专线）正式上线“普通话 + 武汉话”的双语报站语音服务。由此，313 路成为武汉市首条有方言报站的公交线路。

武汉公交集团相关部门负责人透露，选择 313 路试点武汉话报站，是经过精心挑选的。313 路沿线途经老汉口历史街区，也连接百步亭社区。与此同时，武汉公交 402 路旅游专线重新恢复了“普通话 + 英语”的双语报站服务。

习近平《讲话》少数民族文字单行本出版

（摘自：新华社，7 月 28 日）

新华社北京 7 月 28 日习近平《在庆祝中国共产党成立 95 周年大会上的讲话》的蒙古、藏、维吾尔、哈萨克、朝鲜、彝、壮等 7 种少数民族文字单行本已由中国民族语文翻译局翻译，民族出版社出版，即日起向全国公开发行。

浙江丽水丽新畲族乡方言特色党课接“地气”

（摘自：丽水日报，7 月 29 日，作者：蓝吴鹏）

今年 4 月起，丽水莲都区丽新畲族乡纪委书记叶伟俊开始在全乡 9 个村用方言巡回讲授党课，受到了农村党员干部的极大欢迎。

作为丽新畲族乡的方言党课创制人，叶伟俊说用普通话讲课，村民并不能听明白。后来他开始琢磨能不能用更接地气的方言来上党课，这个建议得到了村民的赞同。

全国首块满文交通指示牌亮相河北宽城

（摘自：搜狐网，9 月 2 日，作者：张帆、李强）

为了更好地传播满族文化，河北省宽城满族自治县交警大队在该县城区内道路标线、信号灯、指示标牌上增加了满文。据了解，这也是全国首块满文交通标志牌亮相。截至目前，宽城县城区共竖立满文特色指示牌 150 余块。这一举动，不仅得到了广大市民及外来人员的一致好评，还让满族文化得到了传播，让更多的人看到了宽城特色文化。

方言电话送“警醒”

（摘自：浙江日报，9月19日，作者：朱银燕、顾蓉佳）

近年来，上虞崧厦镇的诈骗警情日趋高发。受多种制约因素，诈骗犯罪行为取证难、侦破难、打击难、挽损难，一度成了让派出所很头疼的事。如何才能切实提高群众的防范意识，把诈骗扼杀在摇篮里，又如何让群众以最快的方式接受防诈骗宣传？去年5月，崧厦派出所民警集体商量出妙招：在村民们回家吃饭以及双休日期间，用老百姓们最能接受的上虞方言，挨家挨户打电话，进行防范预警宣传。

云南省陇川县用民族话讲国家政策

（摘自：光明日报，9月21日，作者：张勇、任维东）

云南省德宏傣族景颇族自治州近几年来创造性地建立了覆盖全州的“五用宣讲团队”，即“用民族干部宣传、用民族语言讲解、用民族文字阐释、用民族节庆展示、用民族文化体现”的方式向基层群众宣讲中央精神和党的方针政策，仅今年7月以来，就在边疆各民族村寨宣讲了400多场。德宏州“五用宣讲队”成员用景颇族载瓦语通俗易懂地讲解习近平总书记“七一”讲话的内容，结合边疆农村实际，告诉村民们习近平总书记“七一”讲话将让大家更快脱贫致富，引发村民们一阵阵热烈的掌声。

共和县人民法院规范使用藏语言文字

（摘自：共和新闻网，11月25日，作者：罗桂英）

共和县法院先后在刑庭、立案庭、民庭、江西沟人民法庭、龙羊峡人民法庭、执行局等部门配备双语法官，充分保障了当事人使用本民族语言文字进行诉讼的权利。该院规定，凡案件双方当事人均为藏族，且当事人感觉用藏语诉讼更加方便的；或一方当事人为藏族，且不善于使用汉语的，一律由翻译人员专门为其提供翻译。通过规范使用藏语言文字和双语庭审活动，做到了充分尊重少数民族的风俗习惯和保障其使用本民族语言文字的权利。单位名称、门牌、对外宣传大型喷绘、横幅等均严格按照国家有关法律法规的规定，实行藏汉双文。在重大的普法宣传活动中，将贴近百姓的法律条文翻译成藏文，并印制成藏汉两种文字的宣传册，根据农牧民群众不同的需求发放给他们。

阿拉善盟力促蒙古语言文字健康发展

（摘自：内蒙古自治区民族事务委员会，11 月 25 日）

阿拉善盟认真贯彻落实党的民族语言文字政策，不断加强蒙古语言文字的学习和使用，形成了良好的社会氛围，推动了蒙古语言文字的健康发展。一是加大扶持力度，认真做好蒙古语言文字工作。二是采取多样形式，努力提升蒙汉双语服务水平。三是积极开发、利用蒙古语言文字资源。四是大力支持民族文化交流，促进少数民族事业繁荣发展。

广东雷州小村举办方言电影节　将地方文化与现代电影技术结合

（摘自：南方日报，11 月 27 日，作者：邓强）

11 月 26 日下午，中国首个方言电影节——足荣村方言电影节颁奖典礼举办新闻发布会。足荣村方言电影节是中国第一个方言电影节，也是一个由民间发起、民间筹办的电影节。一方之言，蕴含着独特的人文情怀，足荣村方言电影节始终传达一个想法：爱方言，爱电影，爱家乡。将地方文化与现代电影技术结合，以电影节的形式唤起大家对村庄的关注。以传播和保护方言文化为宗旨，大力鼓励电影人用方言进行多元的艺术创作，扶持方言电影的发展，提升方言电影的社会影响力。

“会福州话优先录用”

（摘自：西安日报，12 月 8 日）

近日，福州高新区公开招聘 59 名劳务派遣人员，其中行政审批局窗口岗位招收 3 人，在其他要求一栏备注“熟悉福州方言者优先”，此举引发不少市民的热议。前溪（浙江教师）：这个招聘之所以规定“熟悉福州方言者优先”，就是因为一方面辖区内有许多不会说普通话的老人。杨朝清（湖北教师）：“熟悉方言者优先”引发争议的背后，说到底就是工具理性与价值理性的摩擦与碰撞。从工具理性的角度出发，熟悉方言的本地人在实际工作中确实有一定优势。从价值理性的角度出发，行政审批局窗口岗位具有公共服务属性，应该对所有求职者一视同仁；但对本地人另眼相看，在事实上造成了对外来者的不公平。这是一种尴尬的现实，这也是一种纠结的处境。

五　地名动态

“大、洋、怪、重”小区名还能叫多久?

（摘自：长春日报，3月25日，作者：李中良）

据媒体报道，国务院第二次全国地名普查领导小组办公室22日在北京召开会议，正式“叫停”洋地名，居民区不能再叫曼哈顿、威尼斯……

地名是基本的社会公共信息，承载了一个地域长时间的记忆，本身已经成为历史文化的载体，改名则是把这些记忆人为地截断。给中国的居民小区起洋名，说轻了是崇洋媚外、文化自卑，言重一点就是文化自残。能否与国际接轨，绝不是简单地为建筑或小区起个洋名就能见效。地名因一地山形水势、历史事件、历史人物、风物特产、风土民情而得，不是什么人拍脑门就能想出来的。

据市民政局区划地名处相关负责人介绍，早在2014年1月，国务院就下发了《国务院关于开展第二次全国地名普查的通知》，计划于2014年7月1日至2018年6月30日开展“第二次全国地名普查工作”，其中清理不规范地名就是其中的一项工作。自从该项工作开展以来，长春市委市政府高度重视，并于2014年6月1日施行了《长春市地名管理条例》，明确规定：“不以外国人名、外国地名命名长春市地名。”

民政部此次牵头对“大、洋、怪、重”不规范地名进行集中整治，按照“望得见山，看得见水，记得住乡愁”的要求进行，短期看规范地名便于人民群众的生活，长远看有利于保护和恢复地名中的文化遗产，把地名中的文化血脉的根留住，堪称功在当代，利在千秋。“在下一步的地名普查工作中，我们会按照国家和省里的相关要求，扎实做好不规范地名的整顿工作。”

江西清理整治不规范地名

（摘自：江西日报，3月26日，作者：陈斌华、熊崧麟）

日前，江西省出台《加强地名文化保护清理整治不规范地名工作实施方案》，着手清理整治不规范地名。当前，居民区、大型建筑物、街巷、道路、桥梁等地名中存在不规范地名，如过分夸大住宅区、建筑物等地理实体使用功能，盲目使用外语词及其汉字音译形式命名我国地名，以及用外文拼写我国地名等。为此，江西省从今年3月至明年5月开展地名文化保护和清理整治不规范地名工作，重点进行地名文化资源调查，推进地名文化遗产保护，坚持优秀地名文化传承，加强地名文化宣传，清理整治地名中存在的不规范现象。

人民日报官微发起投票，超八成网友支持六安念作六（lù）安

（摘自：澎湃新闻，4月29日，作者：钟煜豪、张家然、蒋子文）

4月27日晚，在央视《新闻联播》一则报道中，主持人郭志坚将安徽“六安”读作“六（liù）安”。随后便有网友指出郭志坚的读法是错误的，“六安”应该读作“六（lù）安”。

郭志坚之后通过个人微博附上了4张第6版《现代汉语词典》的照片。词典内容显示，“六”只有“liù”这唯一的一个读音。郭志坚表示，“谢谢广大观众对‘六安’地名发音的关注。对于媒体工作者来说，发音书写的唯一依据是经过国家权威部门审定的字典，相信大家一看就明白了。”

由国家民政部编辑、中国地图出版社2015年5月出版的《中华人民共和国行政区划简册（2015）》中，安徽六安应念作“六（lù）安”。此外，江苏省南京市六合区也应念作“六（lù）合”。

4月29日14时许，人民日报官方微博发起网络投票：“六安（lù）还是六（liù）安？”有人说，新版《现代汉语词典》中“六”只有一个读音“liù”；也有学者指出，地名是为地方服务的，读音往往是约定俗成，不能乱改。截至4月29日22时整，4807人参与投票，共有81.4%的网友选择了“读lù，应该考虑约定俗成”选项。另有18.6%的网友投给了“读liù，还是以词典上为准吧”这一选项。

有网友留言称，“尊重历史，尊重地方风俗。词典词条也要来源于此，希望再版词典能够增加lù字读音”。也有网友表示，“本地人为了表示对传统的尊重，可以读lù，但外地人和正式场合就该读liù，地方不能凌驾于全国之上”。

《新安晚报》2013年的报道指出，几年前，关于六安的“六”字读音是否可以由“lù”改为“liù”的问题引起了很多人的关注。

2006年，经安徽省政府同意，六安得以保留了“lù”的旧音。

对于词典取消“lù”的读法，安徽、江苏两地居民纷纷反对。“从小到大都念‘lù’，假如念‘liù’的话，怎么听都别扭!”“我每次都读‘lù’，哪个读错了，我还会纠正他。这么看来，难道是我读错了?”……有六安网友还搬出历史“抗议”：“汉

武帝取‘六（lù）地平安，永不反叛’之意，赐名六（lù）安。而‘lù’的读音更是可以追溯到上古时期，‘皋陶卒，葬之于六。禹封其少子于六，以奉其祀’。这么悠久的读法，岂是说废就废的。”

对此，南京师范大学文学院古典文献专业的谢秉洪教授表示，读“lù”是出于地方文化保护，呼吁从遵循当地人的方言文化出发，应该考虑为六补上“lù”音。

《新安晚报》记者也采访了著名语言学家、词典学家王光汉教授。王光汉告诉记者地名是为地方服务的，读音往往是约定俗成。“地方名称要听从地方的读音，不能乱取消。”

播音员念六安为 liu 安　拿汉语词典证明发音正确

（摘自：央广网，4 月 30 日）

据中国之声《新闻纵横》报道，日前，在一档电视新闻节目里，观众们惊讶地发现，播音员将安徽 lù 安，读作了 liù 安。不少观众说，自己从小学语文课开始就被老师教育在这个地名里应该读 lù；更有安徽本地观众不客气地表示，我们那的老百姓自己都说 lù 安，说了几辈子了，当地的路牌、车站等地方的拼音也都标注的是“lù”。播音员就是读了错别字。随后，这名播音员在微博上贴出了几张最新版的现代汉语词典的照片，表示在字典上，“六”这个字只有“liù”这一个读音。他解释说，对于媒体工作者来说，发音书写的唯一依据是经过国家权威部门审定的字典，所以读了 liù 安。

纵横点评：播音员只能读权威字典收录的字音，这是行业规范；而老百姓按多年的约定俗成称呼地名，更是一种文化记忆。前者做法绝没有错，后者习惯更是理直气壮，二者本不该出现冲突。而“权威字典派”和“约定俗成派”的争议焦点在字典，这是不是也提醒了字典的编纂者，如果在工作中多一个尊重历史、尊重群众习惯的意识，就能少一些混乱呢？

论“六安”的正确打开方式

（摘自：荆楚网，4 月 30 日，作者：谢伟锋）

安徽省六安市究竟应该是读作“六（lù）安”还是“六（liù）安”，这原本不是什么问题。但该地名却由央视新闻主持人的读音差异而引发热议。毕竟，作为最为权威的国字号新闻传播平台，央视要求的字正腔圆，那是毋庸置疑的，而郭志坚又是国字号名嘴，其舆论热议的效应自然增大。

郭志坚读音存疑是一回事，他在微博中晒出一本现代汉语词典并指出“liu”系字典唯一读音，这又是另一码事。音出有据，那就似乎无法对播音者责备求全。然而较真的网友却指出，郭志坚晒出的第六版《现代汉语词典》出版时间为2012年，而2015年由民政部编辑的《中国行政区划简册2015》给出的是lu。“两者相比，无论时间及效力，权威性，应以后者为准。”

于是乎，问题被讨论的已不是播错音的问题，而似乎是词典注音对错的问题了。“家名音可改，乡愁何所寄”，六安当地居民发出对新版词典编者的寄语，让人不忍回避。字典里的权威标准不可忽略，但个别的特殊地名、人名读音从俗也应当认同。

新闻主持人底蕴深厚、吐字发音标准都是必不可少的硬件。否则，出现在银幕上的新闻主持人就只是一个活体汉语字典，那也是索然无味的事情。这事如果用六安百姓的感受来换位思考的话，就会发现的确如此。

武汉将清理整治不规范地名　不符规范一律查处

（摘自：长江日报，4月30日）

近日召开的武汉市第二次全国地名普查电视电话会议提出，要清理整治不规范地名。据武汉市民政局介绍，该市第一次地名普查采集了行政区域、居民点、商业网点等数据十余万条。针对一些开发商为了吸引眼球，喜欢起“大、洋、怪”名字，该市进行了规范。住宅区必须有通名，并有明确的类别含义；使用的通名与住宅区的规模、功能相符；不使用重叠通名和名不副实的通名。此外，在稳步推进对以往不规范地名清理整治的同时，严防新增“大、洋、怪、重”，发现一例查处一例。

切莫轻弃老地名

（摘自：中国电视报，5月5日，作者：张伯江）

地名是了解一个国家历史人文和社会经济演进的珍贵资料。随之衍生的地名文化，则是以地名语词形式承载指代地方的地域文化，涉及语言文化、历史文化、地理文化和乡土文化四大方面，是综合性的多元文化体系。

一些地方抛弃古老地名的理由听上去冠冕堂皇、合情合理，然而其本质乃是追求眼前经济利益的盲目与短视——物质财富可慢慢积累，历史文化的消亡则无法挽回。地名语词的含义是对地理实体的专指，揭示了地理实体的历史沿革和语源文化，它们一旦被废弃，其专指功能也会立刻消失。

若想拯救面临重重危机的古老地名，就必须“三管齐下”。首先，要与时俱进地为“老地名”赋予“新生命”。围绕“一带一路”倡议，积极开展“丝绸之路”沿途地名考证认定和文化挖掘工作，在为国家战略和社会发展服务的过程中弘扬地名文化。其次，按照习总书记对解决“热衷于起洋地名、乱改历史地名”问题的指示，建立地名文化遗产数据库和相关保护机制，实现分类、分级和分层保护，真正让广大民众“望得见山、看得见水、记得住乡愁”。最后，整合新闻媒体、高等院校、科研机构和社会组织的力量，努力搭建地名文化创新发展平台，营造维护弘扬地名文化的良好氛围。

黄山将复名徽州？ 改地名岂能像翻烧饼

（摘自：人民网，5 月 31 日，作者：魏文彪）

5 月 28 日，为黄山复名徽州疾呼 18 年的著名作家李辉亮相合肥一家书店，举行“为何呼吁恢复徽州地名——文化传承与今天的我们”主题讲座。黄山市首任市长崔之康现场响应李辉：“考虑到文化的正本清源，现在是改回来的时候了。”

有关人士应当慎言地名更改，或将已经改过地名的地方又恢复原有名称，各地政府与国家主管部门对地名更改，应当抱持慎之又慎的态度，以避免造成原本可以避免的巨大浪费，将有限的资金用到改善民生福祉等刀刃上，促进民生福祉水平获得更大的提升。

改地名，依规矩

（摘自：人民日报，8 月 2 日，作者：张丹华、管璇悦）

有些时候，地名必须得改。那么，“定军山市”是否是一个合格的地名？1996 年，民政部印发《地名管理条例实施细则》，补充了地名命名更名等详细规定。在《细则》里，地名的命名要遵循不少原则，除了应避免重名或使用同音字和生僻字以外，还应反映当地人文或自然地理特征、使用规范的汉字或少数民族文字，其他的规则包括不以外国人名、地名命名等。此外，申报地名的命名、更名时，应将命名、更名的理由及拟采用的新名的含义、来源等一并加以说明。

由于地名范畴甚广，不同地名想要更名、命名，程序和审批对象都不相同。而类似勉县撤县设市，涉及行政区划名称的命名、更名的，则要按照国务院《关于行政区划管理的规定》，报由国务院审批。未经批准，任何单位和个人不得擅自决定。

南昌地名标注为汉字配拼音 网友建议给道路加个标准英文名

（摘自：江西日报，8 月 2 日，作者：余红举）

一场场国际赛事和活动的举办，让来南昌的外国游客越来越多。因为，他们手机地图 App 显示的南昌路名均为英文，而实际到达的地方则显示中文名及汉语拼音，让他们感觉不便。记者探访发现，如中山路标注为“ZHONGSHAN LU”、胜利路标注为“SHENGLI LU”、苏圃路标注为“SUPU LU”。

南昌市地名办的工作人员表示根据《地名管理条例》等条例，中国地名必须使用汉语拼音做标注。地名以及标志上的地名，其专名和通名一律采用汉语拼音字母拼写，不得使用“威妥玛氏”等旧拼法，不得使用英文及其他外文译写。然而有网友认为，南昌市汉语拼音标注的路名显现不出“国际范”，因此建议，学习上海、长沙等地做法，将道路通名增加英文译法。

算一算地方改地名的成本账

（摘自：人民日报，8 月 3 日，作者：杨文明、柴秋实、孙振）

对于那些有意更名的地方来说，改地名的成本账，值得好好算一算。地名一变，单位印章、公司牌匾、地图都得跟着换。更改地名，前后可能只是几字之差，但落到日常生活中，牵涉面却甚广。改地名不是提升知名度和经济收入的制胜法宝。据媒体报道，2005 年，天水的两个区更名，一共改掉 3 个字，直接花费在 200 万元到 300 万元之间，这对 2003 年居民人均可支配收入不足 6000 元的天水来说，不是个小数字。与甘肃天水改名一样，尽管知道改地名成本不菲，很多城市还是选择“改头换面”，更名之后可能带来的知名度和收益上的提升也许是最直接的推动力。从全国范围看，的确有些地方凭借更名打响名气，获得较为可观的经济收益。但想要提升一个地方的知名度、推动经济发展，除了依靠本地的自然人文资源魅力外，还应思考怎样保持这种魅力的可持续性发展。

改地名要用辩证的眼光看待

（摘自：新华网，8 月 4 日，作者：马若虎）

文化传承与经济发展并不矛盾，不能因为改了地名，我们就要忽略文化传承，发展经济绝不能以牺牲传统文化为代价。更改某个历史悠久的地名，不见得就会破坏传统文化；更改为某个历史悠久的地名，更不见得就会保护好传统文化。优秀的文化得以传承，优良的传统得以延续，靠的是制定科学合理、切合实际的政策措施，靠的是不折不扣、雷打不动的遵守落实。不管怎么说，改地名应该慎之又慎，只有辩证地看待、理性地分析，才是发展的“大智慧”。

地名不必追潮流　有价值就好

（摘自：中国文明网，8月4日，作者：符敌平）

对于地名而言，过于“现代化”或者过于“复古”都不是太好。评价地名的好坏，还是要看地名是否具有三重价值。首先，地名应该是具有历史价值的。某个地方名字的由来，应该是有故事的，是传说也好，是典故也罢，地名体现独特性，才更具有地域代表性。其次，地名应该是有现实价值的。一些让人们已经忽略的生僻字，有的时候可以适度退出；而若是地名因适度更改有利于当地的长远发展，则不应该完全拒绝改变。最后，地名应该是具有文化价值的。我们对于地名的初始期待，便是地名的文化价值。评价一个地名是否具有文化价值，要看地名的文化内涵，更要看当地人们对于地名的认可度和接受度，毕竟，决定着一个地区地名文化的，还在于群众的认知度和认同感。

乱改地名需要老百姓的认可

（摘自：南海网，8月4日，作者：张晨晨）

改地名要严格程序，尤其要听一听老百姓的意见。常言道，一方水土养一方人。一个地方的名字事关老百姓的习惯、生活成本等，是当地老百姓的事，不论是官员，还是专家，都不能替老百姓做主，也不能因为专家发表一篇文章，认为其说得在理，就有了改名冲动。事实上，专家的分析推理只代表个人观点，并不代表百姓，不能唯专家马首是瞻，不征求老百姓的意见。否则，迎合专家的意见，收获了“乐于听取舆论意见”的美名，却不顾老百姓的反对，同样是错误的决策。

遏制更改地名冲动必须要靠制度

（摘自：法制日报，8月5日）

稍做梳理不难发现，对地名的使用并不缺乏法律规范。为了规范地方的使用，禁止洋地名的立法在国内各地举不胜举，国内如宁夏、浙江、南京等地出台了相关规定，对于违规使用和更改地名的处罚力度也不断增强。不过，囿于执法力度的偏软，使得更改地名的行为并没有受到严格的限制。再加上审查机制的尺度偏软，更换地名往往取决于官意而非民意，纷纷效仿之下，则形成了一股攀比之风。近年来，一些地方更换地名的理由并不充分，招致公众极大的怀疑，程序正义上也饱受质疑，然而依然能够更名成功。其间有些更名带有明显的炒作因素，比如傍名人或者明星，或者是争夺故里的功利之举，不过最后更名的成功，同样说明相关审查机制的阙如。

徒法不足以自行。相比于立法，执法才是关键所在，尤其是在公共管理中，如何做到严格执行和把关，一方面，要对正常程序申报的更名，进行合理性和可性行的论证，坚持大胆论证和小心实施的原则，不轻易、不随意审批；另一方面，对于非经程序批准的更名，要按照相关法律法规，给予必要的处罚和纠正，用刚性的制度和规范给更名行为立规矩，将权力关进制度的笼子之后，更名的冲动才会真正得到遏制。

陕西勉县拟改名“定军山市”　更改地名更要算好文化账

（摘自：法制日报，8月5日）

改地名不是不行，可是要改得值，改得群众都认可才好。现在一些城市热衷改地名，总认为，改一个响亮的名字，就可以提升知名度，就可以让当地迈进经济发展的“高速公路”，这何尝不是当地政府急于求成的思想在作怪呢？改地名且不说成本巨大，单单就获得人民群众的认同感来说，也是不容易的。地名只有老百姓认同了，才能把名气打响，才能带来丰厚的经济效益。

改地名要慎重，改的不仅是名字，更是一个地区的文化印记。一个城市的发展靠的不是“响亮、博眼球”的名字，而是当地的历史文化价值，只有这样才能获得长久可持续性的发展。作为当地管理者，要克服发展的盲目性和功利性，算好改地名的文化账，从现实的角度出发，为保护地名的连续性和稳定做好保障。在非改不可的情况下，要详细论证，广泛征求意见，严格按照法律程序进行。

湖北省下发通知严禁外文译写地名　规范设置地名标志

（摘自：荆楚网，8月25日，作者：董育雄）

湖北省地名普查办于18日专门发布了《关于规范设置地名标志的通知》，规范地名标志设置工作。其中，《通知》明确要求，各地在设置地名标志时，要严格遵守国家相关规定和国际标准，地名的专名和通名均应采用汉语拼音拼写，严禁使用英文及其他外文译写，不得使用繁体字和自造字。

《通知》强调，全省各地相关部门应采用汉语拼音方案作为我国地名罗马字母拼写的统一规范。要求各地严格依法依规设置地名标志。各地在设置地名标志时，要严格遵守国家相关规定和国际标准，地名的专名和通名均应采用汉语拼音字母拼写，严禁使用英文及其他外文译写。汉语拼音拼写方法要严格执行《中国地名汉语拼音字母拼写规则（汉语地名部分）》的相关规定。拼音字母要全部大写并注意正确分节。地名标志的文字要按国家确定的规范汉字书写地名，不得使用繁体字和自造字。

天津首批8个语言文字规范化示范街镇命名

（摘自：天津日报，11月7日，作者：叶勇）

近日，从市教委获悉，按照《市语委关于开展语言文字规范化示范街、乡镇创建工作的通知》要求，经各街镇申报、区语委自评、市语委办评估及申报单位整改等程序，市语委命名8个街镇为首批天津市语言文字规范化示范街镇。分别是：和平区劝业场街、河西区马场街、河东区唐口街、滨海新区杭州道街、北辰区瑞景街、东丽区东丽湖街、静海区大邱庄镇、蓟州区文昌街。

“活”了地名　添了记忆

——南京市区划调整中地名选择的得与失

（摘自：光明日报，12月14日，作者：郑晋鸣、许应田）

五年来，旧物收藏者万俊共搜集了几百张南京旧门牌。在这些门牌背后，大多是已经消失了的街道、小巷，以及许多人的童年回忆。南京的老地名有一万多个，几乎每一个老地名都能讲出一段故事。据了解，1986年，我国颁布了《地名管理条例》，要求地名管理应从历史和现状出发；全国地名标准化技术委员会在2004年出台了《关于加强地名文化遗产保护的通知》，并进一步开展地名文化遗产保护工作。南京近年来为老地名建立档案和数据库，制定老地名保护规划等，并且对一些已经消失的老地名列出了建议重新启用的名单，积极给它们重新“安家”。

语言资源保护

引　言

汉语方言与少数民族语言既和当地人民的生活息息相关，又承载着厚重的中华文化，其保护功在当代，利在千秋。当今，保护和发展语言文化的多样性已成为一个重要的国际话题，我国作为语言资源大国，在语言资源保护方面走在世界前列，为人类语言文化多样性的发展做出了贡献。

2016 年，社会各界重视并践行语言资源保护。教育部语言文字信息管理司、中国语言资源保护研究中心于 6 月成立了中国语言资源保护工程核心专家组，为语言资源保护工作提供学术指导。江西省、甘肃省、陕西省、吉林省、贵州省、天津市、广东省、内蒙古自治区、四川省、湖北省、安徽省相继启动中国语言资源保护工程。在国家有关部门大力支持下，各省市自治区语言文字工作机构在方言调查和少数民族语言保护方面不断拓展思路、创新方法，取得了丰硕成果。众多体现汉语方言和少数民族语言情怀的文化产品接连推出，相关活动也吸引了各地民众踊跃参与。

在汉语方言保护方面，湖南双峰、湖北宜昌、福建仙游、四川自贡、山东青岛等地积极征召发音人，开展当地的方言调查工作；我国第一座语言博物馆贺州学院语言博物馆于 4 月正式揭牌，利用现代科技手段展示丰富的语言资源；江苏省“数字方志馆”于 5 月在南京举行上线仪式，使民众可以足不出户就可利用虚拟方志馆和传统方志馆中的信息资源；《乐山话方言词典》等方言工具书出版；有学者呼吁“让校园适度拥有校园时空”“以方言保护厚植文化之根”“用口述史打响方言保卫战”。

少数民族语言文字保护工作不断推进：3 月，甘肃省全面完成东乡族、保安族和裕固族三个少数民族的语言文化普查，促进濒危语言传承和发展；7 月，中央民族大学成立中国少数民族语言研究院；8 月，重庆市万州区建立少数民族语言人才志愿者队伍，以服务外来少数民族人员；我国回鹘文文献研究，通过几代学者的努力已在国际学界占有一席之地；蒙古语广播电视收听收视覆盖面不断扩大，各类蒙文网站得到较快发展；《现代藏语词典》《保安语汉语词典》等民族语言词典陆续面世。

社会对方言和少数民族语言的情怀，直接带动了相关文化产品和产业的繁荣发展：方言电影《一家老小向前冲》、普米族电影《戎肯》、综艺节目《多彩中国话》、音乐节目《十三亿分贝》、壮语广播剧《山歌》等接连上映；首届龙岩话方言大赛、首届全国大学生维吾尔语主持人大赛等，多方位地展示了各地的语言韵味和人文风情。

一　汉语方言保护

青春是情怀，方言也是情怀

（来源：大河报（郑州），1月23日，作者：游晓鹏）

“弄啥嘞”“中不中”——无论东京国际电影节影帝王景春，还是《芈月传》里扮演葵姑的川妹子井星文，一嘴地道的河南话没有让人觉得错愕，倒增加了不少亲切。昨天下午，贺岁喜剧《我的狐朋狗友》在郑州举行媒体看片会，这部并非大制作的影片糅合的元素足够多，但方言无疑是最大的催化剂。

说起方言电影，最近可谓热度空前，汪涵自掏腰包耗资数百万元记录湖南方言之余，妻子杨乐乐也投身方言电影《一家老小向前冲》担任出品人。就在1月21日，媒体还曝出了中国第一个方言电影节面向全国征集影片的消息。就河南而言，也已有多部方言电影，比如《不是闹着玩的》《就是闹着玩的》等，口碑都不错，但这些片子的影响范围基本限于河南话圈，语言包袱在南方市场很难奏效。

《一家老小向前冲》曝暖冬版视频特辑　方言情结成亮点

（摘自：搜狐娱乐，1月25日，作者：杜渐）

由李平导演，彭宇、柳岩、杜海涛主演的合家欢方言贺岁喜剧《一家老小向前冲》自1月22日上映以来，凭借本土神剧的IP基础、原班人马的十年重聚和十版方言分区域的发行方式受到观众的关注，口碑从年龄层和地域两方面呈现喜剧性两极分化。

该电影此次录制了湖南、湖北、安徽等10个方言版本和普通话共计11个版本全国分区发行，力将“方言贺岁”做到极致。据悉，此次方言分区投放是国内首例，包括院线方面也没有任何借鉴经验，发行团队也在努力和影院沟通安排方言版放映。

“街坊电影”为何卖不动？ 方言+地方IP难奏效

（摘自：1905电影网，1月27日，作者：Daye）

号称史无前例地以十种方言上映的、由同名本土剧改编的大电影《一家老小向前冲》的票房很是惨淡。首周上映三天，该片仅报收167万元，而据其投资人兼主演彭宇透露，全片的成本已经过千万，看来回收困难。

这类由地方性 IP 改编的方言电影，被称为“街坊电影”。其创作和宣传手法都是从方言特色和地方性共鸣出发，但往往也局限于此。

为了明确卖点，彭宇让团队为《一家老小向前冲》制作了湖南、安徽、湖北、四川、天津、东北、广东等共 10 个方言版本，工作量加大，成本增加。

其实，《疯狂的石头》《老炮儿》以及多部使用方言的艺术片、独立电影的成功都说明，方言与地方性都不是限制一部电影成为优秀电影的枷锁，无论形式如何，影片的内核才是真正的共鸣点。

小村庄办方言电影节向全国征集作品

（摘自：新华每日电讯 15 版，1 月 29 日，作者：李坤晟）

1 月 17 日，中国第一个方言电影节——足荣村方言电影节在北京拉开帷幕。这是一个由民间发起、民间筹办的电影节。主办方是广东雷州半岛的一个小村庄——足荣村。

据悉，电影节从 2016 年 1 月 18 日起至 6 月 22 日期间，面向全国征集优秀的方言剧情片和纪录片。在奖项上，除了设置有“最佳影片奖”“最佳纪录片奖”“最佳导演奖”“最佳男女主角奖”等常规奖项外，还设置了有自身特色的“最本土电影原创音乐奖”“我爱方言特别贡献奖”。

除此之外，主办方还设立了“方言电影发展基金”，启动资金 500 万元。这笔资金将用于支持方言电影文化研究、扶持方言电影人创作等方面。另外，主办方还为首届方言电影节设立了专项扶持资金 50 万元，支持 50 部方言影片的创作。

方言是地方文化的活化石

（摘自：广州日报，1 月 30 日，作者：吴波）

恩平第一部语言研究文丛《恩平方言》出版发行。本书由广东恩平籍杰出学者、华南理工大学教授吴绍吟撰写，华南理工大学出版社出版。

恩平是我国著名的侨乡，目前有港澳台同胞 12 万人，海外华侨近 50 万人，分布在全球 50 多个国家和地区。由于独特的地理位置和社会演变历程，恩平地区的语言呈现出方言、土话与洋腔相互交织的现象，文化内涵十分丰富。

参与发布会的甘于恩教授认为，方言蕴含着丰富的文化信息，是地方文化的重要组成部分和活化石。高伟浓教授认为恩平作为著名的侨乡，恩平话在国际上具有十分重要的意义，如在委内瑞拉，恩平话可说是其国语。“侨乡恩平语言文化研究丛书”的出版，对反映恩平地区的历史变迁与民俗风情演变、联结侨胞、增强民族认同感都具有积极意义。

中国语言资源保护工程重庆市首批调查点通过验收

（摘自：教育部语信司网，1 月 26 日）

1 月 22 日，中国语言资源保护工程重庆市首批调查点验收会在重庆文理学院举行。教育部语言文字信息管理司副司长田立新出席会议并讲话。重庆市委教育工委委员、市教委专职督学张荣、重庆市教委语委办主任夏蒂、重庆文理学院副校长兰刚和副校长漆新贵、验收专家组组长中国社会科学院语言所张振兴教授和有关专家、各方言点负责人、部分方言发音人等 20 余人参加会议。之前，由张振兴教授及北京语言大学副校长曹志耘教授、北京语言大学张世方教授、北京语言大学刘晓海副教授等组成的专家组对重庆市首批 10 个调查点的数据进行了认真检查。

田立新在讲话中首先充分肯定了重庆市汉语方言调查工作取得的成绩。她希望重庆市语委在总结前期工作经验的基础上，进一步科学谋划，为下一阶段语保工程项目顺利实施打好基础。

江苏建成语言资源有声数据库

（摘自：光明日报，2 月 4 日，作者：郑晋鸣）

日前，江苏省教育厅发布江苏语言资源保护工作成果，900 多万字的《江苏语言资源资料汇编》、70 个调查点上的方言语音资料同时亮相。2008 年国家语委启动“中国语言资源有声数据库”建设，江苏独家承担该数据库建设试点工作。2009 年，江苏正式启动江苏语言资源有声数据库建设，这一工作历时五年，遴选近 500 名发音合作人，采录了时长超过 320 小时、数据容量超过 830GB 的方言和地方普通话有声数据，还有时长近 7 小时的地方戏曲、童谣吆喝、民歌等方言文化有声视频资料。目前，江苏语言资源有声数据库已收入江苏省档案馆永久保存。

《江苏语言资源资料汇编》是有史以来最大规模完整记录江苏省语言实态的纸本资料。全书共 19 册，前 13 册按 13 个省辖市分卷成册，后 6 册按方言内容编排。

“中国语言资源保护工程”双峰方言项目采录工作启动

（摘自：湖南省人民政府门户网站，2 月 13 日）

“中国语言资源保护工程”是为贯彻落实《国家中长期语言文字事业改革和发

展纲要（2012～2020年）》，推进各民族语言资源的科学保护，由教育部、国家语委主管实施的国家重大语言文化工程。双峰县被列为湖南省首批21个调查采录点之一。

今后，双峰方言学专家课题组将定期到双峰县开展方言调查采录，通过纸笔记录、录音、摄像等方式，全面采集双峰县方言的原始数据，进行科学整理、开发和展示，并将采录的数据以数字化方式存入国家和省语言资源有声数据库永久保存，为保存、保护双峰县方言文化留下宝贵的语言资料。

双峰话是目前保存最完整最古老的两个古语之一，属古楚语。现在即使是在湖南，双峰话也是独树一帜，自成体系。双峰话一直保持着古楚语口音，未受大的影响而改变，自形成一个部落圈子，有着很高的研究和保护价值。

江西省启动“中国语言资源保护工程”

（摘自：江西日报，3月2日，作者：张武明）

3月1日，“中国语言资源保护工程”江西省项目启动工作会在南昌大学召开，标志着江西省正式启动“中国语言资源保护工程”建设。首批10个县市区汉语方言调查点分别位于南昌市西湖区、景德镇市珠山区、高安市、永丰县、黎川县、宁都县、安远县、铜鼓县、章贡区、上饶市广丰区，涉及赣方言南昌片、鄱阳片、宜春片、吉安片、抚州片，客家方言宁石片、本地话、客籍话，以及官话方言西南片、吴方言处衢片。

杭州方言申报非物质文化遗产

（摘自：杭州日报，3月8日，作者：厉玮）

最近，“杭州方言”出现在了第六批杭州市非物质文化遗产代表性项目名录中，申报市级非物质文化遗产。

早在2004年，方言电视节目《阿六头说新闻》火爆全城。2012年，杭州话就已经申报过非遗。因为各方面的限制，最后没有成功。2013年，上城区档案馆开展了一个杭州方言建档项目，挖掘了一批50岁以上的老杭州人作为语音库“代言人”，录制了一段段代表杭州方言精髓的语音和视频。四年下来，已经有100多位老杭州人的声音，被作为一种市井文化保存下来。上城区档案馆从2014年起开办了杭州方言普及公益培训班，分春、秋季招生，每一期共12节课，还不间断推出普及杭州话的公益大讲堂。可惜，两年四期办下来，坚持下来的学员不到一半。最近的一期班50人报名，最后结业的学员只有9人。

记者在城西的一所公立小学和一所民办初中进行了一次抽样调查。公立小学三个年级中各抽选一个班级，拥有杭州籍贯的学生总共113人，占83%左右，其余33个学生，父母都来自温州、丽水、绍兴等地区，也就是所谓的“新杭州人”。其中，多少会讲一些杭州话的有44个学生，而33个“新杭州人”则完全不会说杭州话。我们在选定的民办初中进行了同样方式的抽调。三个班级拥有杭州籍贯的学生总共有87人，占68%左右，但会说杭州话的不过15个人。

在家长中，我们发现了两种截然相反的态度——孩子被父母数落不会讲杭州话，每天回家硬是跟着学说杭州话；相反，也有不少的老杭州人，特意卷起半截舌头，对着孩子说夹生的普通话。虽然每个学校都没有明文规定，但在大力推广普通话的大环境下，学生们都养成习惯，只用普通话交谈了。

省府路小学，是杭州第一个开设杭州话社团课的学校，至今快六年了。每周一到社团课，这个特殊的班级就闹腾开了：孩子们讲方言故事，唱杭州话儿歌，模仿“阿六头”说新闻。眼下，已有学军小学、笕桥小学、饮马井巷小学、清泰实验学校等10多所小学推行杭州话社团教学。

湖北宜昌将建方言档案库抢救三峡地区特色方言

（摘自：新华社，3月8日，作者：王自宸）

记者8日从宜昌市获悉，今年该市将建立方言档案专库和方言档案视听室，全面抢救和记录具有三峡地方特色的代表性方言，展示和传承当地优秀传统文化。

据宜昌市档案局相关负责人介绍，实施方言建档将突出“原生态”，通过公开遴选宜昌本地纯正方言语音发音人，在语言、民俗、非遗、影视传媒等相关专家指导下，采取音视频记录方式，原汁原味地保存当地人民群众在长期生产生活中自然形成的、最具代表性的方言。

“方言作为地域文化的载体，需要得到有效保护和传承。”宜昌市档案局副局长龚亚芹介绍，宜昌是巴楚文化的发源地，也是重要的移民城市，目前城区已很难听到正宗的方言，对方言进行抢救性记录，有利于发掘当地的历史文化资源，并通过代表性方言展示和传承当地优秀传统文化。

据悉，目前三峡地区特色方言抢救记录工作已经起步，按照计划，宜昌市各县区将进行先期调查摸底，拍摄一部当地特色方言短片，详细介绍当地历史文化风貌，今年8月，宜昌市档案局将进行综合建档，形成方言档案专库。

全国人大代表李礼辉建议
——及早着手保护方言

（摘自：福建日报，3月15日，作者：郑昭）

福建省全国人大代表李礼辉提交建议，建议及早着手保护方言。

建议指出，语言文化遗产有特别重要的保护价值。这首先在于语言文化作为非物质文化遗产具有双重属性：它既是其他非物质文化遗产的载体，其本身也是一种非物质文化遗产。保护方言有利于传承地域文化，促进社会安定。

为此，建议国家制定保护方言的政策，完善法律法规；加强方言的调查和研究，设立专项资金，有计划地组织专家学者对全国方言开展广泛而深入的调查，积累丰富的方言资料，并为政府制定方言保护方案、编写方言教科书等提供专业指导；鼓励有条件的学校开设与方言和地方文化相关的素质拓展课程，提高中小学生对当地方言的认识，增强学习兴趣和传承意识；地方电视台、广播电台更加重视推广方言，方言类节目既要面向农村，也要面向城市，既要面向年纪较大的受众，也要面向年青一代；建立方言博物馆，包括国家方言博物馆和地方方言博物馆，用以保存方言资料，展示方言文化，使大众对于语言的历史演变和文化风俗的变迁有更加理性的认识，提高人民群众传承优秀传统文化的意识。

甘肃省启动“中国语言资源保护工程”

（摘自：甘肃日报，3月26日，作者：李欣瑶）

今天上午，“中国语言资源保护工程”甘肃项目启动仪式在兰州城市学院举行，我省将组建8个专家团队，对全省10个调查点的方言进行全面调查。

此次我省启动的10个汉语方言调查点包括兰州市城关区、天水市秦州区、平凉市崆峒区等，来自兰州大学、西北师范大学、兰州城市学院等6所高校的专家将组建团队，针对兰银官话、中原官话、西南官话不同片区的方言进行调查。在调查中，各团队将在各地公开征招发音人，并对发音人的方言进行记音、录音、摄像，并在前期调查的基础上，进行语音转写和口头文化的整理工作，为保存、展示方言提供支撑。

陕西省启动“中国语言资源保护工程”

（摘自：新华网，3月29日，作者：许祖华）

“中国语言资源保护工程陕西汉语方言调查”项目29日在西安启动。2015年11

月，经陕西省教育厅、省语委办申请，国家语委科研规划领导小组办公室批准，陕西被纳入全国第二批语言资源保护工程。

根据中国语言资源保护工程汉语方言调查点总体规划（2015～2019年），陕西省共规划调查点30个。由陕西师范大学、陕西省社会科学院、延安大学、陕西理工学院、咸阳师范学院、渭南师范学院、榆林学院、安康学院等高校的专家组成的调查团队将分别承担全省首批11个县市区汉语方言调查点的调查任务，涉及神木、延安、延川、户县、合阳、韩城、岐山、平利、安康、城固、富平等11个县（区）。

六省电视台齐力打造首档保护非物质文化遗产明星动员节目

（摘自：新浪湖南，4月3日）

2016年4月2日，由汪涵、马可搭档主持的，全国首档保护非物质文化明星动员节目——《多彩中国话》在湖南长沙录制。《多彩中国话》是由湖南经视《越策越开心》原创特别节目《方言听写大会》转变而来。此番由湖南经视牵头，湖北综合、河南都市、安徽经视、江西公共、河北经视联合制作的全国方言知识竞答类节目——《多彩中国话》应运而生，节目将从4月23日起，每周六晚在六省电视台联合播出。

节目以推广各省方言、传承方言文化为宗旨，从六省87个地州市方言汲取素材，通过选手比赛答题方式，附加方言专家的现场点评解析，让选手与观众更加了解六省各地方言，凭借这种融合趣味性和文化性为一体的比赛形式，拉近节目与各地观众的距离，展示各地文化的差异性与包容性。

贵州省启动“中国语言资源保护工程”

（中新网，4月7日，作者：杨茜）

4月7日，“中国语言资源保护工程”贵州省汉语方言调查项目启动工作会在贵州师范大学召开。根据教育部、国家语委下发的《关于启动中国语言资源保护工程的通知》精神，经贵州省教育厅、语委申请，贵州省汉语方言调查作为全国第二批语保工程建设项目获准立项。在《中国语言资源保护工程汉语方言调查点总体规划（2015～2019年）》中，该省共规划调查点20个。

贵州省作为多民族聚居的省份，其17个世居少数民族中11个有自己的语言，同时汉语方言资源丰富，呈现多种语言并存的和谐局面。贵州项目主要目的是为中国语言资源保护工程提供贵州省汉语方言和少数民族语言有声资源实态数据，包括各调查点的基础数据和各调查点地方普通话的基础数据资料，包括声像资料、文字记写资料、图片资料等，前期主要针对汉语方言开展调研。

首家语言博物馆在贺州揭牌

（摘自：广西日报，4 月 16 日，作者：骆怡）

4 月 15 日，贺州学院语言博物馆正式揭牌。据悉，该博物馆记录和保存有数量巨大的语言和方言语料，是我国第一座语言博物馆。

该博物馆设有展览区、成果展示区、互动区等，通过现代科技手段，展示丰富的语言和方言研究成果，比如贺州客家话、贺州铺门话、贺州本地话等数十种方言，包括谚语俗语、歌谣，等等。

语信司赴辽宁调研中国语言资源保护工程建设情况

（摘自：教育部语信司网，4 月 18 日）

4 月 14 日，语言文字信息管理司田立新副司长一行赴辽宁调研中国语言资源保护工程建设情况，调研组在沈阳召开了专题调研会。

根据教育部、国家语委下发的《关于启动中国语言资源保护工程的通知》精神，结合辽宁省的实际情况，辽宁省语委、省教育厅向国家语委提出承担中国语言资源保护工程辽宁省汉语方言调查项目的书面申请并获准立项。由渤海大学、辽宁师范大学、中国刑警学院等高校专家组成的调查团队将分别承担 2016 年首批 6 个县（区）汉语方言调查点的调查任务。

山东省 40 个方言调查点列入国家语保工程

（摘自：山东省语言文字工作委员会，4 月 27 日）

近日，教育部办公厅下发了《关于推进中国语言资源保护工程建设的通知》，公布了中国语言资源保护工程汉语方言调查点总体规划（2015 ~ 2019 年），我省 40 个调查点列入其中，为北方官话片区设立调查点最多的省份。

我省将根据国家部署，在本次会议商定事项的基础上，制定我省语保工程实施方案，科学有序推进建设工程，确保到 2019 年底前完成语保工程调查入库任务。

天津市启动“中国语言资源保护工程”

（摘自：今晚报，4 月 27 日）

4 月 22 日，“中国语言资源保护工程”天津汉语方言调查项目启动工作会在天津市教委召开。

根据教育部、国家语委下发的《关于启动中国语言资源保护工程的通知》精神，经天津市教委、语委申请，天津汉语方言调查作为全国第二批语保工程建设项目获准立项。在《中国语言资源保护工程汉语方言调查点总体规划（2015～2019年）》中，天津市共规划调查点11个，按照计划，这11个调查点均将于今年开展并完成调查工作。

此外，地方文化调查将与方言调查同步进行。收集地方文化资料，如禁忌语、引语、顺口溜、戏剧、曲艺、祭祀词等“口头文化”，以及传统美术、书法、音乐，传统技艺、医药和历法，传统礼仪、节庆等民俗，传统体育和游艺等非遗项目。

广东启动中国语言资源保护工程

（摘自：教育部语信司网，5月16日）

5月10日，中国语言资源保护工程广东汉语方言调查项目启动会在中山大学举行。

根据教育部、国家语委下发的《关于启动中国语言资源保护工程的通知》精神，经广东省教育厅、广东省语委申请，广东省汉语方言调查项目今年获准立项。按照《中国语言资源保护工程汉语方言调查点总体规划（2015～2019年）》，广东省共规划70个调查点，四年时间完成调查。其中2016年20个调查点，计划年底完成并通过验收。

留住乡音　录下地道青岛话

（摘自：青岛晚报，5月18日，作者：徐美中）

青岛市市南区被确定为建设工程的试点，市南区教体局正式向社会征召青岛话发音人，经过遴选最终确定的发音人，亲切的乡音将被永久保存。

汉语方言调查点共设立319个，其中山东省40个调查点列入其中，为北方官话片区设立调查点最多的省份。目前，中国语言资源保护工程·山东方言调查已经启动，青岛市市南区被确定为建设工程的试点之一，市南区教体局开始正式向社会征召青岛话发音人。

专家团队将根据报名材料进行初选，电话邀请入围人员参加面试，经面试确定正式发音人。正式发音人和候选发音人，根据其工作量给予适当补贴，采录验收合格后，由山东省语委颁发荣誉证书。

四川语言资源数据库启动建设　保护方言“旋不得”

（摘自：四川新闻网，5月18日，作者：杜玉全）

四川语言资源保护工程正式启动。四川将用3年时间完成涉及全省19个市州的91个区市县的语言保护调查任务，建设“四川语言资源数据库”。以通过对调查点方言和地方普通话发音人进行纸笔记录、录音、摄像等方式，将采录的数据以数字化方式存入国家和四川省语言文化资源库永久保存。

根据四川具体情况，2016年将首批启动20个方言调查点的调查工作，涉及全省10个市州，分别为：成都、内江、自贡、凉山、德阳、资阳、雅安、眉山、遂宁、南充。

在调查技术上将从纸笔推进到现代信息技术，所有采集的语料将有声音有图像。

调查过程中，将征集年龄在65岁以上、12岁以前没离开过本地，未曾在外地常住，家庭语言环境单纯，能说地道方言，具有一定文化程度，了解本地风土人情和特色文化的男性作为发音人。对其进行语言音视频采录。

江苏“数字方志馆”上线

（摘自：新华日报，5月18日，作者：宗江）

5月18日是国务院颁布施行《地方志工作条例》十周年。17日上午，江苏“数字方志馆”在南京举行上线仪式，标志着江苏省开发利用方志资源进入新的阶段。

江苏“数字方志馆”网站共建成馆藏书目数据库、新方志数据库、年鉴数据库、旧志数据库、工具书数据库、学术期刊数据库、博硕论文数据库、江苏方言库、中华再造善本数据库等9个专题数据库，数据总规模近1.5T。可实现书目在线查询、方志期刊博硕论文全文检索下载、省内三个方言区70个方言点的7400个方言词汇的在线试听。人们可以在任何时间、任何地点查询、搜索、利用虚拟方志馆和传统方志馆中的信息资源，足不出户便能阅读卷帙浩繁的方志资源。

湖北省启动“中国语言资源保护工程”

（摘自：湖北语言文字网，5月19日）

5月17~18日，中国语言资源保护工程（湖北）启动会仪式暨培训班在华中师范大学举行。按照《中国语言资源保护工程汉语方言调查点总体规划（2015~2019年）》，湖北省共规划50个调查点，其中2016年13个调查点，计划年底完成并通过验收。

安徽省启动中国语言资源保护工程

（摘自：教育部语信司网，5 月 27 日）

5 月 25 日，中国语言资源保护工程安徽汉语方言调查项目启动会在安徽大学召开。根据教育部、国家语委下发的《关于启动中国语言资源保护工程的通知》精神，安徽省语委、省教育厅积极筹备工程建设，按照《中国语言资源保护工程汉语方言调查点总体规划（2015～2019 年）》，安徽汉语方言调查项目共规划调查点 45 个，2016 年首批 10 个县（区）汉语方言调查点的调查任务将分别由安徽大学、安徽师范大学、阜阳师范学院、黄山学院、宿州学院、亳州师专等高校专家组成的调查团队承担。

普通农民积累三十载　编写漳州方言字典

（摘自：闽南日报，6 月 3 日，作者：邓娜）

吴启智是龙海市颜厝镇宅前村的普通村民，以务农为生，却对闽南地方历史文化有浓厚兴趣，被镇里人称作“乡村达人”。他利用田间地头作业的空闲，做了大量资料的收集普查和整理，近日着手撰写一部有关漳州方言音韵的书——《新编漳州话十五音》。

30 多年的积累，吴启智收集整理了含民间传说、闽南童谣、历史事件、传统手工生产工序等 70 余篇作品。吴启智把 30 年来收集的近 8000 个字（音）补充进《雅俗通十五音》的内容里，准备修订一本名为《新编漳州话十五音》的闽南语音韵字典，目前已完成初稿约五分之二的工作量。现在他还在不断收集整理漳州方言词汇和俗语，已收集到词汇上万条，俗语上千条，这些将为以后编写《漳州语词典》和《漳州俗语话》做准备。

中国语言资源保护工程吉林省汉语方言调查项目启动

（摘自：吉林语言文字网，6 月 6 日）

6 月 3 日，中国语言资源保护工程吉林省汉语方言调查项目启动会在长春市举行。吉林省语言使用情况具有多样性和丰富性特点，但当前吉林方言日渐式微，由方言所承载的地方传统文化也面临着消亡的危机，因此吉林方言的保护迫在眉睫。2016 年 4 月，经国家语委批准，结合吉林方言分布实际，长春市南关区、白城洮南市、吉林市龙潭区、四平市梨树县等 4 个点被选为吉林省汉语方言调查项目工作的首批调查点。

内蒙古启动汉语方言调查

（摘自：光明日报，6月8日，作者：高平）

中国语言资源保护工程内蒙古自治区汉语方言调查项目近日在呼和浩特启动。内蒙古教育厅汉语言文字应用管理处抽调有关高校的汉语方言专家及学者组成5个项目调查组，计划利用3年时间，完成对全区14个调查点方言的调查、保存、展示和开发利用工作。

内蒙古汉语方言大致有7个分区。东部方言主要包括东北官话的吉（林）沈（阳）片、哈（尔滨）阜（新）片，北京官话的朝（阳）（赤）峰片；西部方言包括内蒙古晋语的张（家口）呼（和浩特）片、大（同）包（头）片、五台片和兰州银川官话区的银吴（忠）片。

福建仙游征招方言发音人留存正宗“仙音”

（摘自：福建日报，6月22日，作者：陈国孟）

仙游县近日面向社会征招仙游城关、枫亭方言发音人，地方普通话发音人和口头文化发音人，为千年古邑留存原汁原味的“仙游话”。

仙游话与莆田话合称莆仙方言（又称兴化方言），俗称“莆仙话”。在汉语方言特别是福建诸方言中，兴化方言具有相当重要的地位，保存着较多的唐以前中原古汉语。要求仙游城关点的方言发音人必须是土生土长的仙游城关人，讲的是地地道道的仙游城关话；枫亭点的方言发音人必须是土生土长的仙游枫亭人，讲的是地地道道的枫亭话；且本人未在外地长住，家庭语言环境单纯，父母、配偶均是当地人，讲当地方言。其中老年发音人要求只具有小学或中学文化程度，不选择大专及大专以上文化程度的。

湖北语保工程接受教育部中期检查

（摘自：湖北语言文字网，7月4日）

2016年7月4日，受国家语委委派，中国社科院语言研究所研究员张振兴、浙江省语保工程项目省内首席专家王洪钟、中国语保中心副教授刘晓海三位专家组成的检查组一行对湖北省语保工程2015年下半年立项的郧阳、丹江口、武穴、蔡甸4个调查点进行了中期检查。检查组详细审看了4个调查点的纸版和电子版材料，并与省语委办、省语保首席专家和调查团队交流座谈，诚恳地反馈了检查意见。

音乐节目《十三亿分贝》与方言结合，有意思也有意义

（摘自：人民日报海外版，7月14日，作者：文纳）

《十三亿分贝》是响应国家教育部、国家语委发文启动的“中国语言资源保护工程”而研发的。对节目总策划、主持人汪涵来说，做这档方言节目是他长期以来的心愿。

相比其他音乐类节目，《十三亿分贝》给了方言歌曲更多展现的舞台和空间。“最暖的歌词是方言，最美的曲调是乡音。”这是《十三亿分贝》里的一句话。虽然有着娱乐的外衣，但节目却承载着浓浓的文化情怀。除了展现方言歌曲，《十三亿分贝》还会为观众普及方言知识，介绍方言背后的故事。

《乐山话方言词典》正式出版

（摘自：乐山日报，7月16日，作者：曾文）

近日，由乐山市地方志工作办公室编纂的《乐山地情文化丛书》之一——《乐山话方言词典》正式出版。词典以收录当代乐山方言日常用词为主，同时收录部分20世纪70年代以前的乐山口语词汇，共计4800个词条。

乐山方言属于汉语北方方言区四川次方言区岷江片区。在这一大片区域的方言俚语中，因地而异，或部分或大量，甚至全部保存了古代汉语中的“入声”语音。乐山处于这一区域的中部，是最典型的入声方言区。

《乐山话方言词典》是《乐山方言词典》的修订版，新编的词典在收词、释义、考源等方面，特点更为突出。新编的词典增补300多词条，着意选择展现地方色彩的词条，如“竹叶青”等，对于方言词汇中的用字、用词进行严谨考源，对原书在编写、出版过程中的错讹疏漏也进行了严格修正。同时，对乐山话的拼音方案重新进行了审定和修正，确立了乐山方言的声母表、韵母表、声调以及声韵配合表。为了更形象地诠释方言，词典正文部分还配有插画。

中国语言资源保护工程河北汉语方言调查项目中期检查举行

（摘自：河北语言文字网，7月20日）

2016年7月15日，中国语言资源保护工程河北汉语方言调查项目中期检查现场巡检工作在石家庄举行。专家组查看了10个河北汉语方言调查点的纸版材料和音频、视频资料，逐一与课题组负责人进行了面对面的交流，并向河北项目组反馈了意见。10

个调查点按照中国语言资源保护工程规范要求完成了调查计划的前期纸笔记录、录音录像工作。专家组也针对河北汉语方言调查项目提出了一些富有操作性的中肯建议，以更好地达到语保工程要求的“记音的准确性和技术的规范性”。

保护方言也是厚植乡土文化之根

（来源：张家港文明网，7 月 25 日，作者：祁秀章）

保护方言，不能单靠专家学者大力呼吁，地方保护得大力行动。微媒体时代，我们只有通过微信、视频、歌曲、电影、小品等形式展现方言魅力，地方媒体也充分发挥作用。比如，《汴梁晚报》专门开设了用方言描写当地历史文化故事的脱口秀栏目，南通电视台新农村频道的《村长开汇》《咱的南通话》，以及云南旅游广播的《七彩云南话》等节目都引入了地方方言，不仅使节目诙谐幽默，也使人们在欢笑中了解了各地方言的历史渊源。

自贡方言调查录制工作将于 7 月底完成

（摘自：华西都市报，7 月 29 日，作者：陈伯强）

截至目前，总共有 18 人报名参加自贡方言调查的录制，其中富顺有 2 人，其余皆为城区人。自贡方言调查总共分为三个方面，字、词、语法，这是比较简单的，不过却是主要组成部分，另一种是口头文化，包括民谣、川剧、传说、民间故事等，此外还有地方普通话，也就是常说的“椒盐普通话”。本周末录制结束之后，接下来主要是整理录制的素材。

92 岁老人演绎川剧　收入自贡方言国家库

（摘自：华西都市报，7 月 29 日，作者：陈伯强）

7 月 27 日，92 岁的邓修身走进四川理工学院人文学院实验室，参加川剧高腔的录制，虽然年龄较大，川剧经历丰富的他，录制时举手投足间依然范儿十足。截至目前，共有 18 人报名参加自贡方言录制，将于本月底完成，接下来便是整理材料工作。

川剧高腔是非物质文化的一种，老人演唱的川剧属于资阳河流派，资阳河流派是指发源于资阳河沿岸附近的川剧流派。在 20 世纪三四十年代，川剧资阳河流派在自贡得到了进一步发展和改良，受自贡本土文化的影响，融入了许多自贡本土的地方文化特色及内涵。邓修身老人的传统川剧唱法，也是自贡方言的重要组成部分之一，很有必要保存和传承。

首届龙岩话方言大赛举行

（摘自：福建日报，7 月 29 日，作者：张杰）

28 日晚，福建首届龙岩话方言大赛决赛在西城街道西安社区文化广场举行。20 多名来自新罗区各镇（街道）的选手表演了闽西特色的采茶灯等节目，大家通过讲古、快板、歌谣、山歌、诗词朗读、小品等形式，以最纯正的方言多方位展示了龙岩话方言的韵味和不同地域的人文风情，使现场观众感受到了方言背后所包含的本土文化内涵与情感，充分了解了龙岩方言的包容性与多样性。

本次比赛，龙岩文化研究会成为专业指导，寓教于乐的方式也让更多人参与传承与保护龙岩话。此外，新罗区还将开展“中国语言资源有声数据库建设（福建库）新罗区方言和地方普通话发音人招募”“十大龙岩方言家庭亲子评选”等方言进社区（村）、入校园活动。

国家出版基金项目“中国方言文化典藏”启动

（摘自：教育部语信司网，8 月 16 日）

8 月 12 日，国家出版基金项目“中国方言文化典藏”启动仪式暨编委会在商务印书馆举行。按照语保工程的总体部署和统一规划，将分阶段开展成果编写和出版工作，“中国方言文化典藏”是工程首批出版成果。“中国方言文化典藏”项目计划 2017 年底前出版 20 卷图书，涵盖官话、晋语、吴语、徽语、闽语、湘语、赣语、客家话、粤语、畲话等汉语方言，以及撒拉语、黎语、苗语等少数民族语言。同时，EP 同步是丛书的一大特点，图书里每个条目后附二维码，阅读时可用手机扫码在线访问方言条目的录音、视频，实现音像图文四位一体的阅读体验。今后还将开发客户端应用程序（App）产品，以实现音像图文全部电子化。

北京教师退休后收集“京片子”

（摘自：北京日报，8 月 29 日，作者：贾晓燕）

北京市顺义九中教师周长亮退休后，一直忙着收集“京片子”。2012 年底，中国语言资源有声数据库北京库开始建设，抢救、整理老北京话。去年，周长亮被选为“顺义音”的发音人。除了录音，周长亮还忙着编书，他要编写一部《顺义方言土语概览》，把毕生收集整理的顺义方言土语汇集成册，为后人留下“京片子”的模样，计划编1.2万多个词条，不少于60万字。现在，他已诠释了3000多个词条，光“不”字开头的土语就有71个，如“不对茬儿”“不够念儿”“不大离儿”“不识闲儿”，等等。他指出所收集的词条都是现代汉语词典里没有的，词典里有的，一概不收。并表示一定要在有生之年，编完这本书。

湖北宜昌启动中国语言资源保护工程

（摘自：湖北语言文字网，9月20日）

9月20日上午，“中国语言资源保护工程（宜昌）启动会”在宜昌市教育局举行。自5月份立项以来，宜昌语言保护调查团队成员顶着酷暑，从上百位报名人中遴选确定了10位发音人，基本完成了城区调查点的采录工作，后续将进行语料整理、音像加工、资料汇编等工作。

《巴蜀全书》2亿字巨著打造巴蜀版“四库全书”

（摘自：华西都市报，9月30日，作者：杜江茜）

这是一项庞大的工程：调查研究历史上巴蜀文献的存佚状况。时间从先秦跨越至近代，规模上对2000余种巴蜀文献编制联合目录，对500余部、20余万篇巴蜀文献展开校勘、注释和评论，对100种巴蜀善本文献考察再造。整个系列，总处理信息约4.6亿字。《巴蜀全书》工程，自2010年启动，预计10年完成。初步估计会出版2亿字，超过1000册，实现对巴蜀文献有史以来规模最大、体例最新、使用最方便的编录和出版。

多讲泉州方言

（摘自：泉州晚报，10月1日，作者：陈锡峰）

有的人说，因为现在孩子一进学校就要讲普通话，慢慢地就不习惯说泉州方言了。可是许多海外华侨华人，平时讲的是英语、德语、西班牙语等居住国语言，但为什么他们却能一代一代地把家乡话流传下来？我想很重要的一点，就是长辈们在家中的日常交流，会教他们使用泉州方言。泉州方言承载了我们这片故土从古至今的人文地理、民俗风情，保留了这个地方几乎所有的历史文化信息，是不能再生的文化基因。为什么非要刻意抛弃先辈为我们留下的语言财富？一个没有方言的城市是可怜的。一种方言的弱化、消失，意味着文化链的缺失和一种文明的断送。

学点方言挺好

（摘自：人民日报海外版，10 月 8 日，作者：仇子兴）

会说汉语方言的外国朋友不少，比如说一口地道东北话的日本乒乓球运动员福原爱；用熟练的北京话说相声的加拿大籍主持人大山等。中国地域广阔，汉语方言繁多，“五里不同音，十里不同调”，即使是中国人，不同方言区的人交流起来也会有一定的困难。“南腔北调”这个成语，用来概括汉语中多种多样的方言，真是再合适不过了。汉语方言包含了各地的风俗文化，若要了解中国的地方传统习俗，不妨从方言入手。外国汉语学习者，在学好普通话的基础之上，根据兴趣了解和学习一些汉语方言，有助于综合汉语能力的提高。

丹东方言有许多特色词汇和说法

（摘自：东北新闻网，10 月 9 日，作者：曲宏）

丹东方言老男跟方言青男的发音有了很明显的区别，方言青男的很多发音已经接近普通话。丹东有不少特色词，如地方说成地场，稻子说成粳子，向日葵说成转脸儿，马铃薯说成地豆儿，乌鸦说成老哇子，蚯蚓说成曲蟮，公狗说成伢狗，垃圾说成脏土，肥皂说成胰子，手电筒说成电棒儿，戒指说成镏子，点心说成果子。此外还有一些特色说法，如单身汉说成轱辘杆子，捉迷藏说成摸瞎乎儿，打算说成打谱儿，痒说成刺挠，犟说成犟眼子，你（我）们说成喃们，为什么说成为横么。

让校园适度拥有方言时空

（摘自：光明日报，10 月 16 日，作者：王莉宁）

近十年来，我国东南沿海部分地区的基础教育部门制定有关政策，以校本课程的形式开展青少年乡土文化教育。启动最早、发展最快者为福建闽南地区，江苏、上海、湖南等地随后也推动了有关工作。对方言的最好保护就是适度使用。应允许中小学、幼儿园在课外说方言，让方言成为青少年日常用语之一。如果从家庭自然习得的母语在校园里获得了使用时间和空间，普通话和方言各司其职，和谐共存，就能避免二者的对立局面。校园里普通话和方言和谐共赢的局面，将对方言文化传承产生积极作用。

假如失去方言，福鼎将会怎样?

（摘自：东南网，10 月 25 日，作者：海棠）

碗窑举办重阳“传话节”的本意是要把碗窑话传承下去。如今，与日渐“红火”的碗窑乡村旅游态势相比，碗窑话传承的局面则越发显得“冷清”。游山玩水的人们用普通话、福鼎话高声谈笑，殷勤接待的碗窑人不得不面对这样一个现实：与自然风光一样成为碗窑独特“标签”的碗窑话，正在濒临流失。若福鼎方言失传，则福鼎“非遗”的传承势必遭受毁灭性的影响，首先受影响的是四个“歌”：“四月初八歌王节”“佳阳乡双华二月二歌会”“秦屿方家山畲族三月三歌会”“福鼎民间山歌”。此外，类似“福鼎提线木偶戏”这样的民俗，若没有闽调、畲歌等唱腔配音，木偶犹如失去灵性无法活灵活现，而整个福鼎民俗，若没有方言的支撑，则会失去“灵魂”。

澧县方言研究启动

（摘自：常德日报，10 月 29 日，作者：曾玉英、刘涛）

日前，澧县文体广新局学习组一行 5 人，赴中山大学向 93 岁的人类学系教授宋长栋老先生学习国际音标读法，对澧县方言的语音、词汇、语法结构做系统性研究，让更多的澧县人弄懂并掌握自己的母语。澧县方言属于西南官话，流行于澧阳平原及周边地区。下一步，该县将成立研究小组，组织部分专家及爱好者学习《澧县方言研究》一书并发表研究论文，组织工作人员将相关内容编写成册，同时，利用文化活动进校园、进社区、进企业的机会，广泛传播澧县方言。

陕北方言的文化传承

（摘自：光明日报，10 月 30 日，作者：邢向东）

就方言来说，陕北方言北部与内蒙古晋语相连，南部、西部与中原官话接壤，东部与山西晋语隔河相通，语言面貌古老而复杂。陕北方言承载了厚重丰富的口头文化遗产，如信天游、山曲儿、酒曲儿、榆林小曲儿、二人台、说书、道情、歌谣、故事、说喜等。信天游、说书等口头文化，集中体现出陕北方言及其所承载文化的无穷魅力和它在老百姓生活中的重要地位。如此丰厚的语言文化资源，如果有一天消失了，毫无疑问将是中华文化的重大损失。

口述史打响方言保卫战

（摘自：西安日报，11 月 23 日，作者：雷县鸿）

方言承载着浓浓的乡愁和文化基因，陕西戏剧、民歌、民俗等都以方言为主要展示方式，浓缩着陕西文化的精华。然而当下，方言正日益受到冲击，甚至部分方言濒临消失困境。陕西的方言保护工作自 2014 年开展试点工作以来，取得了明显成效。如今，包括西安市在内的全省各地的方言语音建档工作已全面启动。在专业人士看来，通过口述史的形式将西安区域内独特的方言保护起来，并以语音的方式建档保存，将成为传统文本档案的重要补充，而口述史这一建档形式的运用，也将大大丰富档案归集。

湖北纯正乡音建档完成　开放后市民可转录赏习

（摘自：长江日报，12 月 1 日，作者：宋磊、柳丽）

湖北省档案局（馆）档案资料处处长柯黎称，湖北省方言建档工作于去年 12 月开始，历时近一年。已完成的湖北方言档案将我省 17 个市（州）105 个县（市、区）分别建档，形成纸质材料 92 册，制作电子光盘 794 盘，数据量达 1255G。档案还录制了小品、戏曲、微电影、谚语童谣、民间故事、宣传片等 166 部方言作品。湖北方言视听室设于省档案馆内，将于年底完工，收录湖北方言档案全部内容。正式开放后，市民可免费前往查询方言资料，通过触摸屏选择地区，并可即时通过视频和音频学习、了解方言，还可自行转录。

黑龙江方言有了 36 位“官方代言人”

（摘自：哈尔滨新闻网 – 新晚报，12 月 2 日，作者：李玥）

“刺挠”“硌硬人”……这些黑龙江的方言，如今迎来了翻身的机会，以专业视频的形式被记录下来，并将被送往国家语言保护中心，作为永久资料保存下来。中国语言资源保护工程黑龙江省汉语方言调查项目中，今年的 5 个调查点工作已完成，将于 12 月初进行预验收，年底前上交给国家语保中心。另外，第二批包括漠河、爱辉、嫩江、密山、佳木斯前进区、同江、宁安 7 个调查点，将于明年启动调查工作。今年我省 5 个调查点，共征选了 36 位发音人，其中林口点 9 人、泰来点 7 人、道外点 8 人、尚志点 7 人、肇东点 5 人。

以文化传播促方言传承

（摘自：光明日报，12月13日，作者：唐梦潇）

为保存上海方言，上海大学博物馆将建立一个沪语体验馆，集中展示沪语报纸、抄本、唱片，以及滩簧、沪剧等，让人们感受方言特有的魅力。方言及其承载的文化弥足珍贵，但随着现代化的冲击而日渐式微，年青一代对方言越发疏离。保护方言，从某种意义上说，也是保护历史。我们除了单纯地记录和保存方言，还可以有哪些途径使方言散发出特有的魅力？上海沪语馆的建立或是一种有益的尝试。用生动的文化形式将方言呈现出来，使之“接地气”地保留下来，人们方能被方言文化吸引，并唤起深沉的情感，方言也才能更好地传承下去。

二　民族语言保护

甘肃运用数字化手段采集和保存濒危民族语言文化

（摘自：新华网，2月12日，作者：白丽萍）

为抢救濒危少数民族语言文化，历时2个月，甘肃对裕固族民歌、语言等进行了数字化采集和保存。同时，为了加强濒危少数民族文化保护，甘肃在普查中还按不同年龄段发放调查问卷1000多份，采集音像视频资料近20个小时。

由于只有语言无文字，裕固族的文化一直以来是通过“口耳相传”来传承。甘肃省民俗学家黄金钰表示，通过新的保护方式，可以全面盘清当地裕固族文化家底，准确掌握裕固族语言状况，为科学保护与传承打下基础。

中国首次系统整理出版蒙古语言文字研究文献

（摘自：新华社，2月21日，作者：勿日汗）

近日，内蒙古自治区少数民族古籍整理专项资金资助项目《蒙古语言文字研究文献荟萃》出版发行。据介绍，这是中国首次系统整理出版蒙古语言文字研究文献。

蒙古语言文字研究历史悠久。据不完全统计，从13世纪中叶至20世纪中叶，以传统蒙古文撰写的蒙古语言文字研究文献约有200多种。但目前，这些文化遗产面临很大危机。有一批文献流落海外，收藏于蒙古国、俄罗斯、德国、英国等国家，不易被中国读者参考利用。有一批文献因年久发黄、霉变，面临毁坏的危险。现存文献中除了个别被影印出版外，大部分文献都束之高阁，读者乃至学界也不易参考利用。

为挽救这些濒危的文化遗产，内蒙古自治区组织专家系统地整理蒙古语言文字研究文献，并影印出版。全书共有6册，收录近80种文献，文献内容涉及蒙古文字的起源与发展、正字法、正音法、词语解释、语法等诸多领域。

国际母语日：朋友，你还会说云南话和民族方言吗？

（摘自：云南网，2月23日，作者：武铭方、杨春萍、陆月玲、赵玮）

为了促进语言和文化的多样性以及多语种化，自1999年起，联合国教科文组织将每年的2月21日定为国际母语日。

最新调查显示，中国正在使用的120余种少数民族语言，有几种少数民族语言已经处于完全失去交际功能的状态，如满语、赫哲语等；有20%的语言已经濒危，如仡佬语，目前会说仡佬语的只有3000人；40%的语言已经显露濒危迹象或正在走向濒危，如阿昌语、普米语等。

云南是个多民族的省份，民族数量占全国56个民族的40%以上；少数民族人口1415万，占全省人口的1/3。人口5000人以上的少数民族有25个，其中除回族、满族、水族使用汉语外，其余22个少数民族使用26种少数民族语言，有14个少数民族有自己的文字。从长期工作实践来看，少数民族语言文字工作如果只靠行政手段管理，容易造成工作上的随意性和被动性。因此有必要制定和实施《云南省少数民族语言文字工作条例》，使少数民族语言文字的发展有法可依。

首部普米族母语电影《戎肯》在兰坪试映

（摘自：兰坪网，2月24日，作者：张金国）

2月23日晚，兰坪县在万达影城举行了首部普米族母语电影《戎肯》的试映式。影片《戎肯》旨在表达一种深度的文化思考：在市场经济的冲击下，民族文化面临不同程度的消失，传统道德仪规也在逐渐消亡。在这种古老与现代的文明冲突中，导演运用生动的影视语言，向观众展示了一个在普米族祭司氏毕的影响下人性回归的故事。

影片《戎肯》的自然和文化背景，充分展现了兰坪老君山国家公园西线的旖旎风光和该片区的普米族风土人情，填补了兰坪没有电影的历史，也填补了国内没有普米族题材电影的历史。影片的成功拍摄，增强了兰坪县各族群众的民族自信心和自豪感，对提高兰坪的民族文化知名度和美誉度，促动兰坪文化产业发展，具有现实和长远的意义。

甘肃完成三个独有少数民族语言文字“数字化”

（摘自：中国新闻网，3月1日，作者：南如卓玛）

记者1日从甘肃省民族事务委员会少数民族语言古籍处获悉，甘肃省全面完成东乡族、保安族和裕固族三个特有少数民族的语言文化普查，使那些濒临失传的民族语言通过“数字化”记录和保存得以传承和发展。

东乡族、保安族、裕固族是甘肃省独有的三个少数民族，有语言无文字。东乡族和保安族主要聚居在临夏州境内，而裕固族生活在河西走廊一带。

甘肃省官方历时两年采用问卷调查、走访入户、访谈等方式，按年龄、职业、性别等要素选取访谈对象，通过摄像、录音、照相等形式对东乡族、保安族、裕固族口头传承的民间传说、民间故事、寓言故事、谚语、儿歌等进行了声像录制。

东乡族语言“数字化”保存共30个视频，汉语和东乡语记音符号处理音频148分钟，视频133分钟。按照保安族1864年前后从青海同仁迁徙到循化至大河家地区的路线图，通过实地考察收集了大量资料。裕固族语言文化资源普查工作历时2个月，深入祁丰藏族乡、明花乡、大河乡、马蹄藏族乡、康乐乡、皇城镇、白银蒙古族乡7个点，共发放调查问卷1288份，采集音像视频资料近20个小时，对裕固族民歌、语言等进行了数字化采集和保存。

甘肃省东乡族文化研究会、东乡族语言文字资源普查工作负责人马兆熙接受中新社记者采访时表示，民族语言文字传承和发展面临着诸多困难，希望能加大力度保护好这些丰富灿烂的少数民族文化。

回鹘文文献研究上演“接力赛”

（摘自：中国社会科学报，3月10日，作者：张春海）

敦煌莫高窟北区石窟出土的回鹘文文献残损严重，许多词语难以辨认；如何考证文献中出现的梵语和佛教用语、忠实地译出千年前的回鹘文诗歌又不失韵文的特点……这些工作耗费了新疆大学人文学院教授阿依达尔·米尔卡马力大量的时间和精力。然而，在他的新著《回鹘文诗体注疏和新发现敦煌本韵文研究》问世后，这种“死文字”所记载的历史画面，随着研究而“复活”。迎难而上，研究过程也是不断学习的过程，这位哈萨克族教授的经历，正是几代献身回鹘文文献研究的中国学者的一个缩影。

在回鹘文献学的研究中，西方学者曾先行一步，长期占据主导地位。而经过冯家昇、耿世民、李经纬、伊斯拉斐尔·玉素甫、阿不都热西提·亚库甫等几辈学者的努力，我国学者的回鹘文文献研究已在国际学界占有一席之地。

20世纪末，敦煌研究院的考古工作者对敦煌莫高窟北区石窟进行了数次考古发掘，其中，出土了一批回鹘文文献。阿依达尔·米尔卡马力认为，对这批文献的研究将大大丰富回鹘文文献学的研究领域，也将为我国的专家学者争得一定的学术话语权。

壮语广播剧《山歌》与听众见面

（摘自：广西日报，4月20日，作者：龙王）

4月16日，首部壮语广播剧《山歌》在广西电台新闻综合广播播出。该剧由自治区民委、自治区民语委、广西电台联合录制。

该剧讲述了一个传承壮族山歌的故事：壮族民歌传承人依娜继承父亲的遗志，立志将壮族民歌代代相传。在事业跌入低谷、恋人不辞而别的痛苦之下，仍然孜孜不倦挖掘壮族民歌，最终获得爱情事业双丰收。该剧采用广西各路民歌的曲调，全景式地反映了壮族人民“以歌代言，以歌传情”的独特的民族风格；尽情地演绎了《山歌》独特的艺术魅力。

壮语广播剧《山歌》历时3年创作，几易其稿。为了充分展现壮族山歌的丰富多彩，编剧多次深入马山、上林、武鸣等三声部民歌发源地采风，虚心向当地歌王请教，搜集并挖掘原始山歌素材。剧中共有66首山歌，每一首山歌均结合剧情的发展精心设计，歌词优美，淳朴自然，乡土气息格外浓厚。该剧即将翻译为汉语版于近期播出。

中国人口较少民族研究基地成立　开展抢救性调查

（摘自：中新网，5月7日）

5月7日，复旦大学民族研究中心和呼和浩特市鄂温克族研究会签约，联合成立中国人口较少民族研究基地（以下简称基地）。该基地旨在抢救性调查28个人口在30万以下的中国人口较少民族的文化、信仰等。记者在现场获悉，基地工作宗旨是开展“鄂温克、鄂伦春、赫哲族等少数民族调查”，具体调查内容包括经济状况、人口结构、文化教育、传统文化传承以及宗教信仰等方面。

“主要是先从内蒙古的三少民族做起，然后扩散到全中国的28个人口较少民族。为国家政策制定、战略制定、蓝图绘制建言献策，起到一个高端智库的作用。”复旦大学民族研究中心纳日碧力戈教授在谈及未来目标时说。

多个少数民族正创立文字　部分民族语言濒临失传

（摘自：中新网，5月16日，作者：南如卓玛）

甘肃是一个多民族聚居的地区，现有54个少数民族，少数民族总人口219.9万人，占全省总人口的8.7%。其中，东乡族、裕固族、保安族是甘肃独有的少数民族，有语言无文字。

东乡族亦正在尝试创立文字。东乡族民间使用一种用阿拉伯字母拼写的东乡语的拼音文字，这种记音符号搜集整理后，有望形成一种东乡语文字。

梳理少数民族作家、民族语言工作者当日发言可发现，甘肃各地官方正在“抢救性”保护和传承少数民族语言文字，并斥资鼓励少数民族母语文学创作。如阿克塞县制定（订）哈萨克族“阿肯阿依特斯（该民族非物质文化遗产）”五年保护计划、肃南县每年拨付10万元人民币奖励母语文学创作者。

加大力度开展“双语教学”、普及少数民族语言成为与会专家学者建言中的“多频词”。甘南藏区鼓励各民族干部学习藏语基础词汇成效显著、“双语教学”成为甘南各地传承母语的“阵地”。

人口较少的少数民族如裕固族、哈萨克族等少数民族作家建言“母语进校园”，将本民族语言列入小学课程必修课。同时，投入资金设立母语文学创作大奖，以鼓励母语文学创作，传承和发展少数民族语言文字。

中央民族大学成立中国少数民族语言研究院

（摘自：中央民族大学网，7月28日）

为进一步增强全校中国少数民族语言文学学科、语言学及应用语言学学科、中国古典文献学学科的国内外综合竞争能力，中央民族大学党委常委会决定，撤销中国少数民族语言与古籍研究所，成立中国少数民族语言研究院。

中国少数民族语言研究院主要职能包括负责开展我国少数民族语言本体研究、语言功能研究、跨境语言研究、双语学研究、语言政策与理论研究、语言保护（含濒危语言保护）和语言档案化研究，推进少数民族语文古籍整理研究，为国家制定少数民族语言政策提供咨询，更好地为社会服务。中国少数民族语言研究院为实体科研平台，设6个中心：中国少数民族语言研究中心、中国少数民族古籍保护与资料信息中心、国家语言资源监测与研究少数民族语言中心、中国少数民族语言资源保护研究中心、“一带一路”语言文化研究中心和双语学研究中心。

重庆市万州区建立少数民族语言人才志愿者队伍

（摘自：中国民族宗教网，8月5日，作者：邓利华）

为维护万州区社会稳定，服务外来少数民族人员，促进全区社会经济发展，万州区委统战部（区民宗侨台办）建立少数民族语言人才志愿者队伍。一是由万州区民族团结进步促进会负责成立万州区少数民族语言志愿服务队。二是在区内机关、企事业单位，重庆三峡学院、重庆信息技术学院、重庆三峡职业学院、重庆三峡医药高等专科学校招募新疆、西藏等外来人员和学生，有计划地培养本地维吾尔族、藏族等少数民族语言爱好者，建立并充实少数民族语言志愿者人才库。三是请万州清真寺协助万州区民族团结进步促进会承办万州区少数民族语言志愿服务队相关工作。

《保安语汉语词典》出版

（摘自：中国民族广播网，8月7日，作者：孟永辉、王妍）

《保安语汉语词典》近日由民族出版社出版。这是用汉语拼音记录中国西北少数民族保安族特有语言保安语的一部辞书。编者从保安语中筛选2400多个常用词汇，用汉语拼音作为记载规则，并注明相应的汉语释义。用现代语言学知识整理保安语常用词汇，有利于在保安族人中保护和传承民族文化，也有利于让外界了解和学习保安语。

保安族是中国56个民族之一，共2.01万人，集中分布在临夏州，有特有语言，没有文字，大多数人兼通汉语。保安语隶属阿尔泰语系蒙古语族，其词源来自蒙古语、汉语、藏语、突厥语、波斯语、阿拉伯语等多种语言。

西藏首部综合性现代藏语词典出版发行

（摘自：西藏日报，8月13日，作者：张京品）

由西藏人民出版社历时8年时间编纂而成的《现代藏语词典》日前出版发行，成为西藏出版的首部综合性现代藏语词典。《现代藏语词典》共收录了8万余个词条，除了常用的词汇，还收录了较为普遍使用的新词术语、部分梵文词汇以及西藏历史档案中的公文术语等，适合小学至大学乃至研究者等不同人群使用。词典约240万字，近2300页。

据介绍，这部词典词条的选择和释义主要参照《现代汉语词典》，突出准确性、规范性、通用性、大众性和实用性，除了涵盖藏族历史、文学、医学、天文、民俗等不同类别的词汇外，还有涉及其他民族和国家的名词解释、民族简介和现代科技领域的词汇。

首届全国大学生维吾尔语主持人大赛启动

（摘自：中国民族广播网，8月30日）

8月30日，中央人民广播电台首届全国大学生维吾尔语主持人大赛正式启动。大赛旨在发现有特点、有创意、有潜力的优秀维吾尔语主持人，为维吾尔语播音主持爱好者提供舞台，使有志于投身少数民族播音主持事业的年轻人真正得到展示自我的机会。

首届全国大学生维吾尔语主持人大赛分为初赛和决赛两个环节，凡能够熟练运用维吾尔语、具备汉语听说能力的中国籍在校大学生均可报名参加。据悉，首届全国大学生维吾尔语主持人大赛初赛将于 9 月中旬在北京和乌鲁木齐两个赛区进行，10 月中旬，入围决赛者将前往新疆乌鲁木齐电视台参加最终角逐及大赛颁奖晚会。本次大赛由中央人民广播电台民族节目中心主办，民族节目中心从 2014 年发起并主办了大学生少数民族语言主持人系列大赛，这在语言对象地区引起了强烈反响和广泛参与。今年的全国大学生维吾尔语主持人大赛也是朝鲜语和哈萨克语主持人大赛后的第三站。

藏语方言的分布格局及其形成的历史地理人文背景

（摘自：中央民族大学学报（哲学社会科学版），10 月 15 日，作者：陈荣泽）

藏语方言的形成与社会、历史和自然环境等紧密相关。吐蕃时期藏族的人口迁徙奠定了藏语分布格局的基础，是形成藏语方言的一个不可或缺的前提；青藏高原独特的自然环境是形成藏语方言的必要条件；不同的经济类型使藏语在不同地域中的演变速度也不同，是形成藏语方言的重要原因；由民族接触引起的语言接触是形成藏语方言的重要因素；元朝在藏区的行政区划对藏语方言的形成起到重要作用。藏语方言的形成是藏语在社会、历史和自然环境等多种要素共同作用下逐渐演化的结果。

新宾被列为满族语言文字保护传承基地

（摘自：辽宁日报，10 月 21 日，作者：李越）

第二届满族语言抢救与满族历史文化保护高层论坛于10 月 15 日在新宾满族自治县开幕，与会嘉宾共商如何保护弘扬满族的优秀文化，共议如何抢救传承满族语言文字，共同分享满族语言文字的丰富内涵。据了解，省民委已经将新宾县列为满族语言文字保护传承基地。随着社会的发展和各种文化的冲击，满族文化在逐渐流失，满语更是被列为濒临灭绝的语言。新宾具有浓郁的满族风情，有着丰厚的满族历史文化资源。保护好、传承好、利用好这个珍贵的文化遗产始终是该县工作的重中之重。

国家语言资源监测与研究少数民族语言中心续建考察工作完成

（摘自：教育部语信司网，11 月 28 日）

11 月 23 日，教育部语言文字信息管理司、国家民委教育科技司组织专家组赴中央民族大学就“国家语言资源监测与研究少数民族语言中心”续建申请进行考察评议。专家组一致认为中央民族大学符合续建的条件和基础，建议国家语委、国家民委予以批准。24 日，教育部语言文字信息管理司司长田立新对“国家语言资源监测与研究少数民族语言中心”和“中国少数民族语言资源保护研究中心”进行调研，与校长黄泰岩、党委副书记刀波一起听取了两个中心负责人的情况汇报。

超半数受访者对土家族语言不熟

（摘自：楚天都市报，11月28日，作者：周治涛、吴珊）

由湖北大学赵厚勰博士、曹树真博士等组成的科研团队，此前对恩施利川等地区101名当地常住的青少年进行问卷调查，并走访当地老人及中小学老师。问卷调查显示，55.4%的受访者“对本民族语言不太会或者完全不会”，34.7%的受访者“没有学过本民族历史和文化”，仅11.9%的受访者表示“与周围其他民族同学相比，认为自己有明显民族特色和强烈的民族归属感”。赵厚勰博士和团队建议，除了加强学校民族课程建设、家庭文化传承教育，政府也要加大投入，建立土家族文化数据库，民族博物馆、艺术馆，保护和修缮民族村，建立、培养服务文化传承的人才队伍。

让蒙古语言文字绽放华彩

（摘自：内蒙古日报，12月8日，作者：孟丽鹏）

2015年，巴彦乌拉苏木被国家民委确定为全国双语和谐乡村试点单位。2007年以来，锡盟已有15个集体、36名个人荣获自治区政府“学习使用蒙古语文”表彰奖励；2个集体、5名个人获得“乌兰夫蒙古语言文字奖”。与此同时，全盟蒙古语文发展的基础设施也取得了非常大的发展。蒙古语广播电视收听收视覆盖面不断扩大，各类蒙古文网站得到较快发展，蒙古文图书刊物、历史古籍出版数量逐年增多，已成功举办了首届内蒙古蒙古文图书展览以及各种全国性、全区性、全盟性蒙古语诗朗诵、歌手比赛、研讨会。

知名专家联手打造《世界客家文库》

（摘自：南方日报，12月8日，作者：陈小庚）

近日，《世界客家文库》领衔专家会议在广州召开。《文库》执行主任陈支平教授介绍了《客家珍稀谱牒》（100卷）的编纂情况，认为这是一项规模宏大的抢救宝贵历史文化遗产的有重大意义的出版工作。著名语言学家李如龙教授、方言专家庄初升教授对客家方言有声语料库和客家方言博物馆的建设作了简要报告，强调要通过利用新技术建设网络虚拟博物馆与实体方言博物馆，进一步保护和传承作为客家文化重要载体的客家方言。会后，部分与会专家还就《全球客家通史》的编纂出版专门召开了工作会议。

少数民族语言保护迫在眉睫

——中国少数民族语言资源保护的现状、机遇与挑战

（摘自：光明日报，12 月 11 日，作者：丁石庆）

面对新形势、新情况、新问题，少数民族语言资源保护工作面临严峻挑战。挑战之一：中国境内部分语种的保护工作因各种原因收效甚微，尤其是无文字及人口较少民族的语言保护工作至语保工程启动之前几乎为零。挑战之二：中国语言资源保护工程任务重、要求高、时间紧，对承担单位、组织者和课题参与者均提出了较高的要求。挑战之三：中国语言资源保护工程是党和国家的远程规划和长期行为，具有巨大的可持续后续运作空间。中国少数民族语言资源保护工作迫在眉睫！国家已吹响抢救少数民族语言资源的号角！我们将全力投入到语保工程的各项工作之中，顺利完成这一严肃的政治任务与学术任务，交一份让全国各族人民满意的答卷。

基层民族语言翻译工作意义重大

（摘自：西海都市报，12 月 21 日，作者：加洛）

语言文字是民族文化的符号，是各民族交往交流交融的重要载体。不同语言文字承载着不同民族文化，要克服民族间的语言障碍就需要“翻译”这一纽带。作为基层的一名藏语文工作者，我在走访中深刻地体会到，要加强基层民族语言翻译工作队伍，各乡镇应根据实际需要，配齐翻译人员，保障专项办公经费。以少数民族文字美好的感染力传承民族文化基因，不断推动民族语文翻译创造性转化、创新性发展，把党和国家的方针政策、把经典的文件文献传递到民族地区，也为当地的文化传承发展民族语言根系。

三　语言文化传承

是该“抢救”春联文化了

（摘自：宁波日报，2月5日，作者：殷国安）

春联文化是中国传统文化的瑰宝。但是，毋庸讳言的是，在我们高喊继承传统文化的时候，春联文化却日渐衰落了。一到春节，这种衰落感就特别真实和深刻。

首先，我再也买不到自己需要的春联了。我对春联有两个要求：一是春联必须是黑墨写的。这样的春联几乎没有，市场上的春联多是“金字”。二是对春联内容的要求。过去我请人写春联，总会自己选好适合自己的内容，让春联成为我家的表达语言。但满大街卖的春联，除了发财还是发财，难如我意。而且，许多春联撰写者根本不懂起码的知识。春联文化衰落的第二个表现：一些电视台搞的“送春联”活动几乎成了“献丑”。

“抢救”春联文化，政府应该有所作为，要将其作为文化部门的一项工作。今年，全国好几个地方政府征集了春联，这是一个好兆头。不少地方政府在送文化下乡时，也组织书法家现场书写新春春联，送给当地群众。新华书店也应该印刷、出售内容和书法俱佳的春联，满足人民的文化需求。现在，一些电视台有“汉字听写大会”“中国成语大会”“中国谜语大会”，为何不能搞一个“中国对联大会”？总之，政府应该让春联这块瑰宝散发出更加夺目的光芒，用优秀春联来抵制大街上的文化垃圾。

央视“中国诗词大会”新春添诗意

（摘自：光明日报，2月17日，作者：苏丽萍）

中央电视台《中国诗词大会》节目于农历大年初五在央视综合频道黄金档开播后，广受欢迎，不少观众反映此节目新颖别致，为新春添上了一抹诗意。这是继《中国汉字听写大会》《中国成语大会》《中国谜语大会》之后，由央视科教频道推出的又一档弘扬中华优秀传统文化的大型演播室益智竞赛节目。

《中国诗词大会》以“赏中华诗词，寻文化基因，品生活之美”为主旨，通过演播室比赛的形式，重温经典诗词。节目中所有诗词题目几乎全部出自中小学课本，涵盖豪放、婉约、田园、边塞、咏物、咏怀、咏史等各个类别，聚焦忠孝、仁义、爱国等中华优秀传统文化主题，题目中既有“大江东去，浪淘尽，千古风流人物”的豪迈，亦有“雁字回头，月满西楼”的飘逸，以此激发观众的参与性，带领观众在“熟悉的陌生题”中领会中华诗词文化精髓，透过诗词之美传承和弘扬社会主义核心价值观。

春联里的语言艺术

（摘自：光明日报，2月21日，作者：张伯江，）

汉语言文字的排列安排，很讲究韵律和节奏，有时还很讲究对偶。这个特点，在“春联”或者一般楹联、对联的语言环境里，常常表现得更加明显，甚至成了一种特定的撰写规矩。

对联的语言之所以为人们所喜爱，不仅因为它词语组合形式上的这种工巧，更在于它通过这样组合所蕴含的意境上的隽永。比如，“家居绿水青山畔，人在春风和气中”。相传，这是明代文学家祝枝山游杭州街景的即兴之作。从字词的安排角度上看，上下两句是严格相对的，但读起来会感到作者的用意显然是侧重在下句，强调人在“春风和气”温暖之中是多么舒适惬意。而词语组合形式上与其对应的前句，只不过起着铺垫作用罢了。那么，有没有相反的，把表达重点放在上联的呢？当然有。比如，清代阮元赠魏成宪的联语：“两袖清风廉太守，二分明月古扬州”。作者的本意是在赞扬魏成宪的清廉，却把那描画扬州美景的句子用来煞尾。

对联的语言艺术是多种因素共同作用的结果，汉语的韵律、义类、句法和句类提供了丰富的表达手段，值得细品。

G20 峰会晚宴菜单揭晓　菜名尽显中国文化

（摘自：观察者网，9月4日，作者：林西）

9月3日晚8时至9时30分为G20峰会晚宴，而根据官方公布G20峰会晚宴的菜单，光是菜名就亮了：八方宾客、大展宏图、紧密合作、共谋发展、千秋盛世、众志成城、四海欢庆、名扬天下、包罗万象、风景如画、携手共赢、共建和平、潮涌钱塘、承载梦想。对应的真实菜名和英文菜名分别为：富贵八小碟、鲜莲子炖老鸭、杏仁大明虾、黑椒澳洲牛柳、孜然烤羊排、杭州笋干卷、西湖菊花鱼、新派叫花鸡、鲜鲍菇扒时蔬、京扒扇形蔬、生炒牛松饭、美点映双辉、黑米露汤圆、环球鲜果盆。

同样的菜换成不同的名字立马有了全新的内涵，每一道菜名不仅蕴含着丰富的含义，彰显了我国博大精深的厨艺文化，同时也代表着中国与各国携手发展的美好愿望。

千余成语和它有关　曲沃荣膺“中国成语典故之乡”称号

（摘自：山西晚报，12 月 18 日，作者：刘江）

12 月 16 日上午，中国民间文艺家协会授予曲沃县“中国成语典故之乡”荣誉称号暨“中国成语典故传承基地”揭牌仪式在曲沃县晋都文化中心举行。曲沃县是中华文明最早的发祥地之一，有着 3000 多年的悠久历史，境内文化遗产丰富、文物古迹众多，素有“三晋文化源头”和“地下博物馆”之称。“表里山河”“秦晋之好”“志在四方”等，经初步统计，《汉语成语大辞典》中收录的 5500 多条成语，就有 300 多条出自曲沃，与曲沃有关联的多达 1500 条以上。中国民协命名曲沃县为“中国成语典故之乡”，实至名归。

春晚相声小品，会不会给观众惊喜？

（摘自：天津日报，12 月 28 日，作者：刘云云）

无论小品还是相声，作为喜剧艺术形式，它们的共通点是“轻模式重内容”。距离鸡年春晚的播出时间越来越近了，据媒体报道，春晚语言类节目近日完成了三审，这也将是语言类节目的终审。也就是说，除夕夜观众将会看到什么样的小品、相声，现已基本定型了，一般情况下，将不会有大的改动了。从已披露的信息来看，相声很可能就剩苗阜王声这一对独苗，小品依然采取老将带新人的主打模式。

语言科技和语言服务

引 言

2016年，语言科技不断有新进展，人们更加关注信息技术、人工智能。谷歌开发的具有“深度思维”的机器人“阿尔法围棋（AlphaGo）”，在同世界著名棋手李世石的对局中获胜，成为第一个战胜世界围棋冠军的机器人。这是继1997年IBM的“深蓝”击败国际象棋大师卡斯帕罗夫、2011年IBM的“沃森”在美国著名电视智力竞赛节目中战胜两位人类智力冠军之后，机器智能创下的又一个里程碑。与此同时，机器翻译也百花齐放，民汉智能翻译系统、百度机器翻译、微软Skype翻译、谷歌翻译、有道翻译官、搜狗语音实时翻译、Facebook多语言发帖、即时视频翻译App等都取得了不错的成绩。智能语音技术也不断完善：讯飞语音输入法用户突破4亿，并支持方言识别；“智能语音技术公安部重点实验室”、智能庭审语音识别系统等为公安及司法提供了有力支持；百度深度语音识别系统取得技术突破；蒙古语语音识别合成与传统蒙古文字识别取得重大进展；《格萨尔》说唱也有望实现语音自动识别。其他语言科技如人类大脑“语义图谱”、脑电波智能头盔等也取得了重大进展。

特殊语言服务也不断推进：厦门成立了全国首个劳动法庭方言服务团；云南代表建议按照少数民族人口比例配备双语法官检察官；铁路部门提供了视障语音验证和少数民族语言预约服务；苏州启动视障版国家普通话水平智能测试系统；国家语委重大科研项目“国家手语词汇语料库建设”通过结项鉴定；湖南正式启动手语翻译鉴定；我国首个听障群体垂直社交手机应用发布；安徽合肥计划推行智能语音电子病历……各种特殊语言服务，得到了进一步保障。

语言服务需求的日益增多，迫切需要大量的语言服务人才，因而语言服务人才的培养也越来越受到各方重视。亚太翻译论坛呼吁提升语言消费意识，培养语言服务人才；北京外国语大学与首都机场签署多语言服务共建协议；甘肃省高级人民法院加快藏汉双语法官培养，促进民族地区社会治理和法制建设；新疆喀什中级人民法院大力开展双语法官培养，促进了各族群众交流；青海首次设置国家司法考试藏文试卷考点，着力培养藏汉双语法律人才；G20峰会启用96020多语服务平台，全天候提供涵盖所有参会语言的翻译服务。

“一带一路”倡议的提出，为语言服务带来了诸多新的机遇与挑战。首部专门研究面向“一带一路”的语言建设和语言服务问题的著作《语言服务与“一带一路”》出版，旨在为解决“一带一路”建设中的语言需求献计献策；《中国企业“走出去”语言服务蓝皮书》发布；2016 年京交会共话“‘一带一路’与语言服务”以及人工智能、语音识别和机器翻译的未来发展趋势；中国翻译协会举办“跨境电商语言服务”主题讲座；北京师范大学组织调研中国电影在“一带一路”地区的传播与接受情况；“一带一路”语言服务国际学术研讨会在哈萨克斯坦举行；俄罗斯汉语相关专业报名火爆，前景光明；《新华字典》推出汉语与维吾尔语、哈萨克语版本……语言服务全面响应“一带一路”倡议，未来将在挑战与变革中迎来更大的发展。

一　语言科技进展

神坑爹！传说中神夏的中文梗竟然是用谷歌翻译的

（摘自：华西都市报，1月5日）

1月4日，万众期待的《神探夏洛克》特别篇在国内上映。在2个月前，神探夏洛克剧组发布一则神秘信息，称该剧在中国已经有超过9800万的忠实粉丝，为此剧组会专门在特别篇里面提供一个“中文线索”，他们保证：这个“线索”只有懂中文的人才能破解！

于是我们就这么期待了好久。结果万众瞩目的中文梗竟然是这样：“马蹄内翻足”，这是个什么鬼？有粉丝翻出了原著，发现原来的英文叫作：Club foot，来自福尔摩斯探案短篇集《莫氏家族的成人礼》。所谓的Club-foot应该是洗脚城之类的含义，那么为什么《神探夏洛克》里要把“洗脚城”翻译成“马蹄内翻足”？

看“马蹄内翻足”字面义颇有翻译软件的风采，于是大家好奇地用Google翻译试了一下，果然如此。

《汉字演变》软件用动画展现汉字发展过程

（摘自：光明日报，1月5日，作者：李苑）

在国家科技支撑计划项目“汉字构形演化数字化技术与系统”资助下，由北京航空航天大学、北京师范大学、北京天人同达软件科技有限公司联合研制的《汉字演变》软件日前在京推出。这是国内首部旨在准确展现汉字演变过程的动画软件。

《汉字演变》每辑包括50个汉字，每个字用约一分钟的微视频，动态再现汉字从殷商甲骨文到现代楷书的演变全过程，呈现出古今汉字之间的源流关系。该软件第一辑已经上线，可通过移动设备下载观看，未来还将陆续发布17辑，全辑共900个汉字。

据北京航空航天大学新媒体艺术与设计学院副教授王宁介绍，软件的设计初衷，是为解决这类对汉字构意臆测的问题。

全新珠穆朗玛字体免费开放

（摘自：新华社，1月6日，作者：程云杰）

由于长期以来只有苹果手机预装了藏文字体，不少藏族用户都是“果粉”。现在，他们只要下载由中国藏学研究中心耗时8年主持研发的珠穆朗玛系列藏文字体，就能让一款通用智能手机变得“个性化”。据主持字体开发的中国藏学研究中心研究员扎西次仁介绍，近日发行的珠穆朗玛系列藏文字体共有17种不同风格。除了民族音像出版社出版的字体光盘，中国藏学出版社还出版了该系列字体的字帖《珠穆朗玛系列藏文计算机字体》。

据介绍，与汉语字体研发不同，藏文字体研发的一个难点在于元音符号的跨字符显示，并且还涉及藏文特殊字符和梵文转写文的研发。为了实现藏文文字的轻松录入、显示和处理，扎西次仁在研发初期用了大量时间研究阿拉伯文、希伯来文、印度文字的开发。

百度机器翻译获国家科技进步奖

（摘自：科技日报，1月8日，作者：向阳）

1月8日，2015年度国家科学技术奖励大会在人民大会堂举行，百度机器翻译项目获颁国家科学技术进步奖二等奖，这是该奖项首次出现互联网巨头（BAT）的身影。百度机器翻译的突破性成果，使我国掌握了互联网机器翻译的核心技术，占领了技术制高点。

据了解，从2010年申报成为863计划支持项目，2014年顺利通过验收并荣获中国电子学会科技进步一等奖，到获得国家科技奖，百度机器翻译项目经历了6年漫长的攻关。百度承担了核心技术的研发以及技术成果的应用和产业化。

除了在学术领域取得丰硕的研究成果外，该项目成果已应用于国家多个重要部门以及百度翻译PC端和移动端产品中。此外，百度还通过免费开放API，支持了华为、金山、OPPO、敦煌网等上万家第三方翻译应用。

全球首个藏文搜索引擎“云藏”进入一期内测

（摘自：兰州日报，1月13日，作者：耿睿）

1月12日，记者从西北民族大学获悉，由该校合作研发的“云藏”藏文搜索引擎系统平台建设项目一期工程通过验收，进入内部测试阶段。

“云藏”搜索引擎是青海省少数民族事业“十二五”规划中藏文信息化建设的重要组成部分，于2013年4月启动系统平台项目建设，采用“高校、地方和企业”协同创新模式，其中由西北民大中国藏文典籍全文数字化研究所承担搜索引擎核心技术——藏文自动分词与语言分析系统的研发。经过两年的不懈努力，西北民大多拉教授带领的团队，攻坚克难，完成了搜索引擎核心技术。藏文自动分词准确率和性能获得突破性进展，已达到应用要求，实现了支持多种操作系统、分词速度快、准确率高等功能，与搜索引擎有效集成。为藏文信息安全、舆情监测以及数据分析方面提供可靠的参数和依据。

Skype 整合实时翻译：支持中文　限于 Windows 用户

（摘自：新浪科技，1月14日，作者：书聿）

1月14日上午消息，Skype今天宣布，该公司的Skype Translator翻译工具将直接整合到所有的Windows主应用中。这意味着Windows版Skype用户不必单独安装额外的应用即可直接翻译7种对话语言和50种消息语言。

该应用支持的7种对话语言分别是汉语、英语、法语、德语、意大利语、葡萄牙语和西班牙语。

事实上，独立提供Skype Translator很有道理：由于这项技术尚处于开发初期，因此在很多情况下的效果并不好。

由于Skype Translator采用了机器学习技术，因此使用频率越高，改进效果越好。现在，随着所有使用Windows 7、Windows 8和Windows 10的Skype用户都可以使用这项技术，它今后的效果应该会越来越好。

域名大佬们紧盯中文域名，该市场有望爆发吗?

（摘自：中国新闻，1月15日）

微软曾在IE7.0发布时宣布将支持中文国际域名，这开始让域名大佬们看到中文域名的未来市场潜力，一些稀有中文域名均炒至高价。一些知名企业的中文域名如今已被抢注，然而企业大咖们似乎还未察觉到这一情况。

域名投资大佬们之所以对中文域名感兴趣，那就是英文域名精品稀缺，目前传统域名如.com、.cn等优质资源减少，交易价格逐渐上升。门槛很高，价格昂贵。相比之下，中文域名将会迎来市场机遇。一方面，中国在国际经济地位逐步提升，成为全球经济的聚焦点。2014年12月，中国成为世界上最大的消费者市场，世界第一大贸易体。

另一方面，国内庞大的网民群体，已足以成为其发展最大的优势。中文域名时代的到来，更是表达国人对自身民族文化的认同感与归属感，同时推动国内互联网的发展与完善。

汉字对称码输入法问世

（摘自：汉字文化，1月20日）

近年，北京善庐汉字对称码应用技术开发有限公司成功研发了汉字对称码，并获国家发明专利和取得行业标准，其软件已由电子工业出版社正式出版发行。

对称码是根据汉字的特点研制的一种数字输入法，是对当前所用的拼音输入法、五笔字形输入法的一种补充，可以帮助人们轻松地解决当前汉字输入中的一些难字、生僻字的问题，对推动新闻出版建设，促进新闻出版业务的全流程数字化管理和控制，实现出版资源数字化的转变具有重要的意义。

中央电视台于2015年11月1日组织录制了该项目的宣传片。对称码输入法操作简单易学，便于普及，字库量大，收录汉字74854个，对信息化的建设，尤其是对我国古籍的学习、研究、出版，弘扬中华文化很有帮助。

机器翻译正融入中国人生活

（摘自：新华社，1月22日，作者：王健、程云杰）

机器翻译的设想提出70多年后，百度一个核心技术人员不足十人的团队研发的机器翻译项目于2016年初荣获中国国家科技进步二等奖。

南昌大学外国语学院老师周敏说："机器翻译给人们带来的便利有目共睹，但是机器缺乏人脑翻译的灵活度，对于翻译中不规则的变化很难处理。"

从事法律专业口译的邹婷芳说，"机器翻译对于有固定语境的格式化语言的翻译比较精准，但是机器翻译的应用范围还有其局限性，不能像人一样准确地判断语境。"

上海新东方学校英语老师姚莹有一丝担心。她认为，机器翻译让学生的学习有了一个捷径，但是并不一定能帮助学生更好地学习。

受访的翻译工作者们认为，机器翻译很难取代人工翻译，"人们还是希望能通过外语与不同国家的人进行直接的、深入的交流。"

机器翻译意义重大

（摘自：中国网，1月29日）

机器翻译在响应国家"一带一路"的战略构想上也有着非凡的意义。学者表示，虽然也许“一带一路”涉及俄罗斯、印度等国家超过六十个，人口逼近三四十亿，想要打造政治互信、经济融合、文化包容的利益共同体，语言不通将会造成很大障碍，而机器翻译却可发挥举足轻重的作用。“从国家战略角度看，机器翻译是必不可少的，从老百姓角度看，包括做生意、旅游等，机器翻译都是不可缺少的工具，它的社会、经济效益是不可低估的。”

在全球化发展的快速进程中，机器翻译技术正在逐步改变人们的工作和生活方式。在政府、学术界及产业界的共同努力下，机器翻译研究和产业化也取得了突破性进展，其所蕴含的巨大产业价值也将不断被发掘和释放，必将带来新一轮产业浪潮。

智能语音技术辅助安徽警方办案　听声断案锁定嫌疑人

（摘自：人民日报，2 月 3 日，作者：孙振）

2012 年 5 月，安徽省公安厅、公安部物证鉴定中心以及科大讯飞公司联合建立了“智能语音技术公安部重点实验室”，也是迄今为止全国公安系统唯一一家专业语音实验室。三年多来，实验室提供技术支持，让智能语音辅助侦查办案，其中的声纹鉴定技术，为百余起案件的定罪提供了直接证据。

智能语音技术公安部重点实验室副主任于振恩介绍，“现在实验室建有数据库，已有备案的犯罪嫌疑人的语音会被提取入库，涉及犯罪嫌疑人的相关录音资料，也会被放入数据库中进行识别比对。”下一步，通过技术方面不断地完善提高，智能语音技术会更贴近公安实践，扩大适用领域和范围。于振恩说，“实验室会为全国各地提供更多技术支持。”

谷歌翻译新增 13 种语言支持总数达 103 种

（摘自：环球网，2 月 18 日，作者：张阳）

谷歌翻译刚刚新增了对 13 种语言的支持，从而将这项服务的支持语种总数提升到了 103 个。新增语言包括了库尔德语、夏威夷语、萨摩亚语、苏格兰盖尔语、修纳语、科西嘉语、弗利然语、柯尔克孜语、阿姆哈拉语、信德语、帕施图语以及科萨语。Google 表示，其现已能够为超过 1.2 亿人提供服务，并且覆盖 99% 的网民。不过该公司还是希望有更多人加入其翻译社区，帮助翻译验证和作出其他贡献。

译云发布《2015 年译云语言服务大数据报告》

（摘自：零趣网络科技，2 月 25 日）

在全球化的背景下，无论是沟通还是阅读，人们对于外语的使用日趋频繁，不同语言信息之间的转化需求日趋旺盛。在“互联网+”被提升到国家战略的时代背景下，各传统行业将快速升级和更迭。语言翻译作为一个古老的行业，随着技术的成熟和商业化，经历从传统人工翻译向互联网智能翻译的转变。

近日，中国翻译研究中心与译云（YeeCloud）联合发布了《2015年译云语言服务大数据报告》，报告通过对译云TM、译库TM平台的数据解读，观察中国语言服务行业的发展和变化，不仅有2015年大数据解读用户、译者、工具使用现状，更有对2016年的15项预测分析，折射行业未来。

百度深度语音识别入选MIT2016十大突破技术　语音搜索会更可靠

（摘自：北京晨报，2月25日，作者：韩元佳）

凭借“喊一喊”语音拆福袋玩法，百度在刚刚过去的春节红包大战中完成了语音识别系统的“技术练兵”。如今，这项技术得到了美国权威杂志《麻省理工科技评论》的认可，入选2016年十大突破技术。这项由百度硅谷人工智能实验室（SVAIL）最新研发的技术，也成为唯一一家来自中国科技公司的科技成果。

《麻省理工科技评论》认为，百度在世界语音交互技术领域做出了突出贡献，将语音识别和自然语言理解相结合，为世界上最大的互联网市场创造切实可用的语音接口。百度所推出的深度语音识别系统将人们从传统的利用触摸屏输入汉字发出指令中解放出来，实现语音支配搜索。在便利年轻用户的同时，也帮助中老年人以及教育落后地区用户平等享受技术发展带来的红利。

Enter开启国际语言服务新篇章　杭州创客助力G20

（摘自：中国商业电讯搜狐号，2月26日）

近期，在线教育领域的新星——杭州补天网络有限公司旗下Enter国际语言服务（Enter. tm）正式开启。该公司相关负责人表示，Enter国际语言服务旨在助力2016年G20峰会，解决中外语言交流问题，进而促进G20峰会的顺利举行。

Enter语言服务在G20峰会上的使用也是语言服务走向国际的一大尝试。在未来，Enter还将为全球提供实时在线翻译、为国内外游客出国提供旅游路线双语推荐，不管是机场、还是动车站，抑或旅游景点、饭店、酒店等一切需要语言服务的地方，Enter都能为人们匹配到能够提供服务的专业口语达人。

人机大战演绎人工智能新飞跃

（摘自：新华社，3月7日，作者：李宓等）

给公众留下深刻印象的人机大战背后，是人工智能发展的一个个里程碑。

世界最大非营利人工智能研究机构——德国人工智能研究中心负责人登格尔说，遭遇几次寒冬后，人工智能在过去20年中慢慢复苏，最近几年更迎来重生后的鼎盛时期，正成为计算机科学研究的最前沿。

IBM中国研究院院长沈晓卫对新华社记者说，大数据时代的来临，让人工智能发展弥补了曾经缺失的关键一环，IT业从编程时代进入认知时代，计算机系统开始通过数据挖掘、图像识别以及自然语言处理等进行学习。

人工智能“热”起来，与互联网普及密切相关。无处不在的互联网让越来越多的人工智能应用渗透人们生活：问苹果公司的语音程序Siri三遍“谁是世界上最美的人”，它能乖巧回答“是你”；社交网站会用图像识别应用删除暴力色情图片视频；邮件智能回复系统可以针对邮件内容进行自动回复；婚恋网站会帮你智能匹配交友对象。

沈晓卫说，人工智能商业化潜力巨大，计算机认知的发展将超越IT业本身，形成跨行业、跨领域的创新机遇，催生新的生态系统和商业模式。美国康奈尔大学人工智能专家塞尔曼说，在人工智能的经济影响中，交通将占10%，无人驾驶汽车就是因人工智能而成为现实的一个创新产品实例。

全国科技名词委2015年发布5640条“科技新词”

（摘自：中国教育网，3月21日，作者：李澈）

日前，第七届全国科学技术名词审定委员会2016年度第一次常委会在京召开。会议宣布将创新审定工作方法，并在2016年建立创新实验室，引导社会资源进入名词审定工作，会议还提出努力推动规范科技名词在基础教育领域充分发挥作用。中国科学院院长、全国科技名词委主任白春礼出席会议并讲话，会议由教育部副部长、全国科技名词委副主任杜占元主持。

据悉，2015年，全国科技名词委正式公布名词2种共5640条，预公布名词11种共67586条，完成审定任务并正处于加工整理阶段9种共约5万条。

林建超：人机大战四特性值得关注

（摘自：搜狐体育，3月31日，作者：田宇）

3月30日，中国人工智能学会与中国围棋协会联合主办的“AlphaGo人机大战的解读与中国人工智能”研讨会，在北京航空航天大学召开。中国人民解放军总参谋部办公厅主任，中国围棋协会副主席林建超少将报告的题目是“从AlphaGo围棋人机大战看决策思维智能化面临的挑战与决策”。

林将军把这次围棋人机大战特点性质概括为四点。

1）突然性。这次围棋人机大战之前，谷歌方面事先采取了严格的保密措施，比赛是在信息严重失衡的情况下发生的。2015 年 11 月北京举行的第一届世界计算机围棋大赛上谷歌没有参加，获得冠军的机器对弈中国职业七段棋手被让 5 子完败。这一事件造成了整个业界的误判，普遍认为还需要 10～20 年计算机围棋才能与职业棋手对垒。

2）标志性。在计算机智力博弈发展的过程中，深蓝战胜国际象棋大使卡斯帕罗是一个标志性事件。国际象棋的变化量是 10 的 201 次方，围棋的变化量是 10 的 808 次方，完全不在一个数量级上。所以这次 AlphaGo 围棋战胜李世石作为标志性的事件载入人工智能的发展史，也载入围棋发展史。

3）理论性。这一次人机大战不仅是人工智能技术的展示，而且有支撑实战的理论突破。DeepMind 公司开展了深入的理论研究，之前已经在《自然》杂志上发表了通用人工智能的论文，AlphaGo 技术实际上是在这些理论基础上展开的，这次谷歌论文关于"深度学习神经网络树搜索"等理论是这次人机大战的核心看点。

4）非对称性。这次人机大战不是严格意义内国际规则的比赛，而更是谷歌内部的测试。李世石所面对的机器本身就是分布式结构，不是单机版，它的智力支撑是巨大的。

《格萨尔》说唱有望实现语音自动识别

（摘自：西藏日报，4 月 4 日，作者：廖云路）

由西藏大学与北京大学联合承担的 2015 年国家重大项目"《格萨尔》说唱语音的自动识别与格萨尔学的创新发展"项目，日前在拉萨举行项目启动、专家咨询会。该项目用现代技术来保护和创新发展格萨尔，有望用 5 年时间完成结项。

此次国家重大项目以格萨尔研究为基础，通过情报学、信息技术学等跨学科的研究方法，与格萨尔学相结合，对《格萨尔》说唱语音的自动识别做学术研究。研究基于海量信息的计量分析、基于语言处理的信息储存和检索、用户导向的信息服务为基础，设计出问题导向，通过基于情报学与格萨尔学相结合的方法，挖掘抢救格萨尔学的文化价值、艺术价值和遗产价值。

据介绍，近年来我区高校通过对口支援的模式，在长期扎根西藏研究的科研团队基础上结合国内外高校专家的带动，在科研领域取得了丰硕成果。此次将计算机语言自动识别系统与《格萨尔》说唱研究相结合，对格萨尔抢救是一次历史性的突破，也为《格萨尔》说唱研究开拓了一个新的方向。

首款蒙古语语音识别合成系统问世

（摘自：科技日报，4 月 16 日，作者：胡左）

内蒙古大学 14 日披露，内蒙古蒙古文信息处理技术重点实验室自主研制出首款蒙古语语音识别和语音合成系统。使我国蒙古文信息处理水平又迈上一个新台阶，对蒙古文信息处理发展具有重要意义。

蒙古语语音识别系统使计算机能听懂蒙古语，能将语音转换成对应的蒙古文文字；蒙古语语音合成系统可使蒙古文文本文字信息转化成蒙古语语音。据介绍，蒙古语语音识别系统采用了国际主流的深度学习技术，实现了蒙古语大词汇量连续语音识别功能，识别正确率达到 90% 以上；蒙古语语音合成系统采用业界领先的技术，流畅度、自然度、可懂度等都达到较高水平。目前，这两个系统都开发了对应的云服务接口，开发者可以利用提供的接口将蒙古语语音识别和语音合成功能嵌入到其他应用中。

此前，蒙古文信息处理技术重点实验室已经开发出蒙古文信息检索系统、蒙古文印刷体识别系统、蒙古文古籍检索系统、新蒙汉翻译系统等。还开发了蒙古文整词输入法、面向手机的以蒙古文为主的多语种电子词典、蒙古文操作系统、蒙古文 office 等基础软件。

《新华字典》获吉尼斯纪录　将加注网络语推出手机版

（摘自：海南日报，4 月 18 日，作者：京华）

《新华字典》，这本中国人最为广泛使用的语言工具书，近日，因其以 5.67 亿本的发行量获得世界“最受欢迎的字典”和“最畅销的书（定期修订）”两项吉尼斯世界纪录的消息，再次引起媒体的广泛关注。从 1953 年第一版编纂完成至今，《新华字典》已历经 11 次修订，走过了 60 余年的历程。尽管这部迄今为止最有影响的工具书已登顶世界最畅销书的宝座，但它仍在紧紧跟随时代的脚步，每 5 ~7 年修订一次。记者从商务印书馆获悉，目前，《新华字典》第 12 次修订正在进行中，将结合时代发展加注常用网络用语，同时手机版《新华字典》也正在研发中。

据了解，作为出版界的老字号，创始于 1897 年的商务印书馆百年前就开启了对国民教育的“启蒙运动”和辞书的编纂工作。1908 年，商务印书馆开始编纂《辞源》；1912 年，历经艰辛出版了《新词典》，让字典走进寻常百姓家。其后，商务印书馆又开始从事教材出版。新中国成立后，根据出版社业务划分，辞书编纂传统被继承下来，并相继有《新华字典》《现代汉语词典》等经典工具书问世。

在互联网迅速发展的当今，《新华字典》也正在设计和研发手机版本，将来读者可以通过下载 App 的方式，更方便地使用《新华字典》。手机版本有望提供读音、偏旁注释等功能，与纸质《新华字典》形成互补。

为让 AI 说“人话”谷歌让它疯读近 3000 本爱情小说

（摘自：环球网，5 月 6 日，作者：程君秋）

据美国科技网站 The Verge 5 月 5 日报道，Google 为了改变人工智能（Artificial Intelligence，AI）系统与人类对话时太过制式化、不带情绪的表达方式，让旗下 AI 引擎大量阅读爱情小说，数量已达 2865 本。希望借这个计划以及未来其他的计划项目让人工智能引擎更健谈，或是能够展现更多元的语调或是风格。

而让人工智能引擎学会更人性化的说话方式后，Google 还打算将这样的人工智能对话风格套用到 Google Apps 中，例如 Inbox 的智能回复功能。

记录人类大脑首个“语义图谱”诞生

（摘自：长江商报，5 月 9 日，作者：纪文君）

加州大学伯克利分校的杰克·盖兰特和他的团队在《自然》杂志上发表论文，宣布首次通过记录人类对语言刺激的反应绘制出了大脑的“语义图谱”，虽然目前为止这个图谱只收录了一万多个英文单词，但是对于我们人类对复杂大脑的研究已经迈出了新的一步。

为了描绘这张图，研究者给 7 名志愿者听故事，并通过功能性磁共振成像检测大脑对其中某个词句的反应，最终绘制出多达 10470 个词语的语义图谱。研究者将这一万多个单词大致分成了视觉、社交、时间、数字等 12 个语义类别，用不同的颜色进行标记。从色块的分布可以明显看出，特定的脑区只对某些特定的语义类型做出反应，而那些语义相近的词语都存在于大脑相邻近的区域。

EEG 智能头盔：聋哑人可通过意念跟你聊天

（摘自：中文业界资讯站，5 月 13 日）

近日，为了帮助那些沟通有障碍的人重新获得说话的能力，位于美国加利福尼亚州的 Smartstones 公司开发了一款名为 EEG 的智能头盔，它能读取使用者的脑电波，并且通过辅助 App 将脑电波转换成声音或者文字。据了解，除了读取脑电波之外，这款智能头盔还能够识别使用者的肢体动作，并通过 App 进行语音翻译。举个例子，用手向上滑代表“我要”，画圆圈代表“水”。

值得一提的是，使用者还可以通过 App 对特定的手势进行自定义。这意味着用户可以用不同的肢体语言表达相同的意思，大大提升了沟通的便捷程度。

新输入法助河南加快识字教学信息化

（摘自：中国青年报，5 月 16 日）

5 月 11 ~ 13 日，由河南省基础教研室和郑州航空工业管理学院文字信息化研究所联合承办的河南省小学生“汉之星”输入法输入速度大赛在三门峡市举行，来自河南省各省辖市、直管县的近 200 名小学生参加了比赛。

“汉之星”输入法是首款通过国家标准评测的汉字输入系统，是可以进入教育系统用于识字教学的一款新型输入法。“汉之星”输入法提出的“从形出发、以形为主、形音结合”的输入方法，使小学语文的识字教学跟信息技术的整合成为一种可能。

语言不通也能放心出国啦　Pilot 翻译耳机问世

（摘自：腾讯网，5 月 18 日，作者：Eskimo）

当身处陌生的国家时，我们可能都会学几句简单的当地语言，但有很大概率是当地人可能根本听不懂你在说什么。而现在，一副名叫 Pilot 的耳机就打算去解决我们在异国他乡和他人的沟通问题。

Pilot 是 Waverly Labs 所研发的一款产品，可让两个语言不通的人听懂彼此所说的话。它由两只无线耳塞所组成，双方在交流时可以分别将其塞进耳朵，随后它便可以对他们所说的话进行实时翻译。

微软小冰写 2016 高考作文：结果不忍直视

（摘自：环球网，6 月 10 日）

2016 高考作文题目曝光之后再次引起网民热议，网上各种段子层出不穷。相比段子手的插科打诨，搜狐教育则另辟蹊径想了一个新招：邀请中国人民大学教授张鸣、80 后作家安意如、专栏作家潘采夫、诗人廖伟棠等 10 位名家和人工智能来模拟高考。其中，人工智能就是来自大名鼎鼎的微软小冰，而这也是人工智能首次尝试中国高考作文写作。

在这次模拟中，微软小冰写了两篇作文，分别是全国甲卷作文《进步和退步》和北京卷作文《神奇的书签》。不过，微软小冰的表现，远远不及 AlphaGo 和李世石对战围棋时那样犀利，字数不够、逻辑混乱……有点像小学生，人工智能写高考作文还有很长的路要走。

《汉字简繁文本智能转换系统》（第二期）通过鉴定

（摘自：教育部语信司网，6 月 27 日）

6 月 24 日，《汉字简繁文本智能转换系统》（第二期）在京通过专家鉴定。该项目二期的研究目标是在一期基础上，进一步完善面向台湾和面向古籍的简繁转换系统，并增加面向香港的简繁转换系统和粤方言到普通话的机器翻译系统。

专家组认为，面向古籍的汉字简繁文本转换系统，经第三方测试字级别转换准确率为 99.122%，转换准确率有较大提升；面向台湾的转换系统，字级别转换准确率和词汇转换准确率有进一步提升；面向香港的转换系统，字级别转换性能达到了面向台湾的转换系统的水平。此外，项目组建立的 23 亿字的繁体语料库，为古籍整理数字化和语言文字学相关研究提供了良好基础；研发的粤方言到普通话的机器翻译系统性能良好。

聊天机器人或取代形形色色的应用程序

（摘自：科技日报，6 月 27 日，作者：马继华）

6 月 23 日，微软收购消息和聊天机器人初创公司 Wand Labs，从而进一步深入聊天机器人业务，加速人机的智能交互。

随着时代的演进，研发者将大量流行语加入聊天机器人之中，使其与时俱进。当用户发送的词组和语句被词库成功识别之后，程序就会通过算法将预先设定好的答案回馈给用户。通常来说，词语使用的丰富程度以及回复速度是决定聊天机器人能否得到大众青睐的重要因素。

全球首个社交机器人 Jibo 既要练好汉语还要学会中式思维

（摘自：北京晚报，7 月 3 日，作者：卢文）

全球首个社交机器人 Jibo 未来的"成长"，包含了如何理解人类的行为、如何像人一样对沟通和问题作出反应、如何学习新的能力、如何通过行为与人类形成情感关系。Jibo 要想顺利进入中国家庭，不光要先学好汉语，还要学会中式思维方式。Jibo 在美国正式发售之后，各种本地化版 Jibo 将会陆续"降生"到很多国家和地区。

Facebook 推新功能　支持多语言发帖/母语呈现

（摘自：天极网，7 月 5 日，作者：August）

继苹果推出多语言 iPhone 键盘、谷歌为移动搜索界面新增“英语/印度语互换”标签以及将好友消息优先显示于动态消息（News Feeds）列表后，社交网络 Facebook 也宣布，将允许用户在发布内容时使用多种语言。

据悉，Facebook 目前拥有 10.9 亿日活跃用户，以及支持 45 种语言。也就是说，当你采用常用语言编写帖子完成后，可以在帖子旁的下拉菜单选择 45 种语言中自己想要的那一种语言，随后 Facebook 会根据你所选的语言自动填充帖子的译文，而你的信息会自动以用户通常使用的语言呈现给每一位用户。Facebook 是根据用户的位置、语言偏好和最常使用的发帖语言来判定用户的母语，进而给他们显示多语言帖子。

乌鲁木齐将建中英俄三种语言医疗旅游推介平台

（摘自：新华网，7 月 7 日）

乌鲁木齐地区今年年内将建成医疗旅游推介平台，通过中英俄三种语言的网站平台，向周边国家推广和提供新疆的优势医疗服务。相关负责人表示，医疗旅游推介平台主要面向周边国家和新疆内外地区的患者及游客，建设一个中英俄三种语言的网站平台，集中展示乌鲁木齐区域内优势医疗卫生资源，并通过各种媒介推广形式向周边国家和地区推广介绍，让有需求的周边国家患者通过网站了解平台上各医疗机构的优势医疗旅游资源和服务。

该平台还将在线下成立专门的医疗旅游服务机构，通过完成对患者电话、邮件咨询，组团、入境后接待服务、各医疗机构开辟绿色就诊通道、专业翻译陪同就诊、康复送回国等一系列闭环式服务，不断提升医疗服务中心在周边国家患者间的口碑，吸引更多患者前来就诊，并以此为突破口带动旅游等其他服务行业发展。

“世界语言地图”有新伙伴　“全球说”用语言连接世界

（摘自：中国财经网，7 月 9 日）

联合国教科文组织与中国在线教育公司“全球说”就“世界语言地图”项目达成 4 年的联合伙伴关系，项目启动仪式在北京举行。“世界语言地图”项目是一个以加强世界语言多样性，尤其是促进多语言在互联网上发展为目标的全球性项目。该项目从建设全球性语言平台、提高语言保护技术与能力、建立语言保护意识三个方面展开。

作为免费语言教育的创新者、多语言保护与传承的推动者，“全球说”这一在线教育公司目前免费为用户提供60种语言学习平台，后续将陆续完成140余种语言课程，覆盖全世界所有国家的官方语言。这些课程由来自全球的300多位母语编辑共同协作编写和录制，最大化地保证了语言的地道和实用性。他们独创了“ICOC自然母语学习法”，结合图片、声音、情景等元素为用户打造纯母语的“沉浸式”学习环境，帮助用户在200个学时的训练后，学会一门外语。为了让学习更轻松有趣，该平台还加载了社交功能，用户可以添加学习相同语言的用户为“语伴”，互相交流共同学习。

谷歌女性多样化emoji表情获统一码协会批准

（摘自：cnBeta.com，7月17日）

据外媒报道，今年5月，谷歌制作了13个不同职业的女性emoji表情，日前，其中11个已经得到了统一码协会（Unicode Consortium）的批准。而未得到批准的2个职业则是组装人员和牙医。除了这11个emoji表情之外，现有的33个emoji职业表情都有了男女版本，像私家侦探、举重运动员。

全球首个即时视频翻译App“TourTalk译游”上市

（摘自：和讯网，7月21日）

针对出境游中的语言沟通难题，上海诠译信息科技有限公司正式对外推出全球首套即时视频翻译App：TourTalk译游，通过互联网共享经济模式和技术，让生活在旅游目的地的翻译官为出境游客进行即时翻译，让出境游不再因为语言问题而困扰。

目前，译游平台提供7天×12小时的服务，服务时间为早上9点到晚上9点，支持中、日、韩、英、泰语言系统，由1000位中日，中韩，中英，中泰翻译官提供服务。商家只需要计算机、平板或者手机，就可以获取语言翻译的实时服务。

中国民族语文翻译局成功研发七个语种民汉智能双向翻译系统

（摘自：国家民委网，7月22日）

目前，中国民族语文翻译局成功研发完成七个语种民汉智能双向翻译系统，填补了民汉智能翻译领域的空白，得到社会各界的热烈反响和一致好评。

七个语种民汉智能双向翻译系统的研发完成，进一步保障了少数民族同胞学习使用本民族语言文字的权利，有助于促进各民族的交往交流交融，推动实现各民族之间语言相通、感情相通和心灵相通的目标，截至目前，访问量超过 190 万人次。其间，翻译局收到数以百计的用户反馈，他们分别来自北京、内蒙古、四川、西藏、新疆等多个省区市的政府机构、新闻出版单位的民族语文翻译工作者，以及民族地区少数民族群众的来电、来信，纷纷对多语种智能双向翻译系统给予充分肯定，围绕使用过程中遇到的专业技术问题进行咨询，并对该系统未来的发展方向提出了意见和建议。

重庆 70 岁老教授历时 30 多年　编制出“汉字 +”输入法

（摘自：成都商报，8 月 19 日，作者：韩利）

8 月 18 日，由重庆大学刘鸿健研制的现代汉字快捷编码系统 +《千字表》新闻发布会在成都举行，该系统可以使拼音输入法 70% 的输入效率提高到 90% 以上。

刘鸿健教授用了 30 多年的时间坚持不懈研究中文快捷运用及输入系统领域，终于编制出汉字 +《千字表》编码系统。该系统一旦全面推行将改变目前中文输入法烦琐选字等低效率现状，可以大幅提高汉字输入的效率，节约大量时间并逐步建立一套完整全新的汉字运用系统，该系统还可以广泛应用于军事、通信和互联网等领域。

首个藏文搜索引擎上线

（摘自：人民日报，8 月 25 日，作者：何聪）

青海省海南藏族自治州近日举行“云藏藏文搜索引擎开通仪式”，标志全球首个藏文搜索引擎正式运行。“云藏”是藏文音译词，有两层含义，其一为“上师”或“老师”，意为有求必应、有问必答；二是将其分为单字，有“全面抓取、提取”之意。“云藏”搜索引擎在满足全球藏文网民个性化检索需求的同时，还将推进藏文信息处理研究成果的技术转化和应用，使藏文信息全方位融入互联网世界。“云藏”搜索引擎在长达一年多的上线测试中，验证了系统的可靠性、稳定性和实际应用效果，结果表明“云藏”搜索功能齐全、检索速度快、查全率和查准率达到 95% 以上。该搜索引擎域名为 www. yongzin. com。

百度大脑可以让人人都能拥有自己的声音模型

（摘自：中国新闻网，9 月 1 日）

9 月 1 日，在一年一度的百度世界大会上，百度创始人、董事长兼 CEO 李彦宏发表主题演讲，向外界首次系统揭秘了百度大脑。他表示，目前百度大脑具备四个最核心也是最强大的能力：语音、图像、自然语言处理以及用户画像。

语音识别技术可以实时识别对话内容进行分析和匹配，抓取沟通关键点，对接金牌销售所沉淀下来的知识体系，及时调整策略，推荐优质话术，成功赢得潜在商机。除了语音识别之外，语音合成是百度大脑的另一项语音能力。基于大数据与深度学习技术优势，百度所研发的新型情感语音合成系统能够让机器摆脱平铺直叙的发声，为用户带来更自然、更具情感表现力、更接近真人朗读的听觉体验。

湖南益阳——退休教师发明新的汉字编码法

（摘自：央广网，9月9日，作者：邓文辉、刘丰、周丹）

历经2年6个月的等待，近日，湖南益阳高级技校退休教师汤仁和拿到了属于他的发明专利证书。这个专利是一种新的汉字编码方法。汤仁和以国务院2013年公布的《通用规范汉字表》里8105个汉字为研究对象，依据汉字为象形文字的特点，将汉字拆分为300多个字根，并依据它们的形状和特点归整为26类，再根据26个英文字母的不同书写形状分配在26个键位上。这种汉字输入法以形码为主，音码作填充码，弥补了以往所有形码方案难学难记、拆码烦琐的缺陷。它和手写一样简单，但比手写更快捷，每分钟预计可以输入300字以上。它的推广，不仅可以改良目前汉字失写的社会风气，对编写字帖和字典探索出了一套先进快捷的方法，甚至可能掀起中国汉字文化的一次改革。

赢了围棋后，谷歌旗下的DeepMind要像人类一样说话

（摘自：澎湃新闻网，9月11日，作者：王心馨）

谷歌旗下的人工智能公司DeepMind又取得突破，继AlphaGo赢了人类棋手后，他们又研制出了能够生成模仿人类语音的系统，该系统让机器说话与人类说话之间的差距缩小了50%。DeepMind将这个系统命名为WaveNet。WaveNet直接对原始声音信号的声浪建模，每次对一个样本进行建模。和生成更加自然的语音一样，使用原始的声波意味着WaveNet能对任何音频建模。研究人员首先通过把文本转化成一个语言与声学特征序列（这个序列包含了当下的声音、字母、词汇等），然后把这一序列喂到WaveNet中，从而能让模型了解到自己要说什么。

敦煌研究院联手微软研发莫高窟“智能讲解员”

（摘自：中国新闻网，9 月 14 日，作者：冯志军）

今年中秋节小长假，由微软与敦煌研究院合作开发而成的莫高窟“智能讲解员”将与观众见面。这款嵌入手机微信中的智能对话系统，将在与民众“互动”言谈之间，准确回答有关敦煌文化、历史、旅游、学术研究等方面的话题。敦煌研究院表示，这一业界领先的科技，让小冰在快速学习了互联网上千篇敦煌文化相关的文章和上千页的敦煌专著《敦煌学大辞典》后，已经摇身一变为 24 小时在线的敦煌专家。最新数据显示，微软小冰每年至少可以帮助 200 万人了解古老且神秘的莫高窟佛教艺术。

智能庭审语音识别系统成法庭“神器”

（摘自：科技日报，9 月 22 日，作者：宦建新）

日前，浙江省高级人民法院一起刑事案件开庭现场，现场人员都见证了一款“审判神器”的应用：显示屏里同步显示着庭审中法官和诉讼参与人说的每一句话，几乎没有迟延，且不时进行自动纠错——书记员并没有操作电脑键盘。浙江高院智能庭审语音识别系统其实是一款软件，通过话筒，可以把语音瞬间变成文字。系统操作也很简单，只要点击即实现“一键开启”，还提供开庭、休庭、复庭、闭庭等操作。

与一般的语音识别场景不一样，浙江法院庭审智能语音识别系统更多应用在多人会话的场景中。据了解，该系统以云化的方式在浙江省集中部署，各法院按需随时接入使用，系统根据各地忙闲程度动态调度，IT 资源利用率比传统本地化部署至少节省 30% 以上。除庭审外，该软件还适用于调解、合议、听证、审判委员会讨论、文书校对等场景。

藏文信息技术词汇国家标准正式发布

（摘自：中国西藏网，9 月 23 日，作者：黄晓敏）

近日，中华人民共和国国家标准的《信息技术藏文词汇》由中国标准出版社正式出版发行。这是我国第一个少数民族文字的信息技术词汇国家标准，标志着历时 10 年、由中国藏学研究中心申报立项并承担标准编制报批的藏文信息技术词汇国家标准已经圆满完成。

《信息技术藏文词汇》标准依据国标 GB/T 5271《信息技术词汇》的 30 个分部分给出了对应的藏文术语词汇，以汉藏英对照的形式规定了与信息技术各领域相关概念的藏文术语及其定义，共收录6000 多个词条，是我国第一部全面涉及信息技术词汇的藏文标准。该标准是藏研中心完成的又一项重大科研工作，也是藏研中心发挥国家涉藏智库作用的重要体现，将为藏文信息技术的发展和藏族地区信息化的建设起到推动作用。

语言智能让未来教育变得更“聪明”

（摘自：中国教育报，9 月 23 日，作者：柯进）

目前，由首都师范大学国家语委语言智能研究中心开发的智能教育机器人，可望将传统课堂变成智能机器人辅助互动课堂，成为中小学生的学习小伙伴。这款智能教育机器人应用了人工智能相关理论与关键技术，基于深度学习与神经网络算法，融合声音、图像、视觉、动作等多种感知技术，能有效支撑教育知识体系的表达、交互与可视化，辅助开展个性化教学，提高学习趣味性。

搜狗输入法中秋大数据：语音输入成问候新姿势

（摘自：齐鲁晚报，9 月 23 日）

中秋期间，你选择了何种方式问候亲朋？电话、短信、视频还是语音？据搜狗输入法大数据显示，中秋当天，语音输入的请求次数超过 1. 8 亿次，语音输入已经逐渐成为主流输入方式，在使用语音输入的人群中，80 后、90 后、00 后占较大比重。60 后、70 后的中年爸妈们基本还是选择直接发送语音或者文字，爷爷奶奶辈的 40 后、50 后则依旧保持着见面、电话问候这种最古老却最温情的形式。数据显示，使用语音输入的语音长度一般在 5s 以上，识别文字在几十字到几百字之间，而文字输入则较为简短。从输入场景来看，用户在户外、开车、走路的时候更倾向于选择语音输入的方式。可以看出，选择语音输入方式的用户主要是看重语音输入高效和便捷的特点。

重庆 480 路旅游巴士亮相　设置 5 种语言播放“导游”

（摘自：渝中报，9 月 28 日，作者：杜开舟）

28 日，重庆旅游观光巴士 480 路推介会举行。全新的旅游观光巴士亮相，车内配行李架，座位有 USB 接口，每个座位还配置了语音播放器，可播中、英、日、韩、德 5 种语言，旅客可自主选择播放方式，听取沿线景点介绍。

识方言堪比速记　语音手机输入法红遍网络

（摘自：新民网，10 月 25 日，作者：易蓉）

可以跟得上很快的语速并实时转化为文字，准确率高达 97%；除了普通话还能识别上海话、东北话、四川话、客家话等 19 种方言……最近，讯飞输入法红遍了朋友圈，高识别率和准确率可以让手机成为身边的专业“速记员”。而实际上，这款新晋的“网红”输入法已经进入市场几年，输入法仅仅是语音识别技术的一种应用。而目前，语音识别技术已发展多年，除了手机输入法外还在智能家居、智能机器人等方面实现产业化。

“机器人娇娇上海话老灵额”　重拾方言魅力

（摘自：人民网上海频道，10 月 30 日）

金秋时节，2016 年“上海话　上海情”演绎交流汇在上海群众艺术馆的指导下，由长宁区文化局、上海市民俗文化学会联合主办，长宁图书馆、长宁民俗文化中心、上海代代传承文化传媒有限公司共同承办。以倡导更多的年轻人学习和说上海话，保护和培养上海话的使用环境。今年的演绎交流汇更是亮点颇多，众多专家、学者、演绎家齐聚一堂，共同探讨和推动上海话的发展。上海著名民俗学家仲富兰、上海著名语言学家钱乃荣、“滑稽王小毛”创始人葛明铭、上海滑稽戏新生代领军人物钱程、沪剧“五朵金花”之一陈甦萍、《阿富根》主持人叶进等受邀出席。值得关注的是，为了持续营造上海话环境，让上海话真正运用到生活中，体现独特地方语言的使用价值，长宁民俗文化中心还将在本次交流汇后开辟“沪语小站”，旨在持续帮助在沪群体学习上海话。

语言智能教育机器人“薄言豆豆”在京首发

（摘自：北京晚报网，11 月 2 日，作者：刘荣梅、傅星纳）

由北京语言智能协同研究院、薄言信息技术有限公司共同研发的陪伴教育机器人“薄言豆豆”在北京举行产品发布会，正式将智能机器人“薄言豆豆”应用于儿童的陪伴和教育领域。诗虎跃营销董事长韩虎先生对陪伴教育机器人作出了高度评价：“‘薄言豆豆’不仅仅是一个机器人，更是一个平台，它给孩子提供了一个教育公平的平台。”据悉，薄言信息技术有限公司专注于下一代人工智能技术的研发，通过将现代信息论和深度神经网络结合，建立了技术领先，功能独特的自然语言交互平台——薄言超脑，并成功应用于知识挖掘、自动问答、语义理解、语句生成、人机对话等领域。

全球首款中文版增强型近地警告系统获 FAA 批准

（摘自：民航资源网，11 月 2 日，作者：霍尼韦尔航空航天集团）

霍尼韦尔增强型近地警告系统的中文普通话版本获得美国联邦航空管理局的批准。中文版系统将提高以中文为母语的飞行员对语音警告的识别度，帮助直升机飞行员提升飞行安全，在关键时刻拯救生命。2016 年 5 月，国务院出台了《关于促进通用航空业发展的指导意见》，提出到 2020 年建成 500 个以上通用机场，通用航空器达到 5000 架以上。在获批使用中文普通话版 EGPWS 系统后，霍尼韦尔将以此为契机，帮助中国直升机飞行员提升飞行安全和效率，推动中国通用航空业的稳步发展。

西藏大学发布首款全能藏语输入软件

（摘自：拉萨晚报，11 月 4 日，作者：索朗德吉）

西藏大学 3 日在拉萨发布首款集语音、手写、拼写三位一体的藏文输入软件。该软件为首款基于蜂巢输入模型的全能藏语输入软件，填补了藏语信息技术研究领域的又一项空白。据了解，该软件依智能云平台，集语音、手写、拼写三位一体，集成了藏语语音识别技术和藏语手写识别技术成果，为用户提供了便捷的操作及高准确率。在发布会上，西藏大学学生顿珠演示了藏语及手写草体的藏文输入，通过该软件的识别，精准快速地输出了标准藏文，准确率高达 97%。

讯飞输入法成“新晋网红”用户数已破 4 亿

（摘自：经济网，11 月 4 日，作者：孙冰）

科大讯飞于近日宣布，旗下讯飞输入法的用户数已突破 4 亿，活跃用户达到 1.1 亿，居世界中文输入法第二位。通过长期的语音数据积累，讯飞输入法获得了海量的语音数据；在语音核心算法上、在识别效果上继续突破；基于云端计算的体系，保证识别效果可持续迭代改善。随着使用时间的积累，对用户习惯的学习和个人语音词库的积累，能够让输入法的识别效果愈加精准。现在，讯飞输入法语音识别准确率高达 97%，文字输入法速度高达 1 分钟 400 字。科大讯飞市场部市场经理林波透露，在即将于 11 月 23 日举行的科大讯飞年度发布会上，科大讯飞将围绕“人工智能 + 共创新世界”主题，介绍人工智能产业生态布局，展示人工智能及讯飞超脑最新技术应用，以及讯飞人工智能开放平台的优秀伙伴展示。

搜狗语音实时翻译亮相互联网大会

（摘自：中国网，11 月 17 日）

11 月 17 日，第三届世界互联网大会在乌镇举行，搜狗 CEO 王小川在会议现场首秀搜狗“黑科技”——机器同传，展示了实时机器翻译技术，将演讲嘉宾的中文讲话实时语音识别并同步翻译为英文上屏显示，吸引了不少与会人士的目光。

这是全球首次基于神经网络的实时机器翻译技术在大型活动上的展示，准确率已接近人类同传翻译结果。基于这项技术，演讲现场屏幕上除了语音识别实时显示的中文内容外，还有机器同步翻译的英文内容，实时生成了演讲内容的双语滚动字幕。机器还能随着语句的逐渐完整，根据语义自动修改调整之前识别的内容，引起全场嘉宾、媒体的关注。

Google 翻译技术投入应用　更多语言直接互译

（摘自：天极网，11 月 26 日）

虽然在使用的时候不会看到运作原理，不过一直以来，Google 翻译都是视不同语言搭配而有不同翻译方式，最近他们使用的新方式，则可以减少麻烦，提升质量。在传统的翻译运算之中，每当加入一个新的语言配对，到需要重新制作新的翻译系统，如果遇到未有配对的语言，则可能需要多次的翻译，令质量下降不少。这次加入的 Zero－Shot 技术，是透过中央的神经机器翻译系统，当完成 A 语言到 B 语言的翻译训练之后，A 语言到其他语言的翻译就不需要再经过任何学习，自动把学习效果直接套用到任何其他已经学习的语言上。

“译见”跨语言大数据实现“知己知彼”　助力国家传播战略

（摘自：天下金融网，11 月 29 日）

根据中国外文局对外传播研究中心的国际舆论调研专业数据得出结论，虽然国内媒体对海外传播报道数量增长很快，但从效果来看，西方主流媒体仍然主导着国际舆论的话语权，全球受众看到的中国形象仍然以西方媒体建构的中国国家形象为主。自 5 月份获得 B 轮融资后，中译语通加快了整体布局的节奏，在 7 月 30 日，推出全球首款跨语言大数据平台“译见”后，又相继与广东外语外贸大学及澳门理工学院建立“中葡英机器翻译联合实验室”；在云栖大会上与阿里云签署战略合作协议，在机器翻译、大数据和人工智能等方面达成合作。此前，译见平台数据已实现覆盖 65 种语言，100

余个主要国家和地区，包含各时间段的有关人、事、物的全量数据，能够解决国家传播战略制定过程中“知彼”的关键点。

中华字库完成3000个生僻汉字编码

（摘自：中国日报，11月29日，作者：邢奕）

据《中国日报》报道，在由国家资助的最大编码项目“中华字库”的推动下，许多此前无法在电子格式中实现的汉字编码已于10月完成，约3000个生僻字根据全国标准实现了编码。它们既可以在中国使用，也可以在支持汉字软件的东亚地区使用。

新闻出版总署官员表示，“中华字库”项目于2011年推出，旨在未来几年中为30万个汉字、10万个少数民族文字以及10万多个如甲骨文等不常见的古代书写文字编码。

我国传统蒙古文印刷体文字识别软件研究取得重大进展

（摘自：新华网，11月30日，作者：石毅、白玲迪）

据悉，我国传统蒙古文印刷体文字识别软件（OCR）研究取得重大进展。

据研发者乌日力嘎博士介绍，这款蒙古文高精度自动识别软件的研发参考了国内外大量学术文献，并使用深度学习和语言模型等高新技术。其优势是既能识别扫描图片，又能识别拍照的图片，并且将打字和校对的功能融为一体。目前该软件对蒙古文白体的识别率已达到99%以上，对铅印版的识别率也达到95%以上。

汉语作文智能评测系统发布

（摘自：光明日报，12月12日：杜冰）

中国语言智能研究中心11日发布中文作文智能评测系统及汉语写作教学综合智能训练系统。中文作文智能评测系统根据学习者的不同类型分为三大块。其互助式平台将方便学习者之间、师生之间协同教学，提高作文教学效率。汉语写作教学综合智能训练系统，支持最新的写作教学最佳实践，可有效提升学生个性写作能力。

让机器“说”中文面临哪些新挑战

（摘自：光明日报，12月25日，作者：詹媛）

12月23～24日，中文信息学会在京举行第八次全国会员代表大会暨学会成立35

周年学术会议，专家们解读了让机器“说”中文的研究进展。让智能机器“说”中文，最大的难点是什么？中国中文信息学会理事长、哈尔滨工业大学教授李生说：“中文处理与英文有诸多差异，但是其最核心的区别在于中文重义合，英文重形合。”这使得中文表达相比英文缺少明显的表层语法特征，例如词与词之间的空格，人名等单词的首字母大写等，这种差异导致机器处理许多语法层面的任务时，中文比英文要更困难一些。

有道翻译官获金i奖2016年度最佳翻译App

（摘自：财经控搜狐号，12月30日）

有道翻译官一直秉持着用技术提升产品用户体验，仅在2016年，有道翻译官就获得了7次App Store的推荐；产品方面，陆续推出了语音翻译、表情翻译等多项重磅功能。据了解，有道翻译官是网易有道推出的一款支持离线外语翻译的应用，能够为用户提供包括语音翻译、拍照翻译、文本翻译、表情翻译等多种功能，业已成为用户出境、学习情境下的必备App。

科学家期待在机器翻译领域实现突破

（摘自：参考信息网，12月30日）

不必学外语？科学家期待通过引入神经网络，在机器翻译领域实现真正的突破。它的主要特点是能够自学。谷歌在2016年底已经开始将神经网络用于翻译，这使文本翻译的错误减少了60%。很快发现，人工智能竟能创造自己的语言。在教“机器翻译”把日语翻译成英语，把韩语翻译成英语的过程中，突然发现它能直接把日语翻译成韩语，尽管并没有人教。研究表明，神经网络可以自己创造翻译算法，不需要中间语言的过渡。这将帮助消除全世界的语言障碍。人们将不必再花几十年去学习外语。新工具将确保在全世界任何语言之间同步翻译。

二　特殊语言及行业语言服务

盲人因网购车票无语音验证功能　起诉铁路总公司

（摘自：大河报，1 月 26 日，作者：朱建豪）

昨日上午，在北京按摩店工作的盲人陈先生因在网上买不到火车票，一怒之下起诉铁路总公司。原来，因 12306 网站没有设置语音验证，只能通过图形验证码进行购票，陈先生不得不请假一天时间打车到火车站排队购票，花了 100 多元还耽误了一天工作，因此起诉铁路总公司等三家公司，要求其对网站进行“无障碍”改造，并赔偿其打车费。

对于网站验证码，相关法律法规和行业技术标准都要求“信息交流无障碍”。而且在实际操作中，支付宝和一些银行的交易网页验证码都已经提供语音验证，方便视障人士操作。12306 网站自诞生以来，饱受视障人士质疑和诟病，为何不对网站进行改进呢？

代理律师黄锐介绍说，《残疾人保障法》和《无障碍环境建设条例》都有规定：“公共服务机构和公共场所应当创造条件，为残疾人提供语音和文字提示、手语、盲文等信息交流服务，并提供优先服务和辅助性服务。”

“技术不是问题，关键是钱。”杨先生认为，语音验证功能早已不是什么技术难题，就看网站愿不愿意做。

中国译协与零点集团签署“中国语言服务行业发展规划”项目合作协议

（摘自：中国翻译协会网，2 月 2 日）

2 月 1 日，中国译协与零点集团签署“中国语言服务行业发展规划”项目合作协议。外文局副局长、中国翻译协会常务副会长兼秘书长、中国翻译研究院执行院长王刚毅出席签约仪式并致辞。

中国语言服务行业发展规划项目是中国外文局、中国翻译研究院和中国译协重点实施的项目之一，在机制、政策、资金、资源上给予配套支持，是贯彻落实中央关于构建融通中外的话语体系、加强国际传播能力建设的战略部署而开展的基础性、战略性的项目工程，主旨是促进行业规范发展，为推动翻译及语言服务行业有效服务国际传播能力建设和中外交流工作大局提供顶层设计和战略规划。

铁路部门："微服务"搭建"连心桥"

（摘自：光明日报，2月23日，作者：钟超）

春运进入尾声，交通运输部门迎来了学生流、务工流、旅游流、探亲流叠加的返程高峰。如何在温馨的节日气氛中，引导旅客有序乘车文明出行，各地铁路部门纷纷通过"微服务"平台，和乘客搭起了"连心桥"。

在云南，少数民族旅客出行时沟通不便的问题突出，昆明铁路局专门在"昆铁E+"手机App服务平台上设立少数民族语言预约服务，需要的旅客只需关注"昆明铁路局团委"微信平台，就能实现少数民族语言服务。"对很多不会说普通话的同胞来说，出门最大的困难就是沟通不便，这个手机服务平台建起了铁路与我们少数民族旅客的'连心桥'。"哈尼族旅客波噶说。

全国首个劳动法庭成立方言服务团

（摘自：福建日报，3月2日，作者：邓婕、李剑婷）

2015年1月24日，在厦门市总工会的推动下，思明区人民法院在全国率先成立了专门审理劳动争议案件的专业法庭——劳动法庭。据统计，劳动法庭设立一年以来，共受理各类劳动纠纷903件，审结781件，审限内结案率99.5%。

如此高效地化解矛盾纠纷得益于劳动法庭为职工维权推出的一系列有力措施，包括农民工维权享受方言服务。2015年4月，劳动法庭出台了专门针对外来务工者的《方言服务团工作制度》，由法官、干警、法庭义工组成方言服务团，服务于无法流利使用普通话交流的劳动者。目前，方言服务团可以提供闽南话、河南话、宁夏话、浙江话、新疆话等劳动力主要输出地33种方言服务。

劳动法庭方言服务团的成立，不仅为前来办事的职工提供方便，也拉近了法庭与农民工的距离，使农民工有了归属感，这为引导职工依法、理性维权提供了强大助力。

云南代表建议按照少数民族人口比例配备双语法官检察官

（摘自：云南日报，3月14日，作者：晶晶、左超、张寅）

昨日，云南代表团审议"两高"报告时，少数民族地区司法队伍建设成为代表们热议的焦点。

在少数民族地区，法官不仅需要专业能力，还需要通晓当地语言和风土人情才能提高办案效率。夜礼斌代表提出，云南少数民族众多，在两院内部建设中尤其要关注少数民族政法队伍建设，建议按照民族人口比例，配备少数民族法官。

此外，针对我省目前双语法官队伍建设存在数量不足、质量不高的问题，不少代表还建议尽快出台培养双语少数民族法官的政策和建立双语法官培养的长效机制，保持双语法官培养的连续性，并建立选派少数民族本土法官、检察官到发达地区法院、检察院脱产跟班学习培训机制，解决民族地区本土司法人才缺乏的实际问题。

合肥或推语音病历帮患者听懂医生诊断

（摘自：江淮网，7 月 13 日，作者：佟人冬）

合肥市智能语音电子病历项目已与讯飞签约，计划明年二季度上线运营。这个隶属于合肥市民电子病历云服务的功能，将在完成试点使用后面向全市医疗机构推广。

作为全球领先的语音系统，讯飞语音已经可以准确识别四川话、广东话、河南话等地方方言。合肥语音病历系统中，已设置了方言识别功能，可以方便说方言的医生和患者交流。

湖南听力残疾人过百万　手语翻译员认定正式启动

（摘自：红网，8 月 5 日，作者：彭双林）

8 月 5 日上午，湖南省首批手语翻译鉴定工作启动仪式在长沙举行。手语翻译员考证的实施，标志着湖南对手语工作者专业化的重视。2015 年，湖南省人社厅正式确定湖南成才职业培训学校为湖南省新职业手语试验性培训与鉴定单位。手语翻译员取得职业资格证书之后，可以在政府、残联、医疗、教育等多个行业正规就业。

2010～2015 年，湖南省成才职业培训学校共举办了 24 期手语培训班，每期为 10 天左右，学员主要来自残疾系统工作人员、窗口服务行业工作人员、义工和志愿者，培训内容从简单的对话到办理养老、医保、银行、餐饮、住宿、低保等相关用语，通过学习增强健听人与听障人沟通以及为其提供服务的能力。接下来，湖南成才职业培训学校将在全省 14 个地州市设立站点，全面推广手语培训。

G20 峰会多语服务平台 96020 将上线

（摘自：浙江日报，8 月 5 日，作者：吴雅茗、刘健）

经过 3 个月的紧张筹备，峰会多语应急服务平台 96020 近日已进入试运行阶段，8

月 10 日将正式启用。96020 翻译语种涵盖所有峰会参会国家，包括英语、日语、韩语等 14 种语言。在 8 月 10 日至 9 月 10 日正式运行期间，只要拨打 96020 热线，都能享受到平台提供的 24 小时不间断翻译服务。

96020 提供的翻译服务主要分为两大类。第一类是常规服务。第二类是面对面同声传译服务，这主要依靠双手柄翻译电话来实现。为了保证 96020 热线的正常运行，峰会期间，将有近 300 名不同语种的翻译人员参与轮岗，既有专业的单语种翻译，也有几十名基本通晓 14 国语言的综合性翻译。这些综合性翻译相当于 96020 的总台，当外国客人打通 96020 热线后，他们能识别对方的语种，然后将外国友人的电话立即转接到专业语种翻译那里。据了解，G20 杭州峰会结束后，96020 热线将继续服务来杭州的外国友人。

G20 杭州峰会：十种语言的“杭州欢迎您”有多动听

（摘自：钱江晚报，9 月 2 日，作者：陈伟利）

这几天的杭州，宾客满棚，G20 杭州峰会嘉宾陆续抵达。之前，钱江晚报与杭州萧山国际机场携手，邀请 8 位著名书法家打造的“书法欢迎墙”，已高高矗立在机场塔台，迎接宾朋。

而作为东道主，志愿者“小青荷”们还将送上最热情的“杭州欢迎您”，希望能让嘉宾们感到很亲切。据悉，“小青荷”们使用的语言包括西班牙语、英语、葡萄牙语、法语、德语、意大利语、日语、韩语、俄语、阿拉伯语十种语言，这群“小青荷”有些来自浙江外国语学院和浙江越秀外国语学院，现在分布在各个岗位，为外国嘉宾服务。

G20 新闻中心的高科技：“语言神器”让交流没有障碍

（摘自：科技日报，9 月 6 日，作者：宦建新）

为了最大限度地给各国记者提供工作便利。新闻中心创新服务祭出语言“神器”——8 台涵盖 14 种语言的双语电话，让记者完全不用担心语言交流的问题。需要采访时，拿起任意一侧听筒，按下红色的“翻译”按钮后接入 96020 平台。另一记者拿起另一侧听筒，即可通过同声传译实现通话，完成采访。通过双手柄翻译电话实现不同语言面对面采访，双语电话首次在 G20 峰会中使用。G20 杭州峰会期间，外国参会人员、媒体记者等遇到语言沟通障碍，就可使用双语电话。新闻中心组织近 300 名翻译在线提供 24 小时服务。

G20 峰会多语应急服务平台 96020 实时满足外宾的一切翻译和咨询服务

（摘自：浙江日报，9月9日，作者：周少燕）

G20 峰会多语应急服务平台 96020 小到订餐、订高铁票、查询航班、问路、购物，大到遭遇紧急险情求助等各种事宜，只要拨打 96020 热线，就能享受到平台提供的 14 个语种的 24 小时在线实时翻译和咨询服务，满足外宾的一切语言需求。96020 其实是一个翻译平台，包括英、日、韩、德、俄、法、西班牙、印度尼西亚、葡萄牙、阿拉伯、意大利、土耳其、老挝和泰语等 14 种语言，实现了所有峰会参会国语种全覆盖，这是 G20 峰会举办 17 年来，主办城市首次大规模启用远程口译服务。接入 G20 峰会多语应急服务平台除直接拨打 96020 热线外，也可以通过双手柄翻译电话实现三方通话。

9 月 4 日、5 日 G20 峰会举行的两天，14 种语言的翻译服务都有涉及，其中英语的咨询量特别大，约占总数三分之一以上，英语翻译的临时席位也增加到了 20 多席。

中国首个听障群体垂直社交 App“声活”发布

（摘自：深圳晚报，9 月 25 日，作者：罗点）

中国 3000 万听障人士有了群体专属的社交平台。9 月 24 日，国内首个听障群体垂直社交 App“声活”发布会暨声活听障者创业就业公益基金亮相深圳慈展会。据悉，“声活”能够实现听障群体与普通人的有声交流，让彼此沟通更加顺畅。经过两年多时间的打拼和沉淀，如今的“声活”App 在功能上已经十分完备。打开“声活”App 界面，首页就是线上语音实时翻译功能，无论是语音转文字、文字转语音都非常便捷，准确率高达 80%。

浙江黄龙边防派出所多种形式学习舟山方言

（摘自：法制网，10 月 28 日，作者：邹训永、薛建飞）

连日来，浙江公安边防总队舟山边防支队黄龙边防派出所针对官兵在日常走访和工作开展中所遇到的语言沟通困难，为了更好地服务辖区群众，这个边防派出所组织官兵开展多种形式学习舟山方言。据了解，这个所邀请了辖区学校老师来为官兵授课，传授日常工作中的常用交流语言，针对舟山方言发音难以理解和记忆的情况，官兵和老师自创方法，采用英语和拼音相结合的方式对语言进行翻译，使大家更容易记忆，不断地向老师学习想要表达的语言。

国家语委重大科研项目“国家手语词汇语料库建设”通过结项鉴定

（摘自：教育部语信司网，10 月 31 日）

近日，由南京特殊教育师范学院承担的国家语委重大科研项目“国家手语词汇语料库建设”结项鉴定会在江苏高校语言能力协同创新中心召开。鉴定专家组由北京师范大学顾定倩教授、复旦大学龚群虎教授、南京师范大学董志翘教授、江苏师范大学杨通银教授、南京特殊教育师范学院谈秀菁教授、河南财经大学仰国维讲师等专家组成。专家组听取了项目研制情况汇报，并进行了认真评议和质询，一致同意项目结项。专家组认为：项目成果具有一定的开创性与代表性，建成的手语词汇语料库共采集了北京、上海、南京、武汉、拉萨等 9 个地区共六万多个手语词视频，工程量巨大。语料库可根据手形、汉字、拼音、笔画、英文 5 种方式检索，并具有远程实时访问功能，便于用户使用。该项目初步建成了我国第一个手语词汇语料库，为手语规范化工作打下良好基础。

视障版国家普通话水平智能测试系统在苏州开启

（摘自：教育部语用司网，11 月 15 日）

11 月 8 日，国家普通话水平智能测试系统（视障版）在国家语委语言文字应用培训（苏州）基地启动。苏州特殊学校 6 位视障学生现场使用该系统进行了模拟测试。几年来，该中心已对北京、上海、四川、福建等 10 个省（区、市）测试机构人员进行了培训，有近 20 个省（区、市）860 多位视障人员参加了普通话水平测试，其中 817 人获得国家普通话水平等级证书（同时配发盲文版证书）。在此基础上，该中心与社会合作，研制完成了视障人员使用的单机版和局域网版测试软件。

手语健康讲座吸引近千人次

（摘自：文汇报，12 月 7 日，作者：唐闻佳）

昨天，上海中医药大学附属龙华医院出现特殊一幕：台上的手语老师跟随演讲医生的语意快速做着翻译，台下的“听众”认真做着笔记——他们都是听障人士，好些还是从松江、青浦、金山、崇明等郊区赶来。相关负责人告诉记者，今年每季度一次的手语讲座，已覆盖近 1000 人次，场场爆满。讲座火爆的背后其实是听障人士对健康知识的迫切需求。据中国残联最新统计数据显示，目前我国各类残疾人总数达 8500

万，其中将近 1/4 为听障人士。上海市残疾人康复职业培训中心职教科科长李玉香介绍，在上海，持证听障人士有 4 万多，按患病比例推算则有 25 万人，这其中包括患上退行性耳聋的老年人群。听障人士的健康服务需求已引起上海医疗系统的注意，这其中不仅包括健康科普，还有医疗服务需求。

三 语言服务人才培养

北外与首都机场签署多语言服务共建协议

（摘自：北京多语言服务中心，4 月 14 日）

4 月 12 日上午，北京外国语大学与首都机场股份有限公司在首都机场三号航站楼举行多语言服务共建签约仪式。

首都机场作为北京的城市名片，是中国的“第一国门”，通过与北京多语言服务中心的深度合作，可以突破首都机场问询服务的语种局限，为来自更多国家和地区的外籍旅客提供最佳服务体验，真正展现中国国门形象。

北外始终致力于发挥自身语言资源优势，服务社会发展和国家战略。北京多语言服务中心是该校社会服务的重要平台，通过打造首都多语言电话翻译服务系统、首都公共场所外语标识纠错行动、外语口语培训项目和高端外语陪同项目等多个特色项目，已获得社会的广泛认可和高度评价。此次与首都机场的合作，标志着首都多语言服务掀开了新篇章。

此次协议签署后，北京多语言服务中心将为首都机场提供每天 8：00～18：00 法、德、俄、西、阿、日、韩 7 种外语电话翻译服务，并在双向业务培训和外籍旅客问询援助方面加深合作。

发展语言消费意识　培养语言服务人才

（摘自：中国网，6 月 17 日，作者：辛闻）

第八届亚太翻译论坛于 6 月 17 日在西安召开。本届论坛以“亚太地区翻译的明天”为主题，约 400 名国内外翻译界知名专家学者参会。北京语言大学党委书记、国家语言文字工作委员会前副主任李宇明在做主旨发言时表示，大力培养语言服务人才既是一个国家战略，也是一个世界战略。在这个过程当中必须发展现代信息技术，发展社会的语言消费意识。李宇明表示，我国目前的人才培养和使用，还满足不了人才走向世界的需求，满足不了“一带一路”倡议的需求和信息化的需求。他认为形成语言市场的关键是要推动语言消费，要开拓市场培育市场，并且还要发展很多语言职业，中国应该建立一个新的门类叫“语言服务师”“语言康复师”“语言翻译师”，等等，要制定合适的政策和行业标准。另外，语言产业应该单独核算，来计算语言产业的产值，来赚取语言的红利。

甘肃：双语法律人才多起来了

（摘自：人民日报，7 月 20 日，作者：徐隽）

为保障少数民族公民使用本民族语言文字进行诉讼的权利，近两年来，甘肃省高级人民法院加快藏汉双语法官培养，建成以双语法律培训为重点的省法官学院甘南分院，引进藏汉语言、法学专家，形成 59 名专兼职结合的师资队伍，出版第一套藏汉双语法律教材，填补了我国系统、专业的藏汉双语法律教材长期缺失的空白。

目前，甘肃全省能够熟练使用藏汉双语开展工作、精通法律的双语政法干警已有 77 人，其中双语法官 18 人，双语法官奇缺的难题正在破解。为繁荣民族地区法制文化研究，甘肃还成立了全省少数民族法制文化研究中心，创办了《民族法制文化研究》学术季刊，为繁荣民族法制文化，促进民族地区社会治理和法治建设创造了良好的条件。

新疆喀什中院大力开展“双语”法官培养

（摘自：人民法院报，8 月 14 日，作者：王书林）

新疆维吾尔自治区喀什地区中级人民法院切实提高“双语”法官司法能力建设，不断加大对“双语”法官的培训工作力度，目前拥有“双语”法官 55 名，其中硕士研究生学历 7 人，本科学历 46 人，大专学历 2 人，“双语”法官人才储备 39 人。“双语”法官为法院审判执行工作提供了强有力的人才保障和智力支持。

去年以来，“双语”文字互译和法律诉讼术语翻译系统培训、坚持每周一学“双语”以及“双语通”手机学习，为民、汉干警嵌入式办公和民、汉合议庭工作开展铺垫了“双语”技能基础。近 3 年，累计办理“双语”案件 4058 件，取得了良好的办案效果。干警们日常交流用“双语”、入户走访用“双语”，用“双语”与各族群众交流，促进了各民族相互交汇交融，提升了“双语”应用水平。

青海培养藏汉双语诉讼人才

（摘自：法制日报，9 月 23 日，作者：韩萍、麻明）

9 月 24 日，国家司法考试开考。作为 2016 年青海考区的唯一直考点，青海大学已做好了充分准备。青海藏区缺乏藏汉双语法律人才，藏汉双语法律人才队伍总量不足、质量不高，全省现有 14 个县没有正式的专业律师，16 个县没有专门的公证员。针对这种情况，青海省司法厅连续两年向司法部协调争取，今年获批在青海首次设置藏文试卷考点考场。来自青海本地户籍的 140 人和周边省份的 14 人，总计 154 名藏族考生在这里参加藏语的司法考试。

四　“一带一路”语言服务

“一带一路”需要国际汉语人才

（摘自：中国社会科学网，2月2日，作者：何亮）

在“一带一路”背景下，汉语国际教育要具有实用性，能适应和满足各国社会与市场对不同层次汉语人才的需求，具体来说应着力培养三个层次的汉语人才：基本交际型通用汉语人才，具有专业特点的复合型汉语人才，了解中国文化、精通中文的高级汉语人才。相对来说，目前更受重视的是前两种人才的培养，而对培养熟稔中华文明、精通中文的高级汉语人才重视不够。现在到了把培养精通汉语和中国文化的“中国通”的计划提上议事日程的时候了。

第四届京交会语言服务推介会进入倒计时

（摘自：中国翻译协会网，2月18日）

2月18日，第四届中国（北京）国际服务贸易交易会倒计时100天主题发布活动在京举行。第四届京交会语言服务推介会将于2016年5月31日在北京国家会议中心举办。在“一带一路”与语言服务新机遇的主题下，推介会将以推介洽谈、高端对话、战略签约、权威发布为主要形式，创造性地尝试板块跨界合作，打造更专业、更务实的贸易交易服务平台。

中国电影字幕翻译难懂　成为在“一带一路”沿线国家传播最大障碍

（摘自：光明日报，3月21日，作者：韩业庭）

由北京师范大学中国文化国际传播研究院（AICCC）组织实施的2015年度“中国电影国际传播”调研项目日前发布了调研数据，反映了中国电影在“一带一路”地区的传播与接受情况。

为考察“一带一路”倡议区域受访者对中国电影印象这一潜在变量的评价，调研选取了7个显性考察指标，整体来看，故事、演员、制作这三个涉及电影基本层面的正向指标评价分数不高，只有30%多的受访者持积极肯定态度，这说明中国电影的整体制作水准还需要进一步提升。而认同中国价值观、有中国特色两个正向指标的评价分数更高一些，其中近 50% 的受访者认为中国电影具有中国特色，由此可见，保持中国特色是中国电影吸引“一带一路”倡议区域观众的主要因素。从两个负向指标的评价分数来看，30% 多的受访者认为中国电影的思维逻辑难懂，而有近 70% 的受访者认为中国电影的字幕翻译难懂，字幕翻译问题成为中国电影在“一带一路”倡议区域传播与接受的最大障碍。

本次调研共在“一带一路”沿线 46 个国家发放 1800 份问卷，其中回收 1602 份，有效问卷 1482 份，样本涉及 31 种母语人群。

《企业“走出去”语言服务蓝皮书》（2016）即将发布

（摘自：对外经济贸易大学英语学院网，3 月 23 日）

对外经济贸易大学英语学院和国际语言服务与管理研究所将于 2016 年 4 月 24 日在我校诚信楼报告厅发布《中国语言服务蓝皮书》（2016），同时举行企业“走出去”语言服务高峰论坛。

企业“走出去”离不开语言服务，语言服务需求指标成为一国经济全球化发展指标的晴雨表。语言服务是实现企业全球化战略的组成部分，中国企业走出去，需要专业的语言服务。

研究所通过详细分析调查，从 4 个方面描述了我国企业当前语言服务的需求现状和发展趋势：（1）企业语言服务的总体需求，包括中译外语种、外译中语种、语言服务的需求类型、外包的语言服务类型；（2）中国企业语言服务的实施方式，包括语言服务的组织管理方式、翻译业务的实施方式、计算机辅助翻译使用状况、中译英业务的外包价格、语言服务提供商的类型选择、选择语言服务提供商的方式和考察条件；（3）企业开展语言服务面临的困难，包括企业内部缺乏合理的组织结构、缺乏专业人才、选择外部语言服务提供商的困难、对语言服务价格和质量的认识等；（4）企业语言服务未来发展趋势，包括中译外的需求增长趋势外包的语言服务需求增长趋势。

报告还提出了加强语言服务建设的 6 条建议：（1）将语言服务作为“走出去”的基础性、战略性和先导性工程；（2）对内加强语言服务能力建设，对外与语言服务提供商构建业务合作伙伴关系；（3）加强语言服务的团队、流程、技术、标准化建设；（4）语言服务企业需要突出专业领域，提供专业服务，打造行业品牌；（5）加强语言服务业的整体发展规划，加强政策、信息和服务扶持；（6）加强政产学研协同创新，培养专业化、应用型的语言服务人才。

中国翻译协会　“跨境电商语言服务”主题讲座在京举办

（摘自：中国翻译协会网，4 月 26 日）

2016 年 4 月 22 日，由中国翻译协会主办、北京中外翻译咨询有限公司承办的《译讲堂》“跨境电商语言服务——翻译的新需求与新服务”主题讲座在中国外文局举行，中国译协副会长陈圣权、常务理事蔺熠及来自阿里巴巴、商鹊网、N 邦翻译、虫洞翻翻等语言服务供需双方的企业代表和高校代表出席讲座。

中国翻译协会《译讲堂》于 2015 年 9 月 25 日正式启动并举办了首期主题讲座，受到了翻译界的热切关注和支持。第二期《译讲堂》开展了以“翻译技术”为主题的沙龙和多方谈活动，来自翻译企业、高校和译者代表共同研讨了翻译技术，并通过活动将交流成果分享给更多翻译人。为了更好地适应市场需求，集中展现语言服务在各行业“走出去”进程中所发挥的关键性作用，促进业界交流合作与创新发展，本期《译讲堂》主题聚焦“跨境电商语言服务”，邀请来自语言服务需求方、语言服务企业和平台代表会聚一堂，共话新需求，探讨新模式，激发新思路。

在主题演讲环节，阿里巴巴国际事业部高级运营专家王海波，商鹊网创始人、CEO 邹剑宇，虫洞翻翻创始人、CEO 李春阳，N 邦翻译联合创始人、高级副总裁高思围绕跨境电商语言服务的新需求、翻译企业应对新需求的模式创新和技术创新、译者的新工作方式和专业要求等方面，做了精彩发言，分享了宝贵经验，为跨境电商语言服务工作提供了有益的指导和启迪。

2016 京交会语言服务版块聚焦“一带一路”与语言服务的机遇和挑战

（摘自：中国网，4 月 28 日，作者：许允兵）

京交会语言服务板块将于 5 月 31 日举办语言服务推介洽谈会，共话“‘一带一路’与语言服务”以及人工智能、语音识别和机器翻译的未来发展趋势。

中国翻译协会副秘书长、中国外文局对外传播研究中心副主任杨平对本届京交会语言服务板块的三大亮点进行了详细的解读。

一是语言服务板块首次尝试以推介洽谈会的方式亮相京交会，这将是国内语言服务行业在国家级、综合型的服务贸易平台上的首次尝试。二是语言服务板块以京交会为媒，牵手知识产权板块和服务外包板块，以联合推介、互通信息资源、互鉴标准规范等方式进行跨板块的深度互动，推动企业融通，促进共赢。三是语言服务推介洽谈会围绕“一带一路与语言服务”，会聚来自微软、华为、百度、阿里巴巴、文思海辉、乐视等国内外知名企业语言服务高管和一线语言服务实践者，共同探讨中国企业走出去过程中的语言服务战略和大数据下的人工智能机器翻译。

据悉，本届京交会语言服务推介洽谈会以“‘一带一路’与语言服务”为主题，契合了国家战略布局的大背景，届时将有来自京交会众多专题板块承办单位代表、跨行业领域的协会、企业代表、国内外互联网和语言服务企业高管等共同探讨“一带一路”倡议下的语言服务产业的发展方向和语言服务的人工智能技术对行业的挑战和变革。

专题研究“一带一路”语言服务的著作出版

（摘自：中国语情与社会发展研究中心网，5月6日，作者：叶继舟）

日前，由武汉大学赵世举教授和广西大学黄南津教授主编的《语言服务与“一带一路”》一书已由社会科学文献出版社出版。据了解，这是首部专门研究面向“一带一路”的语言建设和语言服务问题的著作，旨在为解决“一带一路”建设中的语言需求献计献策。

“一带一路”建设，举世瞩目，它的实施离不开语言服务。据了解，2015年3月国家发布《推动共建丝绸之路经济带和21世纪海上丝绸之路的愿景与行动》之后，迅速得到了语言学界的关注。同年6月6~7日，国家语委科研机构中国语情与社会发展研究中心联合广西大学语言文字工作委员会等单位在“一带一路”核心区之一的南宁召开了“服务‘一带一路’战略的语言资源建设与开发利用学术研讨会”，与会专家学者紧紧围绕服务“一带一路”的语言建设与语言服务这一主题，展开了热烈而深入的讨论，该书就是这次会议的成果之一。同时，该书也是中国语情与社会发展研究中心策划组编的学术文库《语言智库论丛》的第一部。

“一带一路”语言服务国际学术研讨会在哈萨克斯坦举行

（摘自：人民日报，9月24日，作者：谢亚宏）

首届“一带一路”语言服务国际学术研讨会22日在哈萨克斯坦最大城市阿拉木图举行，来自“一带一路”沿线国家的20多位学者以及哈萨克斯坦民族大学150多位师生参加了会议。

本次会议由江苏师范大学和哈萨克斯坦阿里—法拉比国立民族大学共同举办，旨在纪念2013年9月中方在哈萨克斯坦首提同世界各国共建“丝绸之路经济带”倡议3周年，加强“一带一路”沿线各国语言学者的合作与交流，提升“一带一路”沿线国家语言服务能力。

“一带一路”倡议下翻译研究与语言服务高端论坛举行

（摘自：广大新闻网，12 月 4 日，作者：广州大学外国语学院）

12 月 2～4 日，由中国翻译协会语言服务能力培训与评估中心和我校外国语学院联合主办的“一带一路”倡议下翻译研究与语言服务高端论坛隆重举行。与会代表就如何实现翻译研究、语言文字事业服务国家战略进行了积极而广泛的互动交流，并围绕“翻译在‘一带一路’战略背景下国家语言规划和语言政策”“语言服务行业人才培养与政产学研协同创新机制的建立”“翻译研究的多维视角”“专业学科翻译人才培养”四个议题展开了学术专题研讨。

“一带一路”升温汉语热：汉语人才在俄不愁找工作

（摘自：中国新闻网，12 月 5 日，作者：李金磊）

圣彼得堡国立大学东方系副主任罗季奥诺夫透露，该校汉语专业的毕业生总体就业情况很好，本科毕业后一半左右的人会选择继续读书深造，而选择直接就业的一般会进入中国企业驻俄罗斯代表处、俄罗斯企业在中国办事处以及到政府部门工作。第一副校长叶卡捷琳娜·巴别留克表示，在“一带一路”倡议的影响下，汉语相关专业报名非常火爆。圣彼得堡国立大学跟中国的合作形式很多，除与中国高等院校合作外，圣彼得堡国立大学还积极开展与中国地方政府的合作，并有意与黑龙江省共建一所高等院校。

加强语言人才培养　服务“一带一路”

（摘自：中国经济时报，12 月 6 日，作者：赵建中、刘菲菲）

天津外国语大学副校长、中央编译局国家高端智库核心团队成员王铭玉教授：对于高校而言，语言规划是首要的。语言服务正在成为一个新兴产业，对“一带一路”作用明显，国家应加强对语言服务业的调查研究，将其合理地纳入《国家经济行业分类》之中，并给予政策扶持。从发展角度看，一要谋划“一带一路”国家或区域“多语言服务联盟”；二要创新语言服务模式，可利用“语联网”模式；三要利用“互联网＋”，搭建语言服务的多维平台。

关注“一带一路”建设中的语言问题　制定核心区语言战略规划

（摘自：中国社会科学网，12 月 6 日，作者：王婷婷/摘编）

上海海事大学外国语学院张治国教授：“一带一路”语言战略应遵循几个基本原

则：第一，语言规划主导需要国家化；第二，语言规划制定需要科学化；第三，语言规划发展需要系统化；第四，语言规划实施需要长期化。可把“一带一路”暂且分为中亚核心区、东亚核心区、东南亚核心区、南亚核心区、泛西亚核心区和欧洲核心区等六个核心区。我们应当先从通用语入手，并充分了解对象国的基本语言生态和语言政策，推出各个核心区的强势语言、关键语言、通用语言、跨境语言和宗教语言名单，整理汉语在这些核心区主要国家的教育及使用状况。

新闻出版广电总局：“一带一路”沿线国家语言翻译出版人才匮乏

（摘自：新华网，12 月 19 日，作者：白瀛）

国家新闻出版广电总局进口管理司副司长赵海云 19 日在京表示，中国每年向国外推出大约 8000 种中国内容图书，用当地国家语言翻译出版是一大问题，尤其“一带一路”沿线国家语言的翻译出版人才更加匮乏。从前年起，总局更加注重用“一带一路”沿线国家的语言进行翻译出版中国内容的图书，但这方面的人才仍然不能满足市场需求。“尤其像泰国、缅甸、马来西亚等国家，做文化交流、翻译出版这方面的人才相当匮乏。”

语言助推“一带一路”上的中国文化传播

（摘自：光明日报，12 月 25 日，作者：王辉）

语言作为一种软力量，是“一带一路”建设的重要助推器。民心相通是“一带一路”的社会根基，语言交流则是民心相通的前提与保障。重视语言软力量，促进中国文化在“一带一路”上的传播，应特别注意以下几方面：双向交流，文明互鉴；包容文化多样，促进文化融通；重视市场机制和社会力量，拉动中国文化需求；助力五通建设，促进民心相通。

语言教育

引　言

2016年的语言教育呈现勃勃生机，各地重视语言教育，极力促进语言教育的改革。“一带一路”带动非通用语教育火爆，少数民族双语教育也努力探索新形式，语言教育进入改革创新之年。

语文教育伴随着人的一生，带给人的不仅是知识的积累，更有心灵上的陶冶。9月，步入新学年，各版本语文教材大换面，语文教育逐步回归现实，更加注重对学生生活技能的培养。人教版小学语文教材实行先学汉字再学拼音引发热议，中学语文教材首度出现田字格，更加注重语文阅读方法和书写规范。部分网民批评人民教育出版社出版的小学语文教材选用大量外国作者的文章以及宣扬“外国好人好事”的文章，存在严重西化的问题，引发社会广泛关注，各方表达了不同的意见。为提高学生的语言能力，北京市将语言文字纠错纳入学生社会实践，着力提升师生的语文综合素养和语言文字应用能力，树立中华语言情怀。修订后的2017年高考大纲正式发布，增加了中华优秀传统文化考核内容。香港84.6%受访者支持学校教普通话。

随着“一带一路”建设的稳步推进和中国国际地位的提高，带动了各国对汉语人才的需求，由此也推动了国内语言文字教育的蓬勃发展。为了更好地服务“一带一路”建设，教育部发布《推进共建“一带一路”教育行动》，提出加强非通用语种人才培养，带动了国内小语种的火爆，各高校纷纷开设小语种专业，服务国家战略。

为提高英语教育的实用性和学术性，社会各界普遍发声，相关方面积极探索。有的以英语听说测试促进课堂变革，有的加强英语教学的生活化改革。重庆“国培计划”探索培训优秀教师和送教下乡的双赢新模式，助乡村英语课堂活起来。北京师范大学和外语教学与研究出版社联合创办“中国英语阅读教育研究院”，积极推动英语阅读教学研究与实践，鼓励学生参与翻译实践项目，提升高校翻译人才培养质量。

各地重视将语言教育与语言保护相结合。少数民族地区多举措促进本地少数民族双语教育，推动地区教育的均衡化发展，一些民族地区呈现“双语热”。为加强对方言的保护，部分地方语言文字工作委员会着力促进方言与中小学语文教育的结合。西安语文老师探索方言语文教学法，用普通话语音读方言的特色词语，极大地提高了学生的学习热情。“京片子”进入中小学语文课堂，并被纳入北京市语言文字事业“十三五”发展规划。

一　语文教育

北京小学统考统测全取消　中小学增加汉字书法、红色经典内容

（摘自：人民网，1月20日，作者：孟竹）

近日，北京市教委正式出台中小学学科改进意见，小学阶段将禁止统考、统测。中小学将在教学中增加古诗词、汉字书法、楹联以及红色经典等内容的学习，传承优秀传统文化。中、高考语文试卷中增大古诗文、现代文阅读量，增加优秀传统文化内容考查。

教育部、国家语委发布《汉字应用水平等级及测试大纲（2016年修订）》

（摘自：教育部语信司，1月26日）

《汉字应用水平等级及测试大纲（2016年修订）》经教育部、国家语委批准，于2016年1月7日发布，自2016年5月1日起实施，将有助于提升国家通用语言文字规范意识。

《汉字应用水平等级及测试大纲》由教育部语言文字应用研究所研制，规定了具有中等及以上受教育程度人群使用汉字应当达到的水平，适用于政府部门和企事业单位录用人员或核定在职人员资格、高等学校考核学生汉字应用水平等。该规范由教育部、国家语委于2006年颁布，2007年实施，先后有14个省市共计16万人次参加测试。2014~2015年，根据国务院2013年发布的《通用规范汉字表》和测试数据统计分析结果，教育部语用所课题组对该规范进行了修订完善。

从钱上汉字谈加强汉字教育

（摘自：燕赵晚报，1月30日，作者：阎臣）

前些日子，兑换土豪金百元新版人民币，没过多久，有人却说土豪金百元新版人民币上的“圆”是错字，一些朋友也打电话求证此事。

一、从权威工具书看，货币的注释一致，即“元”同“圆”。

二、从近代中国货币沿革史看，圓、圆、元三个字都曾用在不同版本、面值的

钱币上。

三、从新中国成立后看，纸币一直都是用“圆”字。1980 年起发行的一元硬币，用的是“元”字。

四、从 1995 年颁布的《中国人民银行法》和 2005 年实施的《中华人民共和国人民币管理条例》看，都规定：“人民币单位为元。”

五、从 2013 年颁布的《通用规范汉字表》及其附件：规范字与繁体字、异体字对照表（一）看，圆是圓的规范简体字。元字没有繁简之分，不存在简化问题。

六、从日常书写看，元与圆读音相同，元字书写简单。

汉字应用水平等级测试今年起难度降低题量减少

（摘自：人民网 – 教育频道，2 月 3 日）

今天上午，教育部网站正式发布了修订后的《汉字应用水平等级及测试大纲》（以下简称《大纲》），对发布于 2006 年 8 月的《大纲》进行了修订完善，调整了测试字表和测试成绩要求，试卷题由 130 题减为 120 题。

修订后的《大纲》将原规范附录 A 中《通用规范汉字表》未收录字 7 个和三级字 29 个调整出测试字表，从《通用规范汉字表》二级字中再遴选 36 个字补入测试字表。

修订后的《大纲》发布后，对于汉字应用水平二级测试成绩的要求由“作答正确率在 80%（含）以上”变为“作答正确率在 65%（含）以上”，对于汉语测试水平三级测试成绩的要求由“作答正确率在 80%（含）以上”改为“作答正确率在 50%（含）以上”。新《大纲》还将汉字应用水平测试题量由 130 题减为 120 题。

新《幼儿园工作规程》发布　不再要求幼儿园必说普通话

（摘自：南国都市报，3 月 14 日，作者：许欣、王思月）

海南省教育厅 7 日转发了教育部新版《幼儿园工作规程》（自今年 3 月 1 日起实施），一些幼儿园园长注意到，旧《规程》中关于“幼儿园应当使用全国通用的普通话”这一条，在新《规程》中被删除了。

记者从教育部门了解到，教育部于 1996 年所发布的《幼儿园工作规程》第二十八条特别规定：“幼儿园应当使用全国通用的普通话。招收少数民族幼儿为主的幼儿园，可使用当地少数民族通用的语言。”而在新规中，这一条被删除了。

对于这一变化，记者咨询了省教育厅相关工作负责人。该负责人的态度是，推广普通话是国家的政策，因此，对各所学校包括幼儿园，一向提倡使用普通话。实际上，中小学及幼儿园教师在考教师资格证的时候，首先要有普通话的等级证书。“幼儿园老师在上课的时候还是应该用普通话，在个别时候和小朋友交流时，我们不制止使用方言。”这位负责人说。

记者走访了解到，海口、三亚城区聚集着大批外来人口，幼儿园里的小朋友，可以说是来自四面八方。而幼儿园里的老师们，也多是来自内地，这样的语言环境，普遍缺乏说海南话的条件。

语文是决定你一辈子的事

（摘自：解放日报，4 月 29 日，作者：陈平原）

北大中文系百年系庆时，我曾谈及：“母语教育”不仅仅是读书识字，还牵涉知识、思维、审美、文化立场等。我在大陆、台湾、香港的大学都教过书，深感大陆学生的汉语水平不尽如人意。前一句好说，后一句很伤人，这其实跟我们整个教育思路有关。

记得 4 年前，在上海哈佛中心成立会上，与哈佛大学英文系教授交流各自的心得与困惑，我谈及“大一语文”的没落以及大学生写作能力的下降，对方很惊讶，因为对他们来说，“阅读与写作”是必修课，抹不掉的。准确、优雅地使用本国语言文字，对于任何一个国家任何一个时代的大学生都很重要。而这种能力的习得，不是一朝一夕的事，更不是政治课或通识课所能取代的。

关于中学语文课以及大学的文学教育，我说过两句话：一是请读无用之书，二是中文系是为你的一生打底子；现在看来，有必要增加第三句，那就是：语文学习与人生经验密不可分。

对于今天的大学生来说，单讲认真读书不够，还得学会独立思考与精确表达。这里的表达，包括书面与口头。几年前，我写《训练、才情与舞台》，谈及学术会议上的发言、倾听与提问，其中有这么几句：“作为学者，除沉潜把玩、著书立说外，还得学会在规定时间内向听众阐述自己的想法。”有时候，一辈子的道路，就因这 10 分钟 20 分钟的发言或面试决定，因此，不能轻视。

说到底，中学语文课以及大学人文学科，就是培养擅长阅读、思考与表达的读书人。只讲“专业知识”不够，还必须“能说会写”——这标准其实不低，不信你试试看。

胡欣红：语文教材西化，根本就是无稽之谈

（摘自：荆楚网，5 月 3 日，作者：胡欣红）

所谓“西化”的依据就是教材中的中国人基本都是“贪睡不守时”“自私小气”

等负面形象。

为正视听，人教社声明中列举了人教版小学语文教材中外国题材选文的详细占比情况：人教版小学语文教材共有12册，选文520余篇，涉及外国内容的有80余篇，约占15%。同时还明确指出人教版小学语文教材选取了大量歌颂和赞扬祖国优秀人物的文章，如《狼牙山五壮士》《为中华崛起而读书》《文成公主进藏》《曹冲称象》等。

即便人教社不予以回应，对于这种捕风捉影、断章取义式的文章，稍有见识的公众都不难辨别是非。诚如人教社声明所言，教材所选取的外国题材选文主要是以开阔学生视野、培育科学精神、汲取人类优秀文化成果等为主题的文章。人虽有国别之分，但精神却是相通的，真善美不仅是传统文化的精髓，也是全人类的共同追求。尤其是那些人类文明的结晶，更是超越国籍种族，具有永恒的价值。

批判语文教材“严重西化”是文化不自信

（摘自：青报网，5月3日，作者：陈阿娇）

实际上，认为语文教材严重西化是一个伪命题。认为课文中做好事的都是外国人就是歪曲中国人形象，这种说法不仅是捕风捉影，还是文化不自信和盲目排外的表现。

教育需要有开放的心态，解放教育者的思想，才能让国家的下一代开放思路，创造民族更好的未来。中国教材只能写中国人，并且只能把中国人写成好人，这是极其狭隘的思维方式，从本质上是自我崇高、盲目排外。

教材里课文的选取，不仅要与中华优秀传统文化相承接，而且积极吸收世界文明有益成果，不仅具有民族性，而且具有时代性。也就是说，西方不但应该被介绍，而且必须被介绍，让学生们知道世界范围内，不仅有“我们”，还有“他们”。孩子们从小就能够将世界视为小小村落，这才是大国心胸。

教育要面向世界、面向未来，仅仅靠几篇课文就滋生出二元对立以及盲目排外的心态，罔顾事实的做法，才是教育下一代时需要避免和警惕的。

香港84.6%受访者支持学校教普通话

（摘自：大公报，5月4日）

香港社会就推行“普教中”与学习简体字的争议不断。一项调查发现，逾八成受访市民赞成在中、小学教授学生普通话，赞成推行“普教中”则有半数。学习简体字方面，有四成赞成在中、小学教授简体字，不赞成有半数，意见分歧明显。

香港中文大学香港亚太研究所于4月19~22日以电话访问了722位18岁或以上市

民。调查发现，84.6%受访者赞成在中学或小学课堂上教普通话，10.4%则不赞成。至于在中学或小学课堂学习简体字，50.8%不赞成，41%赞成。被问到是否赞成在中学或小学实行“普教中”，51.5%赞成，不赞成的则为37.6%。

新版语文教材将启用着重培养青少年想象力

（摘自：白城日报，5月9日，作者：魏梦佳）

作为国家中小学语文教材编写工作的主编之一，著名儿童文学作家曹文轩近日在采访中透露，新版语文教材即将启用，新教材注重语文性和人文精神，有利于培养孩子的想象力。

曹文轩表示，过去的语文教材可能对培养孩子的想象力等方面并不理想。目前新教材编写已接近尾声。与以往教材相比，新教材将出现重大变化：一是选入一些以前不在视野范围但非常棒的文本；二是课文后的设问所反映出的理念有利于小孩想象力的培养，以便提高他们的语文知识水平。

如何看待语文教材的是非争议

（摘自：大众日报，5月18日，作者：李木洲）

近年来，中小学语文教材内容的变动，成为广受社会关注的焦点话题之一。稍远的争议有“鲁迅的进出”“金庸武侠的入选”“周杰伦歌词的入编”，稍近的热论有“民国语文读本热销”“外国题材选文是否太多”，等等，不胜枚举。这些热议的背后，反映的是社会时代的变化变迁，以及人们对语文学科的不同理解与多样化诉求，其实质是语文教材的内容有限性与功能实现性之间的矛盾冲突。要想减少争议，增强共识，促进改革，发挥语文科目的本质功能，必须处理好科学性与学科性的关系、共性化与个性化的关系、国家化与国际化的关系、历史性与现代性的关系。

由语文科目的基础性、重要性所决定，中小学语文教材内容的选编是一项复杂的、科学的系统工程，绝不能是无逻辑的简单拼凑，或是想当然的碎片式文化拼盘，应在认清上述四种关系的基础上，结合国情、教情、文化以及课程功能等多方面因素，紧密围绕国家新课程语文教学目标，按照一定的原则和标准，审慎地做出设计与选择。

一代语文课本　一页往昔少年

（摘自：中国青年报，5月22日，作者：海梧）

语文课本构建了我们对这个世界最初的文学想象，而一代代内容更迭的教科书，则是社会气质和风向最好的投射面。当无意中捡起父辈、祖辈的语文课本，一字一句间，感觉一个时代都浩浩荡荡奔驰而过，但往昔年华在泛黄的纸页上残存光亮。

新语文教科书吸取了国际中小学课程改革的经验，进行教学内容的现代化改革。思想的桎梏被一点点打破，有关政治宣教的内容大幅度减少，古诗文的比例增大。

一代代语文课本，就这样化为颜色不一的精神底色，伴随一代代少年走过浩荡青春。

新版语文教材替换约40%课文

（摘自：光明日报，5月24日，作者：靳晓燕、晋浩天）

23～25日，语文出版社在京举办语文版义务教育修订版教材使用暨培训工作会。语文出版社社长王旭明介绍，语文出版社修订版义务教育语文教科书已进入《2016年义务教育用书目录》。新修订的教材全套共计18册，供义务教育一年级至九年级学生使用。“与之前版本相比，修订版教材大概换了40%的内容。”

强调语言文字运用、全面提升学生的语文能力、将中华优秀传统文化的要求落实在课文中、减量增质等是此套教材的特点。“修订后的教材增加了古诗文比重：1～6年级相关课文约占全部课文的30%，每册最后一个单元集中安排反映中华优秀传统文化的课文。7～9年级相关课文约占全部课文的40%，每册安排两个单元的古诗文。”王旭明进一步解释道。

据介绍，2013年9月，按照教育部相关通知的要求，语文出版社开始修订教材，目前，教材已通过教育部初审、复审和综合审查，2016年秋季启用一年级、七年级新教材。

语文版中小学语文教材“大换血”引发争议和思考

（来源：金羊网，5月24日，作者：陈晓璇、沈峰）

近日，语文出版社宣布其修订版义务教育语文教科书已进入《2016年义务教育用书目录》，新修订的全套教材40%的课文被更换，增加了古诗文及中华传统文化比重，同时还有部分课文由于与现代和谐社会导向不符被替换了。此番语文课本的修订引发了社会的一阵争议，更引发了“我们到底需要怎样的语文教材”的思考。

对语文出版社此次语文课本修订的吐槽，更多是集中在《鲁提辖拳打镇关西》被换为《智取生辰纲》，《南京大屠杀》被换成《死里逃生》这两篇课文上，其争论在网络上引起轩然大波。有人认为《南京大屠杀》被换成《死里逃生》，等同于将《南京大屠杀》题材从课本上撤下，对此表示愤慨。

语文出版社发表声明称：“我社自2013年起，对2001审定通过的九年义务教育课程标准实验教科书进行了修订。在修定过程中，我们将温书林所写的《南京大屠杀》一文换成张纯如所写的《南京大屠杀》一书的节选，课文题目为《死里逃生》。更换的原因主要是张纯如所写《南京大屠杀》片段《死里逃生》，不仅写了南京大屠杀的惨无人道，而且刻画了一位普通中国妇女李秀英，在日本鬼子的暴行面前智勇双全、勇敢反抗的事迹，感人至深，反映了伟大的中国人民抗击外来侵略的坚强决心和英勇无畏的精神。因此，我社教材中不存在将南京大屠杀题材撤掉的问题。”

曾湖仙认为，其实这两篇文章都反映了南京大屠杀的史实。从语文的角度来看，就是看哪一篇课文更有这种语文的需要。“因为语文课本不单单是纯粹的思想宣传，道德的说教，历史的教育，它是把这几种都融合在文字里面，有语文本身的要求。”

而语文出版社社长王旭明表示，之所以将《鲁提辖拳打镇关西》换为《智取生辰纲》，是由于《鲁提辖拳打镇关西》与现代和谐社会导向不符。这个理由并没能说服舆论。

有读者表示，从《鲁提辖拳打镇关西》可以看出鲁智深是一个粗中有细的人，且有智慧。文章的文学价值很大。描述三拳，分别用颜色、味道、声音来做比喻，寥寥数语，令人拍案称奇。让学生学习这样的写作手法，很有价值。而《智取生辰纲》描写的不过是满足一己私欲的犯罪勾当。打着替天行道的招牌，来满足“大块吃肉，大碗喝酒”的欲望，如此好汉，宣扬的又是什么？

曾湖仙说，将《鲁提辖拳打镇关西》换为《智取生辰纲》，并不能摆脱跟现代和谐社会导向不符的问题。如果说《鲁提辖拳打镇关西》讲的是一个正义感爆棚的军官用暴力手段扶弱锄强的故事，《智取生辰纲》讲的则是一伙财迷心窍的江湖豪侠假扮商人，下蒙汗药骗取贪官不义之财的故事。硬要套现代社会文明规则的话，这两篇课文都缺乏当下的法治精神。

“我们不该将现代社会的规则生搬硬套到文学人物身上，以此作为评判文学作品优劣的标准。”有中学老师认为，如果过分在语文课本中宣传意识形态，可能会使学生对教材失去兴趣。“必要的爱国主义教育是需要的，但是要建立在一个真实的基础之上，如果把爱国英雄过度神化，会让学生反感。”

“京腔儿”将进中小学课堂

（摘自：北京晨报，6月1日，作者：刘佳）

5月31日，我国第一部地方和城市版的语言生活状况报告《北京市语言生活状况报告》发布，9月开学前整部报告将正式出版发行。今后，北京话将进入中小学生的校本课程、校园文化活动等，并以这种方式进行保护。这些措施已经被纳入了北京市语言文字事业的“十三五”规划。报告还纳入了北京小学生家庭语言规划状况、北京中学生对北京话认知和使用情况、北京留学生语言生活环境调查、北京公共场所双语标识语使用情况等内容。

2016全国卷漫画作文“走火” 忙坏网上段子手

（摘自：荆楚网，6月7日，作者：沈素芬）

7日中午，对全国卷I高考作文题的评价弥漫了整个网络。

在朋友圈，一拨段子手的作文发挥更让人脑洞大开：某具有幽默天性的网友“@原野的狼”循着漫画，给网友杜撰了这样一个故事：“《我和同桌的恩怨》：有一次考试我考了55分，看到同桌考了100分，激动地亲了他一口，结果他打了我一巴掌。后来我同桌看到我考了61分及格了，不挂科了，激动地亲了我一口，我一想：上次我亲他被他打了，不行！不能亏！于是，反手就给了他一巴掌！”而营销领域的网友“@大懒”则对漫画解读为：“A君第一季度签单100万亲一下，B君第一季度末签单55万一巴掌。A君第二季度签单98万一巴掌，B君第二季度签单61万亲一下。”做媒体工作的网友“@全球关注”结合自身工作，将漫画解读为“记者版高考作文”：“稿件质量优秀点击率双丰收亲一下100分，错误百出坑编辑坑主任55分一巴掌。猛料独家有错别字98分一巴掌。水稿子刷屏幕61分亲一下。”

从高考作文看时代变迁 社会主义核心价值观领航前行

（摘自：未来网，6月7日，作者：李盈盈）

创新中有稳定。就语料看，新课标卷I的作文形式是漫画材料，仍然属于材料作文，这种变化很好地考察了学生的应变能力和思维能力。

从2016年漫画作文的含义可以看出：“不是考98分的孩子就比考61分的孩子好，而是要看孩子的进取心。”此次漫画作文很好地体现了语文学习的社会功能，即要为学生的未来奠基，注重培养学生分析社会现实，并积极融入社会的能力。

时代中有传统。今年的作文试题紧扣当代社会脉搏，这种引领在一定程度上使语文学习变得鲜活而生动，告诉教师和学生都不要“两耳不闻窗外事，一心只读圣贤书”。比如北京卷的“‘老腔’何以令人震撼”很好地体现了传统文化，使优秀传统文化得以传承。

总体来看，2016 年的上海作文题目与现实生活结合比较紧密，学生对这种社会现象比较熟悉，也会有切身感受。这样的话题有助于学生表达自己的观点，并帮助学生认识到网络上相互尊重，不随意攻击他人的重要性。

2016 高考作文“N 宗最”：全国卷 1 漫画作文最难懂

（摘自：新华网，6 月 7 日，作者：孟含琪、许晟、陈诺、袁军宝）

7 日中午，部分高考作文题一经公布，即被考场外的“考生”冠上了各种“最”的称号。

——“最难懂”：全国卷 I 的“教育和分数”漫画作文。题目一出，不少人表示“不知如何理解”，解读纷呈：有人说，这是 A 被表扬后成绩下降、B 被打了后成绩上升的意思，讲的是教育方式问题；有人说，这是家长对高分考生要求过于苛刻、对低分考生过于放纵，反映的是家长对分数的态度。

——“最具科技感”：浙江卷的“虚拟与现实”。题干中提到，当虚拟世界中的“虚拟”越来越成为现实中的“现实”时，是选择拥抱这个世界，还是刻意远离，或者与它保持适当距离？

——“最思辨”：江苏卷的“话长话短”。虽然有网友认为这一题目很接地气，但也有不少网友表示，感觉材料与题目前后逻辑联系不强，彰显个性和提倡创新之间的关系既不是对立也不是包含或递进，“这题目好难做”。“反正对于这个题目，我无话可说。”山东济南一位高二学生说。

——“最接地气”：上海卷的“评价他人的生活”。题中说，评价他人生活变得越来越常见，这些评价对个人和社会的影响也越来越大，人们对“评价他人的生活”这种现象的看法不尽相同。

2016 高考作文段子出炉！

（摘自：中国企业家网，6 月 8 日）

时间追不上大白马，许多人与高考的关系已是渐行渐远。可高考又好像并未远离，因为每年都能看到一大波（拨）人在高考前后陪着考生一起先哭后笑——高考临近时回忆一次自己的青春，热泪盈眶；高考当天个个化身无敌段子手，分分钟玩坏高考。

2016 年各省作文难度排行榜：

地狱模式：江苏（彰显个性还是提倡创新？）；

噩梦模式：浙江（虚拟现实），全国卷 I （漫画作文）；

困难模式：山东（人生的行囊），全国卷Ⅲ（创业致富故事）；

一般模式：北京（神奇的书签 or 老腔，何以让人震撼），天津（我的青春与阅读）；全国卷Ⅱ（如何提高语文素养）；

简单模式：无……你是来自哪个模式？

回归语文之美　关注社会现实

（摘自：光明日报，6月8日，作者：温儒敏、汪锋、段增勇、谭健文、陈维贤）

从写作的角度来看，选取命题材料强调思辨性，突出思维力，空间、内涵、角度和层次非常丰富，注重让不同地域、不同水平的考生都有发挥的余地，能很好地区分考生的立意层次和写作水平。

全国Ⅰ卷：奖惩之后（漫画）

漫画材料选择得很好，组合巧妙，赋予考生多角度的思考和立意空间。表面上看是对学习成绩的认识和评价问题，其实在对待分数升降的态度上，构成了多种不同的认识关系：肯定与否定、表扬与批评、评价与发展。这样，看似老套的命意，却赋予了广阔的思考可能。

全国Ⅱ卷：语文素养提升大家谈

这个题与去年的全国甲卷谈时代人物风采相似，突出比较分析，注重考思辨能力。但侧重点不同，有导向性，把提高语文素养提升到国家文化软实力层面去认识。这又是一个贴近学生生活实际的题目，写起来难度不大，人人都有话可说，但要出彩也很难，容易写成一般学习体会，而不是有深度的反思。

全国Ⅲ卷：小羽的创业故事

该题切合了“大众创业、万众创新”的时代主旋律。小羽的创业故事可以引发不同方面的思考，作文也可以选择某一方面去论说——青年技术创新与自主创业，市场经济下的法治理念与政府职能，创新要真实、规范、讲诚信，要面向市场、正视自己，等等，都可以作为阐说的着力点，但也不必面面俱到。此题目注意提供多角度、多层次的讨论空间，激活考生的思维，而只有关注现实、视野较开阔，并且有自我思考的考生，才能写得有深度。这是一个把价值观和写作能力有机融合的优秀作文题目。

北京卷：“老腔”何以令人震撼；神奇的书签（二选一）

北京卷的两个作文题充分体现了虚实结合的命题特点。“老腔何以令人震撼”要求从老腔的魅力说开去，不是就事论事，而是就阅读的引子来引导考生反思传统文化，如京剧、皮影等，有利于激活考生的思维。它延续了近年来重视中国传统文化的趋向，突破点则在于把传统文化与现实生活的互动结合得很好。而“神奇的书签”是偏向文学性的题目，主题已经给定，没有立意上的难度和要求，重在考察想象能力和叙事能力。

上海卷：评价他人的生活

上海卷还是偏重哲理性和思辨性的路子，这次作文题“评价他人的生活”是对社会热点现象的思考，突出了公民意识、公民责任，突出思辨性。

江苏卷：话长话短

相对于前几年，江苏卷今年的考题还是有进步。由“话长话短”来引导考生思考彰显个性或创新意识，价值追求比较明显。

浙江卷：虚拟与现实

浙江卷的题思路开阔，富有时代气息。虚拟与现实，两者是否绝对割裂，需要进行界定和辩证思考。这个题目不是让考生简单地看待虚拟和现实的关系，而是讨论当虚拟成为现实以后，我们该如何对待。

山东卷：备好的行囊

“行囊”二字富有诗意和象征意义，题目着眼于人生旅程的“准备”与“前行”，生命的存在和成长，是引导学生思考人生，思考当下与未来。

天津卷：我的青春阅读

天津卷突出语文话题，围绕书香校园、书香社会的构建，强调个人的体验和思考，贴近学生生活。“我的青春阅读”是焦点，引导学生反思自己的读书生活。

随着研究的深入，教育界日益意识到提倡语文素养的重要性，语言文字是语文的基础，其中承载了思维、审美和文化等多维度的功能。很多国家都意识到要在母语教学中追求语文的多维度目标，制定系统的语文标准和测评方案来实现这一目标。这在今年的语文试题中也略见一斑。

苏教版一年级语文教材改版：边学拼音边识字

（摘自：现代快报，7 月 20 日，作者：陈曦影、黄艳）

苏教版小学语文教材新修订版啥样？

一年级语文：内容上的变化，首先是汉语拼音。以前一年级上学期一两个月学完拼音，但新的修订版引导老师把学习拼音的时间拉长，过去在拼读背诵方面要求高，现在难度有所降低。这是根据课标做出的变化，更贴近儿童的需要，符合语文规律。具体来说，孩子们学习拼音和识字同时进行，满足入学后的识字愿望。在拼音学习过程中，配以文字儿歌，更有童趣，让孩子们爱上学习。在考核方面，一年级结束才要求达到熟练拼读，如果部分孩子还是掌握不了，可以等等，到二年级熟练掌握也可以。

语文教育为何一写作文就失真

（摘自：人民日报，7 月 28 日，作者：君然）

在孩子的作文中，不少内容和细节既非来自真实生活，也非出自童年天真的想象，而是千篇一律“安全的模仿”。提到某个问题，就想到某个概念或既定形象，已经成为不少孩子提笔写作时的条件反射。

有人说，这种现象缘于今天对语文教育的重视不够，当英语、奥数成了升学和生存的现实技巧，语文教育就被一些人理解为能识字、能阅读就行了。但实际上，语文作为基础性学科，对学生的语言理解、写作运用、人际交往和学习潜力都有着不可替代的作用。那么，一写作文就“撒谎”的根源到底在哪里？

创作源于生活，虽是一句老话，却也是一句不仅适用于作家，也适用于学生的话。今天的孩子们，课堂之外的时间几乎都被各种作业、补习班、课外班占用，哪还有机会去体验比学业本身丰富得多的生活？因此，学生作文失真的问题，实际上是学生远离生活、失去生活的问题。今天的语文教育需要更宏阔的胸怀和视野，还孩子以生活本身，方能培育出真正的情怀。

人教版小学一年级语文悄悄变模样

（摘自：东方金报，8 月 25 日，作者：刘晓银）

一、新课本变“胖”强调口语和阅读

与旧版相比，新版人教版教材“胖”了一圈，有 A4 纸大小。新教材开篇是《入学教育》，“我是中国人”，这是一种国家的认同感；第二篇是《我是小学生》，这是一种对自我身份的认同；第三篇则是《我爱学语文》，配图则是读书、写字、讲故事、听故事，也和语文的“听说读写”吻合。这说明新教材把阅读习惯提升到和识字、写字同等重要的地位。有趣的是，在“讲故事、听故事”画面中，每个人物形象头上都戴着西游记人物的头饰，这样的画面更能引起学生们阅读的兴趣。另外，新教材还增加了“书写提示”、“快乐阅读吧”和“和大人一起读”。

二、先学“天地人”后学 a、o、e

语文课，很重要的一项，就是需要认识汉字。老教材是先学拼音，安排 4 个单元，之后学汉字；而新教材调整为先学汉字，后学拼音。汉字是从“天地人，我你他”开始。此外，拼音教学由原来的 4 个单元减少到 2 个单元，识字课却从原来的 8 课增加到

10 课。新版教材识字课的课时增加了，但第一册书的识字量却从 400 个降到了 300 个。

三、增加传统文化元素

新版教材课文中的插图，不是西装革履、洋装小裙，而是女孩的羊角辫儿、男孩的茶壶盖儿，站如松，坐如钟，采用的都是中国传统京剧的人物形象，甚至插图几乎都是用的中国传统的水墨画风格，里面还涉及喜鹊、蜡梅……这些都极具中国风和传统文化元素。此外，文章中还有《剪窗花》《春节童谣》等极具中国味的文章，这也充分体现了对我国优秀传统文化的重视。

北京版一年级语文教材上册：更强调学生认读字能力

（摘自：北京青年报，8 月 31 日，作者：张昆龙、林艳、武文娟）

北京版一年级语文第一册新版教材要求学生在学拼音的时候就开始识字，并且更加强调学生认读字的能力。在新版教材中，认读字从老版教材的 198 个字增加到 407 个，增加了 209 个。在认读字增加的同时，会写字的数量在减少。今年北京版一年级语文教材第一册中要求学生会写的字数只有 100 个，较老版教材的 123 个减少了 23 个。

语文教材：古诗文比例提升，重视革命传统教育

（摘自：人民日报，9 月 1 日，作者：张烁）

新教材注重继承与弘扬优秀传统文化，从《诗经》到清代的诗文，从诸子散文到历史散文，均有收录。新教材采取“人文精神”和“语文素养”两条线索相结合的方式编排。“人文精神”重在选文的思想性，发挥思想品德教育的作用，以文化人；“语文素养”重在培养学生掌握必备的知识和听、说、读、写基本能力。

并且，新编语文教材高度重视中小学生的革命传统教育。从选文看，既有《吃水不忘挖井人》等传统经典篇目，又增加了《开国大典》《七子之歌》等文章；从数量看，小学 40 篇，初中 29 篇，涉及毛泽东等老一辈革命领袖，雷锋、黄继光等革命英雄人物，以及钱学森、邓稼先等著名科学家。同时，还有鲁迅、茅盾、闻一多、艾青等著名文学家的选篇。

苏教版小学语文教材注重插图的作用

（摘自：春城晚报，9 月 1 日，作者：李思家）

由江苏凤凰教育出版社最新修订语文教材图文并茂，而且插图呈现出满满的中国风。一年级上学期新教材有 5 ~ 7 篇课文发生了变化，结合孩子的认知，更贴近现实，

新增加了课文《给刘洋阿姨的信》《秋姑娘》等。新教材仍旧在开篇就培养学生良好的学习习惯，一年级上册以拼音、识字等内容为主。

2016 年版语文教材“变脸” 提倡阅读教育

（摘自：三峡日报，9 月 2 日，作者：曹宇）

修改后的小学教材体现识字的重要性，而拼音却是学习识字的拐杖。教育改革要遵循教育规律，先认字再学拼音的小小变化，将公众的关注视线拉回到教育规律上来。从初一新教材的变化来看，此次改革的背后，承载的是回归经典阅读，重视厚积薄发，强调向中华传统文化学习，关注个人终生发展的理念。这也反映了语文学习的本质——点滴积累，方能水到渠成。面对新教材改革，在初中语文学习中，不应刻意追求分数，不过分强调应试，而应该更关注素养，更重视积淀；而语文应试能力的提高，则是语文素养点滴积累后水到渠成的结果。

济南一小学语文数学课合二为一

（摘自：齐鲁壹点，9 月 2 日，作者：张立）

济南市纬二路小学爱都分校取消了语文与数学课，代之以主题课程、戏剧、美术、体育等课程。除了个别科目，所有主科仅用一本教材，这些科目的内容全部融入一本名为《开学啦》的课本之中。这一本书，其中不仅包含语文、数学的相关内容，美术、音乐、体育、游戏甚至科学等其他科目也包含在内。

回首“新概念”：为语文写作另辟蹊径

（摘自：北京日报，9 月 6 日，作者：钟明奇）

以作文的写作为例，这本是语文教育中最具有人文性、审美性和创造力的一个方面，但在标准化考试模式之下，却变成了一种纯技术性、近乎八股文式的机械训练。《新概念作文大赛历史》，以一个个故事的形式，娓娓讲述新概念作文大赛从举办至今的发展历程，兼之插入极为珍贵的原始资料图片，图文并茂，读来亲切有味，发人深省。这无疑是新时期一部别具一格、充满生气的语文教育史，其最为重要的贡献乃在于更新了语文教育的理念与独特的人才选拔方式。

人教版初中语文课本 更注重阅读方法和书写规范

（摘自：钱江晚报，9 月 8 日，作者：沈蒙和）

初中语文课本变身啦，田字格首度出现！这个变化释放的信号，是现在越来越重视学生书写的规范性，也透露出教材编写者更加重视汉字书写在学生心智培养中的作用。以七年级上册语文课本为例，总篇目从旧版的30篇，缩减到新版的24篇。与旧教材相比，新教材课文篇目减少，对初中生和老师来说，都是好消息，既降低了学习难度，也减轻了教学双方的压力，给师生更多自主学习的时间。

同时，新教材中适当增加了国内外的经典文学作品，更注重语文素养的培养，知识体系也更加清晰。新教材仍然采用文选式，但是选文更侧重于从学生的角度出发；新教材继续采用主题组元，如第一单元是“四季美景”、第二单元是“至爱亲情”等，但主题编排更集中合理；新教材还特意将每个单元课文，分为“教读”、“自读”和“课外阅读”三种课型，将课外阅读纳入课程的有效组成部分，沟通课内外阅读，课外阅读的重要性可见一斑。

先学汉语拼音还是汉字引热议　不同学习者因人而异

（摘自：人民日报，9月11日）

今秋新学期开学，人教版小学《语文》教材有一个变化：一年级语文课不再是一开篇就学汉语拼音，而是在学完一个单元的识字之后，再学习汉语拼音。这个变化引发了学生家长和网友的关注和热议。

全国大学语文研究会理事苗笑武认为，对于儿童学习者而言，先学汉语拼音容易造成对字母符号先入为主的意识，而先学汉字更有利于在学生头脑中建立对民族传统文化的认知形态和思维基础。北京语言大学汉语进修学院副教授陈默也认为，对于母语为汉语的儿童来说，先学汉字，再学拼音是可取的。这是因为儿童已经掌握了基本的汉语听说能力，建立了汉语语音和意义的连接，形成了音节意识。

一些外国汉语学习者则认为：先学汉语拼音、再学汉字，更能有效地学习汉语。也有人认为，还是要看具体的教学对象。如果是对于东亚地区的学生而言，先学汉字、再学汉语拼音可能更高效。

中学语文教科书修订之浅见

（摘自：吕梁日报，9月12日）

在这样一个过度阐释成为可能的时代，我们如果过于关注文本的思想内涵，肯定会让我们步履维艰，举棋不定，莫衷一是，无法定夺。因此，在语文教材的编写过程中，我们还是更应该注重文本的形式美和艺术特色，多从写作技巧的角度来关照和分析我们的文本，以教给学生全面、完整的语文技巧为指归，而稍微淡化一些意识方面的内涵。

延期学拼音减压，亲子阅读时间上恐难保证

（摘自：汕尾网，9月14日）

对于新版教材，不少家长坦言越改越好。对于新增的“和大人一起读”栏目，有家长称可能会“吃不消”。如果每天要共读的话，时间上恐怕很难保证，如果改成提倡，并非强制要求，可能会更好些。

中文网络用语难倒老外　专家畅谈是否应集中学习

（摘自：人民日报海外版，9月17日）

网络用语具有更新快，时效性、背景性强的特点，不仅出现在网络对话里，还出现在人们的日常交流中。对于外国汉语学习者来说，有没有必要系统和集中地去学习网络用语？

中国社科院语言研究所副研究员唐正大认为：网络用语也是中国文化的一部分，外国汉语学习者在基本汉语训练之外，适当了解一下这些活色生香、有些调皮的网络用语，对其中文学习还是挺有好处的。

中国人民大学文学院副教授李禄兴则认为：留学生学习汉语应该以规范的普通话为主，不必把精力过多地放在网络用语上，更不必集中学习这些网络用语。

厦门大学海外教育学院院长黄鸣奋认为，外国汉语学习者最好根据自己学习的目标来决定如何学习中文网络用语。

港大中文学院近半课程普通话授课　学生忧粤语课“灭绝”

（摘自：中国新闻网，9月20日）

据香港《明报》报道，香港中小学普教中争议持续，大专中文系用普通话授课亦受质疑。港大中文学院过去用普通话授课的课程占两至三成，今年急增至一半，计有17个课程以普通话授课，学生忧虑趋势加剧，担忧粤语中文课程“灭绝”。学生引述校方回应表示，中文学术缺乏香港本地人才，聘请本地讲师遇到困难。

港大发言人回应，期望学生和教师均能善用广东话、普通话或英语等语言汲取知识，掌握中文繁体、简体文字，均有利学习。

新版语文教材　教人把读书变成生活方式

（摘自：新京报，9月19日，作者：王远征）

以前孩子从学前班到小学，立即学拼音，难度大，可能损伤孩子学语文的兴趣。

学界对于汉语拼音教学在整个教学体制中的位置效能问题有调查研究成果，总体而言是要降低汉语拼音的难度，让拼音教学服务于识字教学。新教材据此做了调整，降低难度，往后挪了大概一个多月，先做入学教育，再开始5~6课的识字教学，然后才学拼音。让识字教学和拼音教学更好地结合。课文选篇更强调4个标准：经典性，文质兼美，适宜教学，兼顾时代性。课改之后流行的各种版本语文，都把人文性放在最重要位置，并且重视引导学生的兴趣，多选“时文”。

语文教材主题活动“get”生活技能

（摘自：北京晨报，9月22日，作者：刘佳）

新版语文教材变化不大，文章顺序略有调整，篇目略有增减，但主要变化则凸显在主题活动中。课后主题活动部分除了文学味较浓的文章引读外，还有一部分更像是在帮助学生掌握生活技能。新版教材中的主题活动可以分为3种，其一是“文学味”浓的主题文章推荐，当中涉及民俗、四季等篇目；其二是“接地气”的生活技能，书中特别安排一项专题活动是关于阅读图表；其三是“专业性”强的知识补充类。新版教材中特别在主题活动中加入语法教学的专题，其中通过以文章、句子引入的方式将语法教学融入其中，培养学生的语境意识。

语文出版社新版语文教材内容更加活泼

（摘自：河源日报，9月23日，作者：吴雪）

小学一年级上册新版语文教材包括入学教育、汉语拼音、识字课、阅读课、单元学习活动五大板块，修改后教材结构没有发生大变化，但内容却作了大量的调整。整册减少一个单元，从原来的7个单元减为6个单元。教材更加注重文质兼美、文化熏陶、经典阅读，增加了传统文化、经典文化在现有教材中的分量。

初中七年级的新版语文教材由原来的7个单元减为6个单元；课文篇目由原来29至30篇课文减少为24篇；综合性学习由原来每册3次减为2次。另外，重新编写了单元说明、课后练习、口语交际、写作和综合性学习。在版式设计上，新教材采用16开设计，平均每册120页，结合课文内容，选择名家名作，文图并茂，有利于提高学生的审美修养。

真语文教学现场不是明星秀

（摘自：中国青年报，9月29日，作者：桂杰、谢湘）

按照教育部《新课程标准》规定，学校除了上《语文》课以外，还应该上口语交际和综合性学习性课程，但目前，在很多省市，口语交际课在实际的教学当中被忽略。公开课或者示范课应该是平常课堂教学的样式，而不是作秀。无论是语文教学大师、语文教学名师，还是普通的语文老师，都不是表演艺术家，更不是角儿；同样，听课的老师都不是捧角儿的，更不应该成为追星族。概括来说，真语文教学的现场不是戏场和明星秀，而是实实在在进行语文教学的课堂。

北师大版语文教材有变化

（摘自：东南早报，9 月 30 日）

新教材要求认读的字由原来的 334 个，减少为 330 个，同时去掉了“查字表”。新教材单元总数减少，拼音单元由以往的 5 个集中为 1 个；情景图中加入了“富强、民主、文明、和谐、自由、平等、公正、法治、爱国、敬业、诚信、友善”的社会主义核心价值观内容等；每一篇课文后所设置的问题减少，由两问变为一问，另增加了朗读课文的要求；取消了拼音在四线三格中的范写；每个韵母或声母图画边上都配有一个含有本韵母或声母的字和音节。

让“京片子”走进校园生活

（摘自：文汇报，10 月 7 日，作者：郭超豪）

专访北京市语委办公室主任贺宏志——让“京片子”走进校园生活：“家雀儿”“蝎拉虎子”“砸窑”……这些记录着很多北京人美好回忆的“京片子”，现在听到得越来越少，北京的孩子们日渐不识。据悉，我国第一部地方和城市版语言状况调查报告——《北京市语言生活状况报告》将于近日出版，本报记者专访了北京市语言文字工作委员会办公室主任贺宏志。他表示，“京片子”富含文化价值，尽管它的日渐式微是不可逆转的大趋势，但我们在保留其历史文化信息方面仍可有所作为，让“京片子”走入校园生活便是重要一环。

2017 年高考大纲正式发布　增加中华优秀传统文化考核内容

（摘自：北京日报，10 月 15 日）

10 月 14 日，经修订后的 2017 年普通高考考试大纲正式发布。新大纲更加强化了对中华优秀传统文化的考核，语文增加了阅读量、古代文化常识，数学新添数学文化，汉语科目则加上文言文、传统节日、民俗等内容。

教育部考试中心相关负责人介绍，考试大纲的修订，旨在贯彻落实考试招生制度改革精神，体现国家人才培养和高校人才选拔要求，进一步强化高考命题的育人功能和积极导向作用。通过加强高考命题的标准建设，进一步密切高考测评标准与正在修订的高中课程标准的衔接，提升标准的科学性和规范性。

教育是语言竞争的热点领域

（摘自：光明日报，10 月 16 日，作者：李宇明）

社会生活是分领域的。语言在社会生活各领域中的运用，便形成各社会领域的语言生活。这其中，教育领域的语言竞争最为激烈。下面是些例子："儿童读经"现象、现代"私塾"教育、建议中小学教授繁体字、方言文化进课堂、中小学"双语教育"、大学提倡用外语教专业课、外语的高考地位、"小语种热"、少数民族地区的"双语教育"、汉语国际教育如何布局。教育领域的语言竞争主要表现在两个方面：一是语言课程，二是教学媒介语。教育领域亟须制定科学的语言规划。教育领域语言规划的制定，要有三大意识：政策意识、资源意识、规律意识。教育语言规划需妥善处理的主要问题是：教学媒介语问题、语言课程问题、汉语国际教育规划。

北京市语委：探索将语言文字纠错纳入学生社会实践

（摘自：人民网教育频道，10 月 17 日，作者：孙竞）

近日，北京市教委、市语委副主任李奕在市语委会全委会上表示，"十三五"期间，北京将实施"中小学口语交际表达能力提升"专项，创新推进中小学生辩论俱乐部建设。记者在《北京市语言文字事业"十三五"发展规划（征求意见稿）》中看到，北京将进一步加强普通话口语、规范汉字使用与书写、语言文字规范标准、中华经典和人文素养、语言国情等的教育教学，着力提升师生的语文综合素养和语言文字应用能力，树立中华语言情怀。"十三五"期间，北京语言文字工作部门将与文化、文物、地方史志、旅游等相关部门协同，推进语言资源的挖掘、整理、开发和利用。并在国家语委的支持下，推动"中国北京国际语言产业/语言文化博览会"的举办，填补世界大华语区同类会展的空白。北京还将依法实施语言文字社会应用的监管与服务。

香港小学生课外讲普通话机会少　团体倡多办活动

（摘自：中国新闻网，11 月 14 日）

香港普通话传艺学会 13 日公布"小学生普通话水平"调查结果，发现高达八成的香港小学生除课堂外，每星期使用普通话的时间不足 5 小时。逾半学生认为有需要在课外时间增加使用普通话。

调查于10月进行，共访问了300名曾学习普通话的小学生，全部学校都设有普通话课堂。调查发现小学生普遍对本身的普通话水平十分有信心，93%学生认为自己属合格或以上。同时，调查又发现，86%的受访小学生每星期日常使用普通话时间不足5小时，五成学生只有1~3小时，不足1小时者有13%。逾五成学生认为有需要在课外增加使用普通话的机会。

对此，普通话传艺学会建议，学校、地区团体及社福机构等应多举办使用普通话的趣味活动，如朗诵、绕口令、讲故事、角色扮演、讨论等，增加学生使用普通话的机会；家长可多鼓励子女使用普通话，如以普通话作亲子交流；学生如需要补习中文，家长可选择使用普通话教授中文的学习中心，让子女同时提升中文及普通话能力。

钱乃荣：方言进课堂不能拯救上海话

（摘自：腾讯网，11月15日，作者：陈阿娇）

为了拯救日渐没落的方言，一些地方开始尝试方言文化进课堂的活动，希望让学生在课堂上学会说方言。但是近日著名语言专家、吴语研究专家钱乃荣却直言“效果不会太大”，并表示不会去学校里教孩子们方言。

方言中包含浓厚的地域文化底蕴，而且方言研究与音韵学、训诂学等学术研究具有不可分割的联系，重要性不言而喻。但是，语言必须在日常生活中使用，才能保持顽强的生命力，一两堂课无法继承整个方言体系。当代方言的衰败，是城市化进程的副产品，保护方言必须“全方位立体式”营造方言空间。

可见，方言里有大大的乾坤，承载着地域文化和远古文明，对文化艺术是一种不可或缺的滋养。但目前方言的衰败是人们为了降低沟通成本的主动选择，仅仅依靠几节方言课就试图拯救方言，是不太可行的。保护方言的最好方式就是使用方言，与其靠教育工作者去上课，不如在普通话推广的基础上，给方言一点立体化的使用空间。

关注儿童语言发展与教育　上海市语协成立儿童语言发展专业委员会

（摘自：东方网，11月20日，作者：刘昊）

幼儿期是语言学习的最佳时期和关键时期，重视儿童语言发展的习得、教育和培养，就是对“根”的悉心栽培，将对孩子的一生产生重要的影响。目前，社会和家庭对于儿童语言教育的关注力越来越大，社会需求日益增长。上海市语协儿童语言发展专业委员会的成立，将围绕儿童语言发展与教育的问题，深入进行理论研究和实践探索，积极创新儿童语言发展与教育的现代模式，大力促进儿童语言发展与教育的社会宣传与推广，为儿童语言发展教育奠定扎实的专业基础，为今后的多领域合作做出有益的尝试和探索。

国家汉字应用水平测试首次在衡阳开考

（摘自：红网，11 月 22 日，作者：向吟吟）

11 月 19 日，一项主要针对公务员、教师等相关从业人员的国家汉字应用水平测试在衡阳师范学院进行了衡阳地区的首场考试。近年来，越来越多的网络词汇被大众熟知，汉字使用也越来越不规范。为改善社会用字环境，促进汉字应用的规范化和标准化，国家从 2007 年开始逐渐推行汉字应用水平测试，这是继普通话水平测试之后贯彻执行国家通用语言文字法的又一重大举措。今年我市是首次进行测试，未来这项测试将陆续在全市、全省、全国推广普及，来检验测试者的汉字水平是否能胜任所从事的工作，逐步实施持证上岗。

为青少年打开“语文新空间”

——访北京大学温儒敏教授

（摘自：光明日报，12 月 5 日，作者：朱蒂尼）

温儒敏：因为作文教学不到位，学生普遍的写作水平下降。显著的表现就是“套式化”和“文艺腔”，缺乏创意。我希望创意写作大赛能真正打开“语文新空间”，唤醒青少年写作的兴趣与创意，唤醒语文的耳朵。“读书养性，写作练脑”，写作训练背后其实是思维训练，写作能力好，必定要脑筋清楚，思维活跃。那么想让作文有创意，除了解开束缚，关键还要多读书，多观察，多思考。所以我建议语文教学不要滥用多媒体，语文老师还是要静下心来多读书，当“读书种子”。

流动学龄前儿童家庭语言生活新变化

（摘自：光明日报，12 月 11 日，作者：尹静）

据国务院妇女儿童工作委员会办公室和中国儿童中心合作开展的中国九城市流动儿童状况调查结果显示，6 周岁儿童中有 46.9% 的没有接受过幼儿园或者学龄前教育，这部分低龄新生代儿童的语言习得主要依赖家庭语言生活环境。流动家长在语言态度上表现出很强的城市化倾向。有的家长学会了与孩子交流谈心，在自己做错事情时敢于向孩子道歉等做法，但仍有众多流动家长在表达请求时还不能很好地做到委婉客气。

流动家长对语言生活中的新词新语使用持疑问态度。

高校文学翻译人才培养：翻越母语坎 闯过创新关

（摘自：光明日报，12月13日，作者：陈鹏）

“成为优秀译者的前提不是拥有高水平的外文能力，而是需要扎实的母语功底。”北京交通大学语言与传播学院副教授尹静表示，当前我国教育忽视母语教学的做法较为常见，大学生的汉语能力堪忧，更缺乏文学素养，难以承担起翻译的工作。对于提升高校文学翻译人才培养，北京语言大学高级翻译学院教授管兴忠建议，在教学上要加大对文化类课程的设置，鼓励学生参与翻译实践项目，文学翻译著作可以考虑折算和免修学分。

家长困惑 孩子要不要提前学拼音

（摘自：长江日报，12月21日，作者：杨幸慈、杜欣）

现在的公办幼儿园一般不教孩子学拼音，于是不少家长送孩子去上幼小衔接班，以免小学跟不上课。为了向家长展示孩子们的汉语拼音学习成果，汉阳西大街小学英才校区昨日举行“拼音王国欢乐汇”活动。经过3个月学习，孩子们的汉语拼音“玩”得如鱼得水。“虽然拼音零基础的孩子一开始会有点压力，没有别人记得熟，但两个月后也都能水平相当。如今快到期末，大家的差别就不大了，都能跟上。”针对幼小衔接问题，一年级（2）班班主任石榴园建议，基础好的家长可以自己教孩子，但对学语文而言，培养良好的阅读习惯比学拼音重要得多。

方言教学法

（摘自：西安日报，12月26日，作者：冯龙强）

作为一名高中语文教师，我时常为了提高学生学习语文的兴趣绞尽脑汁。在日积月累的潜心琢磨之下，我终于找到了几种百试不爽的激趣方式，其中之一就是对于方言的自如运用和恰切融入。我给学生讲述自己遇到的有关方言的一个笑话：初二的一节政治课，窗外北风呼啸，老师用一口流利的普通话说道：“风楞怂楞怂地刮，都快把我冻日他了。”像这种用普通话的读音把方言特有的词语说出来，总会产生一种错位新奇的幽默。

二　外语教育

“一带一路”建设带动小语种的火爆

（摘自：钱江晚报，3 月 9 日）

日前，教育部在官网上公布了 2015 年度普通高等学校本科专业备案和审批结果的通知。浙江高校新增 70 个备案本科专业和 7 个审批本科专业，后者是国家控制布点专业。在新增西班牙语专业之前，浙大外语学院共有英语、德语、日语、俄语、法语、翻译 6 个专业。

昨天，外语学院副院长李媛告诉记者，西班牙语专业的设立和浙江与拉美的贸易往来密切相关。

浙江是中国第一大对拉美贸易省份，基本覆盖到拉美地区的全部国家和地区。同时，浙江对西班牙的贸易也在逐年增长。尤其是 2014 年 12 月 10 日，首趟“义新欧”中欧货运班列开通。班列从义乌直达西班牙马德里，是世界上最长的火车运输线之一，为浙江商品出口欧洲开辟了一条高效、便捷的物流通道。

“近年来，中国与说西班牙语的拉美国家的关系步入了历史上最好的时期。所以，中国，特别是浙江省对西班牙语人才的需求量不言而喻。”李媛说。

记者发现，除了浙大新增了西班牙语，很多高校也增加了小语种专业。北京外国语大学一口气增设了 8 个，还尽是一堆拗口的小语种——亚美尼亚语、格鲁吉亚语、阿塞拜疆语、塔吉克语……李媛说，这些非通用语种的增设，和国家的战略布局分不开。

教育部 2015 年发布的《2014 年度中国语言生活状况报告》显示，当前，我国高校“一带一路”小语种数量不足——“一带一路”覆盖的中亚、东南亚、南亚、西亚和东非 5 个地区的官方语言数量超过 40 种，而我国 2010 年到 2013 年高校外语专业招生的语种只覆盖其中的 20 种。

为此，教育部发布意见，指出加强非通用语种人才培养，是实施对外开放战略，特别是“一带一路”倡议、维护国家主权安全发展利益的迫切需要。意见要求，2015 年开设非通用语种从 56 种增加到 70 种，2017 年，达到 94 种，实现所有已建交国家官方语言全覆盖。

中小学英语阅读教学研讨会　探讨如何提高学生口语能力

（摘自：人民日报，6月6日，作者：赵婀娜、杨张若然）

首届全国中小学英语阅读教学研讨会日前在京举办，《全国中小学生英语课外阅读倡议》同时发布。与会专家认为，学生每天坚持利用课外时间阅读20分钟，有选择地阅读英文原版材料，广泛涉猎阅读话题，并利用互联网技术弥补母语环境不足的缺憾，能够提升听说能力。

始终张不开嘴的“哑巴英语”困局，多年来一直困扰着我们的英语教学。研讨会上学者们分析，学生被考级等功利性指标所绑架，却忽视了语言的应用性，是重要原因。专家建议，在课本之外，选择一些体裁广泛、主题健康、品质优秀的英文原版图书，作为英语课外阅读材料，通过阅读培养自己的英语核心素养。

G20峰会推动小语种学习

（摘自：红网，9月27日，作者：谭忠欣）

G20峰会，火了的不仅有唯美的杭州，还有一群小语种翻译志愿者们。今年G20杭州峰会志愿者招募选拔中，特别注重语言能力，优先选拔德语、法语、西班牙语、阿拉伯语、印尼语等各小语种专业的志愿者。

从日本诺奖“井喷”看大学英语教改

（摘自：文汇报，10月11日，作者：蔡基刚）

2001年日本提出50年拿30个诺贝尔奖的目标，日本外语界随即开展了一系列英语教学改革，于2003年发布了《培养能使用英语的日本人的战略构想》，要求高校大学生从“学习英语”转向“用英语学习”。许国璋先生称赞日本“始终以外语作为汲取现代科学文化的工具”，“在科技经济发展上做出了世人瞩目的成绩”。他批评我国“大学的公共外语，效果很不理想”，“忽略了以外语为工具汲取现代科学文化知识”，他认为，“外语教学的方针，是涉及国家民族利益的大事”。为此，他在1978年提出“未来五年内”，要培养“能读懂专业外语书刊”“能够使用外语作为研究与国际交流工具”的大学生。现在到了考验《大学英语教学指南》的时候了：是否要调整？

英语阅读教育研究院成立

（摘自：中国教育报，10月17日，作者：却咏梅）

北京师范大学和外语教学与研究出版社联合创办的“中国英语阅读教育研究院”

日前在京成立，该研究院旨在服务国家培养学生核心素养的战略需求，全面推动英语阅读教学研究与实践。该研究院由顾问委员会、学术委员会、教研委员会和专聘研究员四大研究主体构成，将汇聚国内外英语阅读教育专家学者的智慧，深入研究英语阅读教学与评价，为教学和科研人员搭建专业化的研究发展平台，推动和组织国内外学术交流与合作，并积极探索数字时代英语阅读教学方法与评价模式的改革与创新。

辽宁省明确规定小学三年级后才可以设立外语课

（摘自：央广网，11 月 4 日，作者：郭威）

从 2017 年秋季新学期开始，辽宁小学三年级至六年级学生每周上一堂书法课，小学开设外语的起始年级为三年级。据了解，以往是允许有条件的学校，可以在小学一年级开设英语课。此次调整是考虑到小学一年级还在学习拼音，如果同时学习英语，容易混淆，加重低年级学生的课业负担。按照要求，在义务教育阶段语文课程中，应按照课程标准要求开展书法教育，其中三至六年级的语文课程中，每周安排 1 课时的书法课。

英语听说测试促进课堂变革

（摘自：文汇报，11 月 15 日，作者：张鹏）

华东师大一附中校长陆磐良表示早在几年前就开始酝酿英语教学改革，在高一、高二年级每周英语课程的有限课时中专门设置一节“语用实践课”。该课程从学生的学习兴趣、生活经验和认知水平出发，在解决实际问题过程中提高学生的语用能力。此外，学校每周还安排了两次早读课，由英语教师纠正学生阅读英语时的语音、语调、意群停顿等，真正培养学生“说英语”的能力。

中国英语能力等级量表明年公布

（摘自：光明日报，11 月 16 日，作者：晋浩天）

教育部副部长林蕙青近日在第二届语言测试与评价国际研讨会上透露，中国英语能力等级量表已完成主体研制，预计 2017 年正式对外公布。国家英语能力等级考试的研发工作也在顺利推进，计划在 2020 年前逐步推出。林蕙青指出，中国英语能力等级量表是第一个覆盖我国各教育阶段英语教学、学习和测评的能力标准，将有利于解决我国各项英语考试标准各异，教学与测试目标分离，各阶段教学目标不连贯等问题，实现英语教学“一条龙”和多种学习成果的沟通互认。

西班牙语全球认证考试落户学堂在线

（摘自：人民日报，11月21日，作者：赵婀娜、张润芝）

首个西班牙语全球认证在线考试21日落户学堂在线。全球有4.06亿人将西班牙语作为母语使用，是联合国六大官方语言之一，世界第二大语言。学堂在线是由清华大学发起成立的全球最大的中文MOOC平台，目前全球注册用户量已超过600万，平台运行课程门数超过1000门。西班牙语国际评估测试（SIELE）是全球首个利用数字化手段对学生和专业人士的西班牙语语言水平进行评估和认证的测试系统，涵盖了所有不同演变形式的西班牙语，因此受到所有使用西班牙语国家的认可，目前已在包含美国、巴西在内的全球30多个国家推出并运行。

低龄留学　语言成最大“拦路虎”

（摘自：信息时报，11月29日，作者：徐珊珊）

教育部发布的《中国留学回国就业蓝皮书2015》显示，从1978年到2015年底，中国出国留学人员累计达404.21万人。其中，2015年出国留学人数达52.37万人，同比增长13.9%。其中，低龄留学生占一半以上。树童教育负责人李小静表示，低龄孩子出国留学仅仅凭国内英语课的词汇量，是难以满足国外学习生活交流的需要的。“现在有个误区，是学生们为了申请好学校，一味刷题刷分，缺乏大量的阅读。”她认为，中国孩子学英语应上升到“学术”层面，“用英语读懂数学、物理题、表达加减乘除，这就是学术英语。”

“国培计划”助乡村英语课堂活起来

（摘自：中国教育新闻网，11月30日，作者：田伟）

很多农村的英语老师觉得课上起来比较吃力，老师成天在课堂上满堂灌，而学生大多不在状态，亦不敢大声地说出来。近日参加“国培计划”的40名市级英语骨干教师来到重庆市梁平县10所初级中学支教，他们分小组跟那里100位英语老师一起研课、磨课、同课异构。“十三五”期间，重庆将实现中小学老师培训全覆盖，其中包括10多万名乡村教师，尤其是3万多所村校和教学点的老师。在实施“国培计划”中，重庆探索出一条培训优秀教师和送教下乡的双赢新模式，得到了教育部国培专家调研组的肯定。

台湾：外语通译人才 “司法院”研议与大学合作

（摘自：中时电子报，12 月 28 日）

“司法院”今天表示，针对外籍人士在台争讼等语言翻译需求，将研议与大专院校所新设的东南亚语文学系合作，延揽优秀通译人才。“立法院司法及法制委员会”今天邀集“司法院”“法务部”等单位，进行外籍人士在台争讼、就业等语言翻译需求短、中、长期因应政策专案报告。“司法院”副秘书长林勤纯表示，台湾高等法院及其分院等 5 所法院，依辖区办理特约通译备选人招募，建置 18 种语言类别，共 236 名特约通译备选人名册；短期因应政策，将强化特约通译备选人教育训练等，中期因应政策则会研议编印法院特约通译手册，让特约通译备选人了解法院通译的职责、基础法学知识等。

三　少数民族双语教育

“维新版”语文教材国学范儿十足

（摘自：中国科学报，2月26日）

我国首部针对海外华人子女学习汉文化的国语教材——《维新小学语文教材》，预计在今年五六月出版。教材的特点引发了网友的关注。这套教材一是国学范儿十足，将语文、国学、历史、德育融为一体。二是淡化字词句，融合德育和人格教育理念。

据介绍，教材编写历时3年，参考了新中国成立之初的语文教材、民国时期的教材以及台湾地区现行的国文教材。教材按六年学制编写，全套12册，每册教材有6～7个单元，具体为国学、人文主题、诗词基础、华文文法、现当代文学、中国历史和写作。每单元有3～7篇文章，包括贾平凹的《秦腔》、冰心的《观舞记》、季羡林的《病榻杂记》，还有安徒生的《一个贵族和他的女儿们》等。这套教材有望在全国约20个课题实验区试用，北京的课题实验区为通州。

驻村工作队组织开展藏汉“双语”学习活动

（摘自：拉萨晚报，4月26日，作者：群宗）

近日，西藏自治区派驻的市中法驻林周县连巴村工作队，针对连巴村群众藏汉语沟通能力不强和村“两委”班子汉语表达能力不强的实际，组织开展了藏汉“双语”学习活动，有效提升了群众与驻村队员之间的沟通能力，进一步密切了党群干群关系。

活动中，驻村工作队要求队员每晚观看西藏电视台的藏语新闻，听“藏语”歌曲、看“藏语”电影，找村干部“一带一”或“一带二”的学习方式，不断强化学习教育，激发学习兴趣。截至目前，4位驻村干部和村委会干部组建帮学对子6对。

同时，为满足村民学习汉语口语的强烈愿望，驻村工作队还开办了汉语口语培训班，帮助村民学说汉语口语，学习常用汉字。另外，在日常交流中还与村民进行藏汉“双语”对话，互学互促、共同进步、共同提高。

通过帮扶学习，驻村工作队不仅提高了自身的工作水平，更拉近了与群众之间的距离。

新疆乌鲁木齐汉族教师创办“疯狂维吾尔语”培训班受欢迎

（摘自：央广网，5月8日，作者：张雷、马丽萍、弓璇）

在乌鲁木齐有一家“疯狂维吾尔语”培训班，引来不少汉族小伙伴踊跃报名，而令人惊讶的是“疯狂维吾尔语”的创始人还是一名汉族老师，她叫陈玉华。通过语言了解维吾尔族文化，这也是陈玉华的办班初衷。在陈玉华看来，融洽的关系离不开畅通的语言交流。如今，陈玉华不仅会帮助南北疆访惠聚工作组的成员学习维吾尔语，还利用微信平台开展了线上线下各种免费教学群。她说，今后她还会开设汉语培训班，吸纳更多的维吾尔族学生学习汉语，让顺畅的语言交流促进各民族相互融合、相互团结、共同进步。

四川凉山州多措并举助推双语教育发展

（摘自：凉山日报，6月15日）

为适应经济和社会的快速发展对人才的需求，凉山州多措并举助推双语教育发展。在具体措施方面，凉山州结合新形势，提出新思想，明确办学思路和要求，强化管理，制定政策措施，依法治校、依法治教，保障双语教学优先发展。在教材方面，制定了中小学彝文教材编译规划，编译出版1200多种彝文教材、教参、教辅读物和中师教材，约1.2亿字，并召开例会，深入基层调查研究，加强督促指导；年末统一检测，进行质量分析，开展教师论文、教学、优质课评选，学生作文、师生知识竞赛。

截至目前，凉山州共有开展双语教育的中小学618所，接受双语教育的在校生有24.54万人；现有双语教育专任教师1381人。

新疆双语教育实现历史性突破　中小学双语教育覆盖面提高到70%

（摘自：新疆日报，6月20日，作者：赵西娅）

截至2015年，全区学前和中小学少数民族接受双语教育和民考汉的学生已达到224.93万人，占少数民族在校生数的77.38%；比2009年增长了126.22%；双语教育幼小衔接率达到88.8%，小初衔接率达到91.86%。

“十二五”期间，新疆双语教育的发展中，最引人注目的成就是学前双语教育的发展。免费上幼儿园的优惠政策，极大地激发了各族群众送孩子接受学前教育、双语教育的热情，双语教育“从娃娃抓起”成为各级党政和社会各界的共识。据了解，为进一步普及双语教育，“十三五”期间，新疆还将陆续投入专项资金，并以南疆和农村地区为重点，在全区范围内“提质”学前“双语教育”，确保教育均衡化发展。此外，该计划争取在“十三五”期间基本解决南疆“双语”教师短缺问题，每年为南疆地区培养2200名疆内免费师范生。

教育部民教中心检测新疆阿克苏地区双语教育质量

（摘自：阿克苏日报，6月21日，作者：唐华荣）

6月12～17日，由教育部民教中心、新疆师范高等专科学校专家分别对温宿、阿克苏、库车、沙雅4个县（市）的15所双语幼儿园共30个大班900名幼儿进行抽测。

此次双语幼儿园保教质量监测主要测试幼儿国语的听、说、用能力。采用答一答、认一认、选一选、做一做、学一学、说一说“六个一”的方式对幼儿一对一测试。

监测结果表明，地区学前双语教学取得明显成效，但仍然存在一定的问题，需要不断强化学前教育教学质量，提升学前教师教学能力和水平，确保发挥学前教育在整个双语教育教学中的基础性作用。

兰大学子继续“寻找安妮”促进裕固族语言教育

（摘自：人民网，7月25日，作者：高新宇）

2016年度中央财政支持社会组织示范项目支持的“寻找安妮教育计划”在肃南裕固族自治县第二中学开营，近30名裕固族孩子，在兰州大学志愿者的陪伴下，使用刚刚学到的裕固语逐字逐句地大声哼唱着传统童谣，在歌声中寻找故事里能歌善舞的裕固族姑娘“安妮”。

五年来，“寻找安妮”与肃南裕固族自治县红湾小学、第一中学合作，连续组建五期童声合唱团项目，通过裕固族语言课程和童声合唱、舞台剧表演等形式，超过90名裕固族儿童在快乐氛围中学会民族语言。

吉林延吉市教育局推动“双语”教学

（摘自：延边新闻网，7月28日，作者：高薇）

延吉市将朝鲜族教育摆在优先发展的地位，不但在重视程度上切实提高，而且在投入上、政策上给予倾斜，不断加大民族教育的扶持力度，促进朝鲜族教育的进一步发展。

在教育教学工作上，该局构建了“一主四辅式”双语教学改革模式，进一步推动“双语”教学、小班化教学改革和民族文化教育。2010年组织了全市朝鲜族小学“双语”教学改革工作研讨会和全市朝鲜族小学小班化教学研讨会。开展了朝鲜族中小学“双语月”活动，组织了第二届延吉市朝鲜族中小学生“三语”竞赛。加强了朝鲜族民族文化、体育、艺术教育，开展了寻访家乡传统文化和民族特色文体实践活动，试点推行“走近金达莱”活动。2011年承办了全州朝鲜族中小学民族文化教育现场会和东北三省“朝鲜族小学小班化有效教学研究”成果展示会，展示了延吉市朝鲜族教育的丰硕成果。

新疆科学技术出版社强化双语学习软件开发

（摘自：新疆经济报，7月28日，作者：加孜拉·泥斯拜克）

2016年年初，一款能够帮助“访惠聚”住村工作组成员学习双语的软件问世。这款软件叫作“独享双语”，是新疆科学技术出版社推出的首款全媒体复合出版物，它内设的音频和视频内容能帮助用户更好地学习和掌握双语，不仅是住村工作组成员顺利开展工作的好帮手，也是渴望学习双语的群众的实用工具。现在这款软件有了更多丰富和专业的内容。

用此学习软件学习双语，不仅有书籍可以看，还有更生动的音视频内容辅助学习，这是新疆科学技术出版社推出的语言学习书籍“独享双语”的亮点。用户通过扫描“独享双语”书籍封面的二维码就可以下载App了。目前，这款软件主打的有双语课堂、图书商城以及每日专享功能。

新疆多管齐下力促南疆双语教育质量提升

（摘自：新疆经济报，9月2日，作者：张雪红）

1日，新疆维吾尔自治区教育厅发布《南疆双语教育质量提升行动计划（2016~2020年）》，行动计划的总体目标为：学前三年双语教育基本普及；双语幼儿园建设和设施设备基本满足需求；中小学教学常规管理水平明显提高；双语教师短缺问题基本解决，满足教学需求，双语教育以语言衔接为主实现从学前到高等教育四个学段的有效衔接等。行动计划指出，要坚持在南疆因地制宜推进双语教育，不断加大对南疆双语教育的投入力度，实施“自治区定向培养免费师范生计划”，5年为南疆下达免费师范生定向培养计划1.1万人，力争5年内实现南疆乡村教师全员轮训，未来5年“特岗计划”招聘中60%的计划用于补充南疆中小学和幼儿园教师，逐步建立双语教育四级质量监测体系，建立专业化、多学科、多语种的南疆双语教育质量监测和考试评价机制，以考评促进教育质量提升。

甘肃肃南推广普通话宣传周活动引入裕固族传统文化

（摘自：甘肃张掖网，9月20日，作者：苏伟、赵国栋）

近日，肃南县推广普通话宣传周活动在全县各中小学校中如火如荼进行。各学校结合实际，邀请裕固族非物质文化遗产传承人，引入民族传统文化，开展形式多样、特色鲜明的推普周宣传活动，传播中华语言文化正能量。该县充分发挥推普周整合引领作用，将推普周宣传活动与日常工作有机结合，在夯实县城推普工作基础的同时，加大农牧村及边远地区推普工作力度，实施精准推普，不断提高城乡人民群众对学习掌握国家通用语言文字重要性的认识，提升依法规范使用国家通用语言文字的意识和水平。

新疆民间掀起“双语热”

（摘自：中国民族报，9月23日，作者：史漓莎、梁淑芳）

今年被新疆维吾尔自治区确定为“民族团结进步年”，在促进民族团结的27项举措中，其中有一条就是“因地制宜推进双语教育”。在各级政府部门和许多窗口单位掀起职工互学语言的热潮中，“双语热”也在不少居民间流行起来。乌鲁木齐市康悦社区沁园小区有个葡萄长廊，各族邻居不仅在这里纳凉，还自办了一个“维吾尔语角”。

民族学校蒙汉语将考级

（摘自：法制日报，10月18日，作者：史万森、郭君怡）

《内蒙古自治区民族教育条例》近日获得通过，并将于11月1日起施行。条例规定，各级各类民族学校应当使用本民族语言文字或者本民族通用的语言文字进行教学，重点发展民族学校的双语教学工作。同时，对蒙古语授课为主加授汉语的民族学校学生，实行“中国少数民族汉语水平等级考试”制度；对汉语授课为主加授蒙古语的民族学校和开设蒙古语文选修课的普通学校学生，实行“蒙古语文应用水平等级考试”制度。

语言规划及辞典编纂

引　言

2016年9月，教育部、国家语委发布《国家语言文字事业“十三五”发展规划》，强调以全面推动语言文字事业服务国家发展需求为核心，坚持“五个面向”的战略重点，提高国民语言能力，构建和谐健康的语言生活，为全面建成小康社会、建设与综合国力相适应的语言强国提供有力支撑；国家语委印发《国家语委“十三五”科研规划》，以指导和引领“十三五”期间国家语委科研工作科学、全面、深入发展，为国家语言文字事业发展提供学术保障；纪念《国家通用语言文字法》实施15周年暨国务院发布《关于推广普通话的指示》60周年座谈会召开，中共中央政治局委员、国务院副总理刘延东出席并讲话，她强调“牢记使命，开拓进取，全面推动语言文字事业创新发展”，全国人大常委会副委员长兼秘书长王晨在座谈会上指出，要妥善处理各种语言文字关系，营造文明规范使用语言文字的社会环境；2016年全国语言文字工作会议召开；经国际标准化组织批准，由我国主导修订的国际标准ISO 7098《信息与文献——中文罗马字母拼写法》修订成果在京发布，将进一步推动汉语拼音走向世界，促进中外文化交流与发展；“普通话审音原则制定及《普通话异读词审音表》修订”项目通过鉴定。在辞典编纂方面，“网络语言”是否该收入词典引争议；《近代汉语词典》、《全球华语大词典》、《新华字典》和《现代汉语词典》（牛津大学出版社双语版）等一批重要辞典陆续问世。

一　国家语言文字事业规划

两岸词汇存差异　对照交流增意趣

（摘自：人民日报海外版，1月18日，作者：凌波、雷天戈）

近日，大陆和台湾两岸专家学者合作完成编纂的中华语文工具书发布会在南京举办。两岸语文工具书编纂工作自2010年开始，先后完成出版了《两岸常用词典》《两岸差异词典》《两岸生活常用词汇对照手册》《两岸科学技术名词差异手册》《两岸通用词典》《两岸常用科技词典》等书。两岸合编语文工具书，为两岸交流扫清了语言上的障碍。

《两岸通用词典》的大陆主编、著名语言学家李行健教授以生动的例子解释了编纂两岸语文工具书的初衷。两岸合编中华语文工具书的台湾总召集人杨渡说："通过互联网，两岸年轻人的用词逐渐趋同。"

曾经辅助学中文　而今融入互联网

——汉语拼音的前世今生

（摘自：人民日报海外版，1月25日，作者：凌波）

本月13日，有"汉语拼音之父"之称的周有光先生迎来了111岁寿诞，人们纷纷在网上祝他生日快乐，汉语拼音也再次引起人们的关注。

自制定到普及应用，汉语拼音为人们提供了一种便捷的学习方法，在当时更是极大地促进了全国范围内的普通话推广和"扫盲"工作。

中国社会科学院语言研究所副研究员唐正大认为，汉语拼音对记录汉字读音的固化、标准化、可读化产生了革命性的作用，它使得基础汉字教育、汉语作为外语教育以及计算机汉字输入、计算等基础工程更为高效。长远地看，汉语拼音对于汉语和中华文化的传播具有深刻的积极影响。"汉语拼音为外国人了解汉语的语音提供了便利"已经通过了汉语水平5级考试的赞比亚留学生马约翰如是说。

科技名词是如何诞生的

（摘自：中国青年报，2月2日，作者：叶雨婷）

大数据、云计算、三网融合、碳交易……这一个又一个我们曾经陌生的词汇如今已经成为生活中的一部分。然而，这些名词的诞生过程却需要数百名科学家的长期努力。

1985 年，一个名为全国科学技术名词审定委员会（以下简称“全国名词委”）的机构成立了。这个由核物理学家钱三强院士担任主任委员的机构吸纳了国内各个科技领域的专家。他们开始为新生的科技事物规范名称。

中国科学院院士、核物理学家张焕乔表示，科技名词的命名既要方便使用、避免信息流通障碍，还要考虑两岸命名的一致性，促进两岸科技名词的协调统一。

国台办：继续推动和深化两岸语言文字交流合作

（摘自：光明日报，4 月 27 日，作者：罗旭）

国务院台办发言人安峰山 27 日在例行新闻发布会上应询介绍了两岸合编《中华语文大辞典》的出版进展。辞典台湾版已于日前正式出版，大陆版的电子版将于今年 7 月发布，纸质版将于 2018 年出版发行。

据介绍，两岸合作编纂中华语文工具书于 2010 年初启动，由大陆编委会与台湾方面中华文化总会分别牵头，《中华语文大辞典》是重要成果之一。此外，两岸还共同建设、开通了“中华语文知识库”网站，出版了《两岸常用词典》等，连续举办多届两岸大学生汉字书法艺术交流夏令营等活动。

安峰山说，两岸合作编纂中华语文工具书是两岸共同传承和弘扬中华语言文字的良好开端，目前已基本形成交流合作机制。我们希望双方持续推进这项工作，取得更多成果。我们将为推动和深化两岸语言文字交流合作，促进两岸同胞沟通交流、传承弘扬中华文化，创造良好条件，提供积极帮助。

汉语拼音“闯世界”：国际标准《信息与文献——中文罗马字母拼写法》发布

（摘自：中国教育报，5 月 5 日，作者：万玉凤）

国际标准 ISO 7098《信息与文献——中文罗马字母拼写法》修订成果 5 月 5 日在北京发布。此次修订有两大亮点，把汉语拼音按词连写的规则和汉字拼音转写的自动译音方法引入国际标准中，促进跨语种的信息交换。该标准的修订是以我为主、把握国际标准主导权的一次有益实践，也是我国文化软实力不断提升的重要体现，将进一步推动汉语拼音走向世界，促进中外文化交流与发展。

经国际标准化组织批准，由我国主导修订的国际标准 ISO 7098《信息与文献——中文罗马字母拼写法》于 2015 年 12 月正式出版，该标准是汉语拼音在国际上得到认可并推广使用的重要依据，是用以规范国际上使用汉语拼音的统一标准。该标准主要应用于世界各国图书馆、博物馆、国际机构中有关中国人名地名的拼写、图书编目、信息与文献的排序检索等。

切实推进国家语言能力发展战略

（摘自：光明日报，5 月 11 日，作者：赵世举）

当今，语言文字事业已成为深刻影响科技创新、经济发展、文化建设、社会稳定、国家安全和大众生活的重要因素，与国家核心利益息息相关。国家语言能力已经成为国家实力的重要组成部分——不仅是软实力，而且也在转化为硬实力。然而，由于各种因素的影响，我国国家语言能力薄弱，语言短板日渐显露，不仅影响发展，而且潜存着安全风险，迫切需要大力推进国家语言能力建设，以有效应对相关需求、机遇及挑战。

综观国内外形势，无论是层出不穷的语言需求及发展机遇，还是日趋复杂的语言问题及各种挑战，都迫切需要国家增强语言能力。

河北省着眼“十三五”依法推进语言文字工作督导评估

（摘自：教育部语用司网，5 月 18 日）

“十三五”时期，是语言文字事业贯彻落实《教育规划纲要》《语言文字规划纲要》的关键五年。河北省以服务社会发展为核心，以“强省必须强语，强语助力强省”为理念，全面推进语言文字事业发展。

经过认真分析研究，根据河北省教育工作督导评估规划的实际，河北省语言文字工作督导评估将在 3 年内分步实施。2016 年，邯郸市邯山区、馆陶县作为首批试点，迎接省和国家督导检查。2017 年，在各市（含定州、辛集市）进行试点。11 个设区市在现有的教育工作督导评估规划中，选择一个县（市、区），将语言文字工作督导评估纳入其中。2018 年，将随着新一轮河北省教育工作督导评估规划的实施，全面启动河北省语言文字工作督导评估。

《云南省少数民族语言文字工作条例》释义评审会召开

（摘自：国家民族事务委员会网，6 月 30 日，作者：云南省民宗委）

《云南省少数民族语言文字工作条例》自 2013 年 5 月 1 日颁布实施以来，云南省民族自治地方的自治机关、民族地区各级人民政府、各相关部门认真贯彻落实《条例》，全省民族语文工作取得长足发展，全省少数民族语言文字工作法制化、规范化、科学化进程加快。

为使广大基层干部群众深入了解《条例》规定的内容，云南省民宗委组织相关专家编写了《〈条例〉释义》，并于6月13日在省民语委办公室召开评审会。会议对《〈条例〉释义》初稿给予积极评价，认为前期调研准备工作充分，基础好，资料翔实。同时会议提出，要结合《条例》颁布实施以来各地的贯彻落实情况，有针对性地把一些重要条款解释透彻明了，突出可操作性特点，使之更具有地方性。

“普通话审音原则制定及《普通话异读词审音表》修订”通过专家鉴定

（摘自：教育部语信司，4月27日）

近日，普通话审音委员会召开会议，对“普通话审音原则制定及《普通话异读词审音表》修订”课题进行鉴定。鉴定会由审音委员会主任王洪君主持。

与会委员认真听取了课题组的研制情况汇报，审阅了相关送审材料，经讨论认为，课题调研广泛，基础扎实；研制的审音原则科学、全面、稳妥；对《普通话异读词审音表》的修订理据充分、审慎合理，结论妥当；课题组采用的网络邮件组讨论方式科学高效。与会委员经表决一致通过鉴定。

下一步，课题组将根据审音委意见对送审稿做进一步完善，本着开门办规范的原则，面向社会公开征求意见，尽最大努力满足群众需求，争取规范早日发布，为社会提供更好的语言文字规范标准服务。

“普通话审音原则制定及《普通话异读词审音表》修订”是国家语委启动第三次普通话审音工作后设立的首个重要课题，由中国社科院语言研究所承担。研制过程中课题组先后开展了北京本地人异读音抽样调查和有声传媒读音调查；多次在审音委年度会上汇报研制工作，听取审音委指导。近一年来，通过召开相关领域座谈会、向国家语委成员单位和各地语委发函等形式广泛征求了各界意见。

教育部、国家语委发布《国家语言文字事业“十三五”发展规划》

（摘自：新华网，9月13日，作者：张烁）

教育部、国家语委发布《国家语言文字事业“十三五”发展规划》。《规划》以“创新、协调、绿色、开放、共享”五大发展理念为指导，强调以全面推动语言文字事业服务国家发展需求为核心，坚持“五个面向”的战略重点（向国家战略聚焦，向农村和民族地区攻坚，向社会应用推进，向现代治理转型，向国际领域拓展），提高国民语言能力，构建和谐健康的语言生活，为全面建成小康社会、建设与综合国力相适应的语言强国提供有力支撑。

《规划》提出未来5年的发展目标：“一个普及、两个全面”，即到2020年，在全国范围内基本普及国家通用语言文字，全面提升语言文字信息化水平，全面提升语言文字事业服务国家需求的能力。《规划》在深入分析语言文字事业发展面临的机遇和挑战时，提出注重问题导向，明确今后五年的五大工作任务和18项具体举措，进一步突出重点，补齐事业发展短板：一是普及国家通用语言文字，包括大力提升农村地区普通话水平、加快民族地区国家通用语言文字普及、强化学校语言文字教育、加强语言文字规范化建设；二是推进语言文字信息化建设，着力推动语言文字信息化技术创新发展、加强语言资源建设、建设语言文字信息化平台；三是提高国家语言文字服务能力，重点提高保障国家战略和安全的语言文字服务能力、创新语言文字服务方式、服务特殊人群语言文字需求；四是弘扬传播中华优秀语言文化，包括推进中华优秀语言文化传承发展，科学保护各民族语言文字，深化内地和港澳、大陆和台湾地区语言文化交流合作，加强语言文化国际交流与传播；五是完善语言文字工作治理体系，着眼于加强语言文字法治建设、完善语言文字规范标准、健全语言文字测评体系、强化重点领域语言文字监督检查。

为支撑各项任务顺利完成，《规划》提出今后要着重实施五项重点工程：一是国家通用语言文字普及攻坚工程；二是语言文字信息化关键技术研究与应用工程；三是“互联网+”语言文字服务工程；四是中华优秀语言文化传承与保护工程；五是语言文字筑桥工程。同时，从加强组织领导、创新工作机制、推进队伍建设、加强宣传教育、强化科研支撑、保障经费投入6个方面提出了《规划》实施的保障条件。

刘延东：牢记使命　开拓进取　全面推动语言文字事业创新发展

（摘自：新华社，9月12日）

中共中央政治局委员、国务院副总理刘延东12日出席纪念《国家通用语言文字法》实施15周年暨国务院发布《关于推广普通话的指示》60周年座谈会时强调，要服务国家需求，做好顶层设计，坚持改革创新，发挥语言文字事业在提高国民素质、传承历史文化、促进经济社会发展、维护国家统一和民族团结中的重要作用，开创语言文字事业发展新局面。

刘延东指出，60年来特别是《国家通用语言文字法》颁布实施15年来，国家通用语言文字普及程度显著提高，法律法规制度基本完善，语言文字规范标准和信息化建设不断加快，走出了一条中国特色社会主义语言文字事业发展道路。

刘延东强调，语言文字事业是国家综合实力的支撑力量，在国家发展战略中地位重要。“十三五”期间要在全国基本普及国家通用语言文字，提高农村地区普通话水平，加快民族地区普通话普及率，强化学校语言文字教育。要聚焦区域发展、一带一路等国家战略，提升语言服务能力，发挥语言文字对中华民族认同、中华文化认同的作用。要加快语言文字法制化、规范化、信息化建设，提高国民语言能力，构建和谐健康的语言生活。要传播中华优秀语言文化，促进国际交流合作，展现中华文化魅力，为实现中华民族伟大复兴中国梦做出应有贡献。

王晨：妥善处理各种语言文字关系　营造文明规范使用语言文字的社会环境

（摘自：人民网，9 月 14 日）

9 月 12 日，全国人大常委会副委员长兼秘书长王晨出席纪念《国家通用语言文字法》实施 15 周年暨国务院颁布《关于推广普通话的指示》和《汉字简化方案》60 周年会议并发表讲话。

谈到当前语言文字规范应用面临网络时代的新挑战时，王晨指出，各级语言文字工作部门要妥善处理各种语言文字之间的关系，积极回应社会生活中外文的过多使用、网络低俗语言的滥用等问题，营造文明规范使用语言文字的社会环境。

2016 年全国语言文字工作会议在京召开

（摘自：语用司，9 月 19 日）

13 日，2016 年全国语言文字工作会议在京召开。教育部副部长、国家语委主任杜占元对“十二五”期间的工作进行了总结，他分析了“十三五”时期语言文字工作面临的新形势、新要求，并强调，语言文字战线要继续深入学习贯彻习近平总书记系列重要讲话精神，学习贯彻刘延东副总理在纪念《国家通用语言文字法》实施 15 周年暨国务院发布《关于推广普通话的指示》60 周年座谈会上的讲话精神，要以全面深化改革为动力，以实施《规划》为重点，大力推行和规范使用国家通用语言文字，科学保护各民族语言文字，加快语言文字法制化、规范化、标准化、信息化建设。要大力宣传贯彻“十三五”规划，实施国家通用语言文字普及攻坚工程，着力找准语言文字工作服务需求的有效抓手，扎实开展中国语言资源保护工程建设，加大力度推进语言文字信息化建设，切实发挥好学校语言文字工作阵地的独特作用，依法加强语言文字社会应用的监督检查和服务，弘扬传播中华优秀文化。

国家语委印发《国家语委“十三五”科研规划》

（摘自：教育部语信司网，9 月 19 日）

为推动《国家语言文字事业“十三五”发展规划》的贯彻落实，为未来国家语言文字事业科学发展提供有力保障，国家语委正式印发了《国家语委“十三五”科研规划》，以指导和引领“十三五”期间国家语委科研工作科学、全面、深入发展。该规划由教育部语言文字信息管理司牵头成立研制组，组织专家群策群力，积极谋划，在广泛听取意见建议的基础上，历时一年多，研制而成。

科研规划分析了国家语委“十三五”科研工作的发展需求，提出了以服务国家重大战略实施和国家语言文字事业发展为宗旨，坚持问题驱动和需求导向，巩固基础研究、强化应用研究、推动决策咨询研究，有效提升创新能力、服务水平和国际影响的指导思想。明确了“一个基本，两个全面”的总体发展目标，即到2020年，基本建成较为完善的语言文字科研体系，推出一批标志性成果，打造若干新型智库，培养一批高端人才，全面提升国家语委科研的学术和社会影响力，全面发挥科学研究对国家语言文字事业改革和发展的支撑作用。

科研规划聚焦国家战略需求规划了六大重点研究方向，即语言文字基础理论研究、语言文字决策咨询研究、语言文字信息技术和新兴领域研究、语言文字规范标准建设研究、语言国情与语言资源保护研究、语言文字国际传播与比较研究。为保证“十三五”各项任务落到实处，科研规划提出了提升学科地位，推动理论创新；建设语言智库，优化科研队伍；创新转化机制，促进成果应用；深化交流合作，提升国际影响；完善管理制度，增强保障能力等改革与保障措施。

强国必须强语，强语助力强国

（摘自：光明日报，10月2日）

围绕《规划》提出的2020年目标——在全国范围内基本普及国家通用语言文字，全面提升语言文字信息化水平，全面提升语言文字事业服务国家需求的能力，光明日报特邀部分国家语委委员及语言学专家学者，就我国语言文字的薄弱环节、规范应用、服务能力等问题，对《规划》进行解读，探讨如何建设与综合国力相适应的语言强国。

1. 创新发展，激发语言文字事业活力

杨亦鸣（江苏师范大学语言能力协同创新中心主任）：《规划》有三个突出的创新点：一是对语言文字事业的认识和表述更加深入和全面，第一次明确指出“语言文字事业具有基础性、全局性、社会性和全民性的特点，是国家综合实力的重要支撑力量，事关国民素质提高和人的全面发展，事关国家统一和民族团结，事关历史文化传承和经济社会发展，在国家发展战略中具有重要地位和作用”。二是对语言文字事业的规划更加自觉地“以服务国家发展需求为核心”，首次确立了围绕经济社会发展大局和国家重大战略来建设与经济社会发展相适应的语言大国、语言强国的理念。三是对语言文字事业规划的实施做出周密安排，首次在发展规划中部署重点工程工作，将发展目标和主要任务凝练为五大重点工程，确保“十三五”规划全面、有序、高效地实施。

赵世举（武汉大学文学院教授、中国语情与社会发展研究中心主任）：《规划》强化了全面语言观和服务意识，体现了开拓创新的精神。这主要表现在：由过去主要关心语言文字的使用，拓展至全面关心语言资源建设、保护和利用；由只关心人的语言文字使用，拓展至关心机器的语言文字使用；由主要关心语言文字的工具功能，拓展至关心其他功能；由主要关心语言文字自身，拓展至关心相关领域；由主要关心人的基本语言表达，拓展至全面关心人的语言素养和语言能力；由主要关心国民语言能力，拓展至全面关心国家语言能力；由主要开展语言文字规划和管理，拓展至也提供语言服务。

2. 问题导向，初步实现书同文、语同音

姚喜双（教育部语言文字应用管理司司长）：《规划》不仅系统梳理了语言文字工作的历史、地位、作用，而且全面分析了语言文字事业面临的新形势、新任务和新要求，并明确指出我国语言文字事业存在的薄弱环节和突出问题包括：农村和民族地区国家通用语言文字普及程度还不高，语言文字信息技术创新与社会应用能力还比较薄弱，国家语言能力和语言文字服务水平还不能完全适应经济、社会和文化发展的需求，语言文字规范应用面临网络时代新挑战，管理体制机制和方式有待进一步改革创新。《规划》要求实施“国家通用语言文字普及攻坚工程”，大力提升农村地区普通话水平，加快民族地区国家通用语言文字普及，大力提升青壮年劳动力普通话水平，确保少数民族学生基本掌握和使用国家通用语言文字。到2020年，实现“在全国范围内基本普及国家通用语言文字”的目标，这也意味着，几千年来“书同文、语同音”的梦想将初步实现。

周建设（首都师范大学教授、语言智能研究中心主任）：针对当前“语言文字信息技术创新与社会应用能力还比较薄弱”的问题，《规划》指出，我国将实施“语言文字信息化关键技术研究与应用工程”和“‘互联网＋’语言文字服务工程”，充分利用大数据、云计算、人工智能、移动互联网等前沿信息技术，推进互联网环境下的语言计算技术创新，推动语言学习、语言服务、语言管理。《规划》聚焦语言文字信息化关键技术难题，加强语言处理的理论创新和技术突破，将有力地促进语言文字信息化和智能化。

3. 规范使用，构建和谐健康语言生活

田立新（教育部语言文字信息管理司司长）：语言文字规范标准建设是语言文字事业的基础性工作，其根本目的在于推动社会规范使用语言文字，提高语言文字使用效能。推进语言文字规范标准建设，一方面要以“五个面向”为指导，探讨构建层级分明、内容齐全、类型完整、功能完善的语言文字规范标准体系框架。另一方面要以科学研究为支撑，落实《规划》提出的关于普通话语音、基础教育领域汉字字形、大字符集汉字属性、科技名词、海外中文教学以及公共服务领域外文译写等规范标准的制订修订任务，提高语言文字规范标准建设质量。

高长力（国家新闻出版广电总局宣传司司长）：广播电视作为覆盖面广、影响力大的主流媒体、大众传媒，是语言文字工作的前沿阵地和重要领域，对全社会规范使用语言文字发挥着引领和示范作用。推动语言文字事业发展，是树立文化自信的重要方面，是全面建成小康社会的必然要求。"十三五"时期，国家新闻出版广电总局将会进一步加强对广播电视用语潜在风险的分析研判，对类型化、趋势化现象尽早介入干预，如针对网络不规范语言侵蚀广播电视现象，开展信息收集和预警提示，做好事先防护工作。

程凯（中国残联副理事长）：语言文字是传承播撒文明的载体和消除障碍、促进理解与交流的钥匙。目前，"国家通用手语方案"和"通用盲文方案"试点工作已正式启动，正在部分特殊教育学校（院）和社会一定范围内开展，以检验方案的科学性、适用性，并不断对试行方案进行补充完善。"十三五"期间，中国残联将加快推进手语、盲文规范化，2018 年将颁布《国家通用手语方案》和《国家通用盲文方案》，2020 年颁布相关规范标准，到 2020 年培训 1600 名通用手语骨干和 300 名通用盲文骨干，这对保障残疾人语言文字权益，促进残疾人文化素质提高与融合发展，推进残疾人实现全面小康进程将发挥重要作用。

4. 回应需求，提高语言文字服务能力

赵世举：现在，日新月异的社会发展和我国社会主义现代化建设对语言文字事业提出了新的要求。科技创新需要语言领域的基础支撑和学术支持；社会治理和国家安全需要语言保障，复杂的语言关系和语言矛盾、激烈的国际语言竞争、花样翻新的语言文化渗透、亟待治理的网络空间语言生活等，都急需对策；国家软实力建设需要提高国家语言能力，无论是国民素质、社会文明和人力资源水平的提升，还是民族凝聚力和国家认同的增强、文化传承创新传播和国际影响力的扩大、国际话语建构等，都需要语言助力；新兴领域需要语言学协同，如语言经济、神经语言学、病理语言学及语言刑侦等；社会生活需要语言服务，如语言规划、翻译、语言咨询、残障人士语言服务等；国际化发展和国家重大战略的实施，尤其需要语言搭桥通心。

姚喜双：《规划》的主要目标和任务，就是全面提升语言文字事业服务国家需求的能力，为全面建成小康社会、建设与综合国力相适应的语言强国提供有力支撑。《规划》围绕区域发展总体战略、"互联网＋"行动计划、脱贫攻坚工程等国家发展战略对语言文字的需求，积极配合中国特色大国外交战略的实施，提出要加强语言规划、语言文字信息技术、跨境语言等研究，开辟多层次语言文化交流渠道，加强与重点国家的语言文化交流与合作，提高保障国家战略和安全的语言文字服务能力。

杨亦鸣："语言文字筑桥工程"是基础工程，这是国家语委围绕经济社会发展大局和国家重大战略来规划和推进语言文字工作的具体体现。据联合国教科文组织 2009 年出版的《世界濒危语言图谱》统计，"一带一路"沿线的 60 多个国家中使用的语言约为 2400 多种，仅官方语言就有近 80 种，而我国在这些语种的人才储备上明显不足，提高国家语言能力已迫在眉睫。"语言文字筑桥工程"除继续建设好孔子学院等工作外，主要内容是呼应国家"一带一路"重大战略，提出要协同我国及"一带一路"沿线国家语言学研究力量，建设适应国家对外开放重大战略需要的语言服务国家资源库；同时建立"语言通"服务网络平台，形成适应我国在对外经贸合作和人文交流中所需要的语言在线服务能力。

专家解读《国家语言文字事业"十三五"发展规划》

（摘自：中国教育报，10 月 18 日）

国家新闻出版广电总局宣传司司长　高长力：推动广电语言文字发挥引领作用。"十三五"期间，总局在巩固现有工作的基础上，将着重围绕以下方面发力：一是提高管理的前瞻性；二是注重政策的系统性；三是增强工作的创新性。

国家语委委员、中国残联副理事长　程凯：中国残联作为全国各类残疾人的代表者和服务者，作为国家语委成员单位，承担着手语、盲文研究与推广的重要责任，要在"十三五"期间深入贯彻落实《"十三五"加快残疾人小康进程规划纲要》《国家语言文字事业"十三五"发展规划》精神，加快推进手语、盲文规范化，保障残疾人语言文字权益，促进残疾人文化素质提高与融合发展，推进残疾人实现全面小康进程。

教育部语言文字信息管理司司长　田立新：完善语言文字工作治理体系。"十三五"时期，要进一步加强语言文字规范标准的宣传普及，坚持为每项规范标准编写配套解读，同时要充分利用新媒体、自媒体，深入浅出、图文并茂、生动活泼地进行宣传。

教育部"长江学者"特聘教授、江苏师范大学语言能力协同创新中心主任　杨亦鸣：要真正实现"五通"，"语言文字筑桥工程"是基础工程，这是国家语委围绕经济社会发展大局和国家重大战略来规划和推进语言文字工作的具体体现。

教育部语言文字应用管理司司长　姚喜双：以新理念引领语言文字发展。学习贯彻《规划》，最重要的就是要贯彻落实五大发展理念，就是要自觉把创新发展、协调发展、绿色发展、开放发展、共享发展理念的精神实质转化为推动语言文字事业科学发展的实际能力和自觉行动。

武汉大学文学院教授、中国语情与社会发展研究中心主任　赵世举：国际化发展需要语言搭桥通心。中国主流学术传统历来都充满着使命感、责任心和担当精神，“经世致用”是任何真学术的根本目标。当代学者应该勇于投身现实语言问题研究和相关事业建设，为国家做贡献，为社会尽责任。《规划》的落实也需要全社会的高度重视和共同努力。

首都师范大学教授、国家语委科研基地——语言智能研究中心主任　周建设：《国家语言文字事业“十三五”发展规划》聚焦语言资源建设、语言信息处理技术突破、语言智能成果研发与应用，描绘了一幅语言文字信息化建设的宏伟蓝图。第一，注重基础，科学规划语言资源建设；第二，突破瓶颈，准确聚焦语言技术难题；第三，强化应用，全面提升语言智能服务。

新元素 113 号、115 号、117 号、118 号的中文定名征集

（摘自：中国社会科学网，11 月 20 日）

化学元素的符号是国际通用的，化学元素的命名由于语种的不同，会有较大的差异。全国科学技术名词审定委员会现向公众广泛征集 113 号、115 号、117 号和 118 号新元素的中文命名，征集截止时间为 2016 年 12 月 31 日。

全国科学技术名词审定委员会将在所征求意见的基础上，拟定 113 号、115 号、117 号和 118 号元素中文命名草案，组织语言学家、物理学家、化学家共同讨论并确定其中文名称。

中国翻译协会权威发布《2016 中国语言服务行业发展报告》及《中国语言服务行业规划（2017～2021）征求意见稿》

（摘自：中国翻译协会网，12 月 26 日）

《2016 中国语言服务行业发展报告》宏观上从政府、行业、经济、文化、技术五个层面，微观上从语言服务从业者、提供方、需求方和人才培养等方面阐释中国语言服务在走向世界、融入世界、影响世界的道路上仍然面临机遇与问题的巨大挑战。政府相关部门需要统一认识，把语言服务提升到国家战略的高度来制定语言战略，改变语言人才匮乏成为制约推进我国“一带一路”建设的瓶颈。政府需要明确语言服务行业的隶属问题和相关激励政策。行业协会亟须制定适合未来行业发展的规划来引导语言服务行业的可持续发展。

二　辞典编纂

“叉烧”“饮茶”等13个港式英语被纳入牛津英语词典

（摘自：新华网，5月13日）

英国牛津大学出版社旗下的《牛津英语词典》近日公布，该词典的2016年3月更新版收录了500个新单词及短语，其中有13个为“港式英语”。如char siu（叉烧）、yum cha（饮茶），它们在词典中多以粤语拼音显示。这13个港式英语汇总，有些为粤语外来词，比如dai pai dong（大排档）、kaifong（街坊）；也有一些为香港特有的说法，以英语词汇组成，如sitting-out area（休憩处）、sandwich class（夹心阶层）等。

《香港英语词典：来自芬芳之港的词汇》作者之一卡明斯表示，香港是汇聚东西方文化的大都市，不同国家和地区的人相互交流，交流中碰撞出新的火花，许多新词汇由此而来。

新版《新英汉小词典》增词4000余条

（摘自：文汇报，7月12日，作者：许旸）

新中国历史上发行量最大的小型双语工具书《新英汉小词典》历经5年重新修订，日前由上海译文出版社推出第4版。有双语辞书界《新华字典》之称的《新英汉小词典》修订版收词近10万条，增添新词4000余条，包括cyber manhunt（人肉搜索）、cyber police（网络警察）、selfie（自拍）等科技、文化用词及网络流行语，生动勾勒时代气息，树立了当下语言流变的风向标。

《新英汉小词典》（第4版）增设“词汇联想”栏、“同义词辨析”栏、“反义词”栏等，强化了其辅助学习功能。这是传统工具书编纂中的创新之举。

网络语言为啥就不能进词典

（摘自：中国青年报，7月20日，作者：黄帅）

其实，我们没必要对“生猛”新词大惊小怪，网络语言进入词典是语言发展的趋势，不仅不会损害汉语本身，还会助其与时俱进。网络语言并非都是肤浅的，经时间淘洗，网络语言的精华会留下来。网络新词也是网民集体智慧的结晶，造词方法和经典词语一样，或来自典故，或通过简缩、变形。比如，“打酱油”“躲猫猫”“战五渣”“快到碗里来”等词背后都有一个故事。即使是人们耳熟能详的词语，也曾经是遭到质疑的新词、怪词。比如，“社会”“政治”“阶级”“经济”这些词都来自外语，是日本用汉字翻译西语的成果。互联网文化也给汉语带来类似的变更，面对新事物的冲击，理应持以开放、包容的心态，故步自封反而有损汉语的博大和兼容。

网络热词入典可走“第三条道路”

（摘自：中国青年网，7 月 20 日，作者：茅亩）

二者完全可以走出一条中间道路。调和之难的一个重要原因，在于词条的大众认可，也就是社会共识形成与获得，目前还没有科学有效的实现路径和方法。在此情形下，词典编纂者对词条内蕴的价值观进行把关是必要和必需的。但把关不等于对词条简单化的取舍。也就是说，因为强调词条收录的价值观标准，而有意识地屏蔽掉一些网络热词，进行选择性地收录，并非上上之策。倒不如客观、全面地呈现网络热词的状况，这并不会在很大程度上对读者产生副作用。当然，这是有条件的，前提和关键是做好词条产生背景和使用情景的正确导引，在这个过程中告诉公众如何辨别真善美与假恶丑，什么是传统和现代，等等。客观呈现，正确辨别，应该是网络热词入典的一条可行的“中间道路”。

再大的词典也放不下那么多“网络热词”

（摘自：华商报，7 月 20 日，作者：郭元鹏）

即使 62% 的受访者可以代表多数人的意见，网络热词进词典也是需要好好掂量掂量的。

何为网络热词？换一句话说其实就是“一阵风的新词汇”。这些网络热词是没有生命力的。比如说，前几年流行的“给力”，现在看看，还有几个人在使用？没有生命力的网络语言有些已经被民间抛弃了，还有必要进入词典吗？

而且很多网络热词不符合语言的正规模式，有的甚至词不达意，平时用着玩倒还可以，还真达不到收录词典的标准。就像“重要的事说三遍”一样，收录到词典的价值是什么？有多少文化内涵？最为关键的是，词典如果收录网络热词，还牵涉一个数量问题。试想，如果收录网络热词，10 年 20 年之后，这词典得多厚？实际上，网络热词只不过是一阵风，刮过了，也就没有痕迹了。

网络语汇入词典，还应悠着点

（摘自：四川日报，7 月 20 日，作者：吴晓铃）

词典应当是包容和开放的，隔一段时间收入一部分被公众广泛认可的词，吸收语言交际中新产生的词语无可厚非。不过，被收入的词语应当有使用的稳定性，经得起时间的考验，至少在一段时间内不被大众抛弃。而网络热词呢？虽然它们可能火热到网友皆知，但生命力往往有限，很可能“各领风骚不几年”。把缺乏沉淀的网络热词收入词典，于词典的严肃性和语言的纯洁性都不利。网络热词也没有收入词典的必要性，收录到词典内，为了方便不解其意者查阅，然而，一个词语瞬间火了，百度百科立即就会对该词条做出详尽的解释，只要你不懂，问问度娘就可通晓其义，还能看到词语的来源。网络的强大足以将所有的网络热词纳入其中，我们又何必在费心费力地把它们收入严肃的词典呢？若真把它们收入词典，这个真没必要，毕竟生命力太短，覆盖率也不全，谁知道它会不会在明天被丢到语言的垃圾桶里呢。

网词入典，还需取舍有道

（摘自：红网，7 月 21 日，作者：刘文涛）

通过问卷网来做关于网络用语的调查是有失妥当的。中国网民规模基数虽然庞大，但却并不能够反映全民意志。绝大多数的网词依然是活跃于网络空间，为特定群体所专属的。在这种背景之下，过度地吸收网词入典，必然会给人们带来成堆“生僻词”乱入的错觉，有违词典的庄重与权威。未经过时间沉淀的网词就好比随兴即来的小调，虽讨喜但却难以为人所传唱，因而，不管是从留存时代样板的角度考虑，还是从实用性的角度考虑，将此类速朽的网词收录词典都是没有必要的。

审慎的态度不等于无理的拒斥。经历过时间考验，已经具有了明确的含义，并为公众所普遍接受的网络用词，是享有入典资格的，例如：给力、点赞、任性等。因而，对于网词，不能来者不拒，也不可拒之千里，有条不紊地鉴别筛选才是正道。

《近代汉语词典》面世

（摘自：中华读书报，8 月 10 日）

上海教育出版社出版的《近代汉语词典》将于今年上海书展与读者首度见面。该书由中国社会科学院语言研究所白维国先生担任主编，江蓝生、汪维辉担任副主编，国内十余位一流的汉语历史词汇研究专家通力合作，历时二十年编纂完成。词典共计九百余万字，收词五万一千余条，是国家“十二五”出版重点规划项目，也是我国第一部以“具有汉语词汇史性质”为目标进行编纂的历时辞书。该书的“近代”指的是从初唐到19世纪中叶一千多年的历史时期。近代汉语正处于上承古代汉语、下接现代汉语的关键时期，对于这段时期语言的系统整理，将有助于勾勒整个汉语的演变轨迹，并解密众多隐藏在语言中的文化信息，增加我们对于这一千多年中华文明发展史的认识。

保定曲阳7旬退休教师十年编写“汉字速学”字典

（摘自：燕赵都市报，8月22日，作者：蔡云雷）

曲阳县的退休教师李淑欣，以七旬高龄，用十年时间写出了一部《汉字速学图示字典》，并在今年7月份由人民东方出版社出版发行。经在曲阳县中小学推广后，成了一本热门的工具书，深受学生们的喜欢。这本由人民东方出版社出版发行的精装《汉字速学图示字典》，包含前言、索引和内容共计800页。收录常用汉字7200多个，制作几何图块1280个。

这是一部按照汉字形体结构编排的创新字典。字典里引进了“字根”的概念，加上几何图形，把相同字根的汉字展现在一个页面上，学习起来非常直观、鲜明。字典除了按照字形结构编排、加入几何图形是鲜明的特色外，还增添了字根检索方式。通过字根检索，能够迅速查找多个以该字根为基础的同根汉字，也可以说是相似汉字，这样能极大地节省检索时间，提高学习效率。

《全球华语大词典》出版首发　近9万词条展多样语汇

（来源：中国新闻网，8月26日，作者：应妮）

商务印书馆26日在北京出版首发《全球华语大词典》，并授权新加坡名创教育集团在东南亚地区以及英国、美国等地出版发行该词典的中文简体字版。该词典汇聚了语法学、词汇学、词典学等多个领域的专家，依托全球各地十余编写组近百人的编写团队，历时六年编纂完成，共收录华语通用词语和特有词语88000多条，收录范围包括中国大陆、中国港澳、中国台湾、新加坡、马来西亚、印度尼西亚、菲律宾、泰国、老挝、柬埔寨、缅甸、印度、日本、欧洲和北美等国家和地区。词典同异兼收，在展示丰富多样的华语词汇的同时，也描绘了华语在全球范围内的语言生态。

《新华字典》和《现代汉语词典》将由牛津大学推出汉英双语版

（摘自：中国新闻网，8 月 27 日，作者：应妮）

8 月 26 日，商务印书馆和牛津大学出版社、中国社会科学院语言研究所在北京签署协议，共同联手打造《新华字典》和《现代汉语词典》的双语版。此次双方将共同遴选组织编辑团队、翻译团队和审订团队，从始至终共同进行翻译、编写、出版工作，保证打造权威、科学、规范的汉英版《新华字典》《现代汉语词典》。中国社会科学院语言研究所所长刘丹青坦言，汉语和英语是世界上使用人数最多的两大语言，这两部优秀辞书蕴含着汉字和汉语言文化的精华，将为不同民族的文化交流提供卓越的中介工具。

历时 30 多年　《汉藏对照畜牧兽医词典》出版发行

（摘自：中国西藏新闻网，9 月 2 日，作者：张建斌）

日前，由西藏自治区农牧科学院研究员洛桑多吉主编，历时 30 多年完成的《汉藏对照畜牧兽医词典》出版发行。该书选词范围广、专业性强，具有很强的创新性和实用性，在促进畜牧兽医学科术语进一步专业化、规范化方面具有深远意义。《汉藏对照畜牧兽医词典》属西藏自治区科技厅重点软科学项目，收录了畜牧兽医和草原常用专业术语及植物、动物、矿物等汉藏对照词条 3 万余条，约 48 万字。

《新华字典》汉维版、汉哈版正式发行

（摘自：央视网，9 月 24 日，作者：曹岩）

《新华字典》汉维版、汉哈版正式出版发行。《新华字典》（汉维版）最新版由新疆人民出版社出版，《新华字典》（汉哈版）由新疆科学技术出版社出版。商务印书馆负责人于殿利介绍，《新华字典》第 11 版出版后，中国社会科学院语言所和商务印书馆免费授权新疆人民出版总社出版维吾尔文、哈萨克文、蒙古文、柯尔克孜文版。

《新华字典》推出汉维版、汉哈版

（摘自：中国教育报，10 月 10 日：王珺）

在不久前举办的第二届中国－亚欧出版博览会期间，新疆人民出版社、新疆科学技术出版社和商务印书馆联合举办了《新华字典》汉维版、汉哈版出版座谈会。为服务新疆地区教育，三家出版社还联合向新疆部分学校捐赠了《新华字典》第 11 版、汉

维版、汉哈版，《汉维英图解词典》《汉哈英图解词典》等工具书以及国内外经典名作名著等。据商务印书馆总经理于殿利介绍，《新华字典》已成为民族团结的重要纽带，我国很多少数民族同胞都曾借助《新华字典》学习汉语、汉字。商务印书馆、新疆人民出版社、新疆科学技术出版社、布尔津县新华书店和金山书院还联合举办了推进“一带一路”出版座谈会，就出版业如何更好地服务国家战略、讲好中国故事、传播好中国声音进行了深入探讨。

重大文化出版工程《中华大典·语言文字典》通过国家验收

（摘自：湖北日报，10月24日，作者：文俊、李平）

昨悉，由湖北教育出版社承担的《中华大典·语言文字典》以优秀成绩通过国家验收。《语言文字典》共3081万字，全面梳理并含括了先秦至清末我国传统语言学最珍贵的资料，是有史以来中国传统语言学资料最全面、最系统的分类总结，是湖北省继《汉语大字典》后承担的又一重大国家出版工程。北京大学教授郭锡良、四川大学教授赵振铎认为，《中华大典》以现代学科分类方法和理念对传统音韵学文献进行类聚和整理，具有学术传承与学术创新的鲜明特色，从规模到质量，全面超越了《永乐大典》《古今图书集成》，达到了《中华大典》编纂时提出的目标。

《辞海》八十不言老

（摘自：人民日报，12月30日，作者：曹玲娟）

12月29日，《大辞海》出版暨《辞海》出版80周年座谈会在上海举办。《辞海》这部皇皇巨著，是我国目前唯一的大型综合性辞书。其修订版至今累计发行量已超630万套，各分册累计发行量达2000万册。1981年，辞海编辑委员会确立了十年修订一次的制度，每十年对内容进行保留、增删和修订，确保知识体系的新陈代谢。相关工作已经展开。《辞海》编纂处主任、上海辞书出版社社长秦志华透露，《大辞海》《辞海》的数字化开发正在同步建设中，《辞海》第一版到第六版内容已全面完成数字化升级，数据库已建设完成，等待验收。《大辞海》在线数据库也已建成，并于座谈会当天推出内部测试版。

中国语言文化国际传播

引　言

2016 年，随着我国国际影响力日益增强，汉语国际传播事业蓬勃发展。孔子学院和孔子课堂数量稳步增长，截至年底，共有 140 个国家设立了 513 所孔子学院和 1073 个孔子课堂。首个国家普通话水平测试海外培训测试中心将落户荷兰海牙。海外中小学生汉语考试（YCT）大纲及标准教程发布。汉语国际教育的课程资源开发、考试标准制定、教学教法研究等方面不断取得新成果。北京大学推出全球首个 HSK 在线课程；东北师范大学研发完成两项华文教学资源。有学者表示“要在世界多元文化背景下制定汉语言文化传播策略”。

在国际上，与中国语言文化传播相关的信息层出不穷，体现出中国语言文化的高热度：哈萨克斯坦副总理纳扎尔巴耶娃表示，懂汉语已成为不少哈萨克斯坦人就业的敲门砖；澳大利亚推出“普通话蓝图”；马来西亚政府提倡学习汉语；联合国 2016 年“中文之夜”走进纽约；汉语进入罗马尼亚国民教育体系，中小学将开汉语课；南非旅游部汉语班开课；英国教育部启动“卓越汉语教学”项目；越南将汉语增列为初级教育的第一外语；在美国企业高管中，商业需求使中文学习开始流行。此外，中国语言文化传播活动也丰富多彩。

一　孔子学院建设与发展

巴黎七大孔院亮相国际语言博览会

（摘自：中国侨网，2月26日，作者：刘翠云）

据国家汉办网站消息，在近期举办的第34届巴黎语言博览会上，法国巴黎七大孔子学院为观众们带来了精彩的体验活动，尽显中国语言文化魅力。

巴黎语言博览会以鼓励学习外语、促进不同文化间对话为宗旨，为想学外语的人提供学习和交流的机会。通过语言博览会，巴黎七大孔子学院向众多外国友人展示了中国语言文化的魅力。不少参观者表示，自己对中国文化有了新的认识，也产生了更浓厚的兴趣。

苏里南将开设首家孔子学院

（摘自：新华社，3月1日，作者：高星）

苏里南大学3月1日与中国国家汉办在苏首都帕拉马里博签署协议，将开办苏里南首家孔子学院。

中国驻苏里南大使杨子刚表示，中苏建交近40年来，双边关系迅速发展，各领域合作成果丰硕。苏里南大学设立孔子学院，将为两国文化教育交流增添浓墨重彩一笔，成为增进两国人民了解和友谊的重要桥梁。

苏里南教育部长珀纳在签约仪式上表示，随着中国经济实力和国际影响力的快速增长，汉语在全世界的影响越来越大。苏里南有独特的多元文化，汉语和中华文化是其中的重要组成部分。苏里南设立孔子学院，有助于当地居民学习掌握汉语这一重要语言，进一步了解中华文化，有利于苏各族裔加深相互理解、促进融合。苏教育部将全力支持设立孔院的相关工作，并进一步扩大两国高等院校交流合作。

苏里南位于南美洲东北部，人口50余万，其中华侨华人4万余人。自1853年首批华人抵苏以来，华侨华人为苏里南的经济社会发展做出了重要贡献，与此同时，中华文化也成为当地多元文化的重要组成部分。

毛里求斯大学孔院建院协议签署　将迎首批学汉语的学生

（摘自：中国侨网，3 月 7 日）

据外交部网站消息，近日，驻毛里求斯大使李立出席毛里求斯大学举办的孔子学院建院协议签字仪式。莫希校长代表校方签字，李大使和毛教育部首席执行官拉姆卢贡先生、常秘古拉女士以及奥特雷荣誉校长等作为见证方出席。

多年来，中毛关系发展顺利，人员往来日益频繁，两国人民进一步加深彼此了解的需求也与日俱增。今天的签字仪式是一个新的开始，中毛双方将携手并进，努力建设好毛岛第一所孔子学院，为毛里求斯朋友进一步了解中国文化、学习掌握汉语创造条件，期待学院早日落成。

莫希校长表示，她本人对出席这一历史性时刻深感荣幸，对中国使馆特别是李大使本人一直以来的支持表示感谢，毛里求斯大学已制订详尽的建院计划，将很快与中方就具体建院事宜进行沟通，相信通过双方的共同努力，毛大校园将很快迎来首批学习汉语的学生。

新疆高校所建孔院特色鲜明　深受国外民众欢迎

（摘自：中国新闻网，3 月 9 日，作者：闫文陆）

随着中国“一带一路”倡议的实施，中国特别是新疆与周边国家的经贸文化交往日渐频繁，周边国家了解中国文化与学习汉语的需求也日益增长。新疆凭借独特的地缘优势，成为国家丝绸之路经济带建设的核心区，其中建设文化科教中心是其重要组成部分。在众多途径和平台中，孔子学院起着重要的作用。

汉语国际教育工作誉高责重、利国利民，是新疆建设丝绸之路经济带中的重点工作。据统计，截至 2015 年底，新疆高校在周边俄罗斯、吉尔吉斯斯坦、塔吉克斯坦、哈萨克斯坦、巴基斯坦、蒙古等 6 国已建成三批九所孔子学院，下设 25 所孔子课堂和 75 个分支教学点，注册学员总人数已达 3.6 万余人，参与汉语学习和文化体验活动达 12 万人次，这在其他国家和地区是少见的。

阿克托别巴诺夫国立大学孔子学院在布局时就考虑到了中资企业的需求，承担外方员工的汉语培训和部分中方员工的俄语培训任务。在第三批孔子学院中，吉尔吉斯奥什国立大学孔子学院借鉴了以往孔子学院的经验，高起点建设，率先建成学历教育为主的孔子学院，即学员学完后可以拿到奥什国立大学汉语专业本科学历证书。

学习好汉语对中亚国家青年就业有帮助，因此许多学生喜欢学习汉语，对接受汉语教育的需求日渐增长。记者去年11月曾在中国投资的吉尔吉斯斯坦第二大炼油企业托克马克实业炼油厂采访，员工萨乌塔浑毕业于比什凯克国立民族大学孔子学院，从事翻译并兼做工厂的计量工作。他说："因为我是孔子学院毕业，会说汉语，所以炼油厂聘用了我。"

新疆教育厅一直推进中亚国家教材研发。2008年，推出了一系列针对中亚五国语言的教材。从2009年开始争取国家汉办立项，聘请专家，努力完成成套成系列教材的研发，陆续推出了哈萨克语、塔吉克语、吉尔吉斯语3个语种从幼儿园、小学、中学到大学，从大众汉语到商务汉语、工具书及词典等60多个品种的教材，即丝绸之路学汉语系列教材。目前，教材匮乏的局面初步得到缓解。

孔子学院总部回应"60多所学院被美关停"：纯属捏造

（摘自：中新网，5月29日，作者：刘乐）

据中国之声《央广新闻》报道，认证信息为孔子学院总部（国家汉办）的"孔子学院"微信公号昨天发布严正声明，声明称，微信公众号"今闻解读"发表题为《美国下令60多所孔子学院全部停办》的微信文章，此新闻纯属捏造，完全失实。

2004年11月21日，全球第一所孔子学院成立于韩国首尔。截止到2015年年初，十年间，孔子学院已发展至475所，同时，还有851个孔子课堂分布于世界126个国家（地区）。孔子学院已成为中国与世界跨文化交流的平台。

其实，近些年关于孔子学院关闭、停办的消息也有很多，有真有假。其中，少数孔子学院停办的原因也有很多种。同时，针对孔子学院的各种消息甚至抨击也时有发生。根据权威消息来源，虽然孔子学院遭遇抨击不断，但孔子学院发展势头依旧强劲，据此前从孔子学院总部得到的消息称，目前仍有几十个国家200多所大学正在积极申办孔子学院，有个别学校停办或退出是正常现象，各国语言推广机构这种情况也是非常普遍的。

孔子学院助力"一带一路"建设

（摘自：中国社会科学网，6月15日）

孔子学院发展与"一带一路"建设都致力于推动中国全方位对外开放，通过"走出去"实现国家利益与国际道义的均衡，面向世界问题，发出中国声音。

"一带一路"为孔子学院发展明确了理念指引，也为其可持续发展提供了保障。民心相通是"五通"的关键，而其前提是文化上的相互了解、认知和理解，只有理解对方的文化传统，才能理解对方的行为选择。孔子学院是“一带一路”倡议和理念的重要实践主体，作为以教授汉语和传播中华文化为使命的公益性教育机构，其发展可以为“一带一路”提供人文支撑，通过语言和文化传播促进沿线国家民心相通，降低交易成本，具有不可替代的作用。

荷兰格罗宁根孔子学院阿姆斯特丹中心揭牌

（摘自：新华网，9 月 23 日）

荷兰格罗宁根孔子学院阿姆斯特丹中心 22 日揭牌。该中心计划为荷兰首都阿姆斯特丹及周边地区中文教育提供系统性支持，举办中国文化推广活动，促进中荷、中欧商务交流合作。

格罗宁根孔子学院成立于 2011 年，是荷兰两所孔院之一。过去五年里，格罗宁根孔子学院与合作大学共同设立了中国经济硕士、汉语学分课程、中欧商务英才计划荣誉学位、创业中国辅修等，还与荷兰 11 所中学合作建立孔子课堂，学生人数达 2000 余人。

挪威第一所孔子课堂举行揭牌仪式

（摘自：挪威卑尔根孔子学院网，10 月 12 日）

当地时间 9 月 30 日，挪威第一所孔子课堂——卑尔根孔子学院下设阿玛莉·斯克拉姆高中孔子课堂举行揭牌仪式。斯韦恩·海格亨在致辞中表示将一如既往支持孔子课堂的建设和发展，努力把该孔子课堂建设成为霍达兰地区汉语学习基地，通过语言教学和文化活动更好地为挪威学生搭建了解中国的平台。博格·克里斯汀·塞尔维克表示，卑尔根孔子学院将不遗余力地为孔子课堂提供更多的资源、平台和项目支持。

美国西宾州中文教师学会汉语教学研讨会在美国卡耐基梅隆大学召开

（摘自：武汉大学文学院，10 月 28 日）

当地时间 10 月 16 日，由美国“西宾州中文教师学会”主办、匹兹堡孔子学院协办的 2016 汉语教学研讨会在卡耐基梅隆大学召开。学会主席吴素梅（卡耐基梅隆大学中文系教授）、副主席于月明（卡耐基梅隆大学中文系主任）主持了此次会议。共有来自美国宾州各大中小学的中文教师及卡耐基梅隆大学、匹兹堡大学中文教育专业研究生 120 人参与了此次研讨会。匹兹堡孔院中方院长萧映教授及 10 名匹兹堡孔院汉语教师志愿者出席了此次研讨会。共有 21 位中文教师分专题分享了各自的教学经验和心得。匹兹堡孔院的汪海霞老师介绍了中文歌曲在汉语教学中对引起学生学习兴趣的重要意义，并且强调在教中文歌曲时要注重简化歌曲才能更好地服务于语言教学。

全球已经成立510家孔子学院

（摘自：北京晨报，11月17日，作者：郑超）

截至目前，全球共有140个国家开设了510家孔子学院，最近的一家是两月前在卢森堡成立的孔子学院。2004年11月，全球首家孔子学院在韩国成立。目前，全球孔子学院学员总数近200万人，其中近100万学员是中学生。

中东欧本土汉语教师培训在匈牙利开幕　研讨汉语教学

（摘自：中国侨网，11月24日，作者：徐荟尧）

匈牙利罗兰大学孔子学院举行“中东欧本土汉语教师培训”。哥伦比亚大学教授刘乐宁、法国东方语言学院教授徐丹、中国华东师范大学教授丁安琪应邀为教师们做了关于汉字教学、汉语语法教学和课堂活动方面的讲座。此外，孔子学院还邀请罗兰大学英语系教授克里斯托弗·瑞恩，从第二语言教学的角度做了“教师的自我定位”以及“如何认识教学对象”的讲座。

刘延东：构筑中德人民互联互通的“心灵高铁”

（摘自：新华网，11月25日，作者：冯玉婧、张毅荣）

11月25日，中国国务院副总理刘延东考察柏林自由大学孔子学院并与部分德国孔子学院院长座谈。刘延东表示，中德两国领导人高度重视语言教育交流和孔子学院的发展。今年8月，默克尔总理出席施特拉尔松德孔子学院揭牌仪式，体现了对孔子学院建设和中德文化交流的高度重视。在两国领导人的共同推动下，德国孔子学院事业不断壮大，构筑了中德两国人民互联互通的“心灵高铁”。

二　中国语言文化在海外及其他

春节临近日本零售业界急聘中文人才应对中国游客

（摘自：中国侨网，1月22日）

据日本新华侨报网报道，当前，以日元贬值等利好因素推动下，访日中国游客不断增加。具有较强消费实力的中国游客成为日本商家争先吸引的对象。

在日本大都市圈的零售业界，对于能够说中文的销售职员派遣需求高涨。由于人才供不应求，日本也出现普通能够说中文的销售员派遣时薪上涨情况。日本大型招聘信息公司 Recruitjobs 称，2015 年 11 月销售人员全体的平均时薪为 1363 日元（约合 77 元人民币）。与此形成对比，在东京，现在能够说中文的职员派遣时薪已达到 1400～1700 日元（约合 79～96 元人民币）。中文翻译的派遣时薪为 2500 日元（约合 141 元人民币）。中文翻译与会说中文的销售人员时薪差别正在迅速缩小。

然而，现状是日本企业难以招聘到具备专业知识和经验，并且会说中文的人才。

韩国大学成唐人街　网吧交款台说明都用中文

（摘自：参考消息网，1月25日）

韩媒称，1月22日下午5点，首尔广津区建国大学附近的一个网吧里，正在打游戏的20多岁年轻人的电脑显示屏上，不断地出现“没红”“法力药水”等中文游戏词汇。键盘旁边，是写着“绿茶”“奶茶”字样的塑料瓶。交款台附近的说明文字也是中文的。

韩国《朝鲜日报》网站1月25日报道称，打出“唐人街网吧”招牌的这家网吧，其主要顾客是在建国大学上学的中国留学生。建国大学的中国留学生超过1500人后，这家以他们为对象的网吧就出现了。

随着中国留学生不断增长，韩国大学里出现了一股中国风。据法务部统计，在韩国留学的中国学生数量从2005年的10953人，增加到去年11月的59911人，10年之间增长了4倍多。

哈萨克斯坦副总理说学中文对就业有帮助

（摘自：新华网，2月6日，作者：周良）

哈萨克斯坦副总理纳扎尔巴耶娃5日表示，中国经济蓬勃发展，哈萨克斯坦人有必要学习汉语，这对他们将来就业将有所帮助。

正如纳扎尔巴耶娃所言，哈萨克斯坦正兴起汉语热，懂汉语已成为不少当地人就业的敲门砖。包括中石油、华为、中信、中国银行在内的中国大型企业纷纷在哈萨克斯坦投资，为当地人创造了不少就业机会。目前在哈萨克斯坦已开设四所孔子学院，但仍难以满足当地人学习汉语的需要，许多人选择中学毕业后直接到中国留学。根据哈萨克斯坦官方数字，中国已成为继俄罗斯之后哈萨克斯坦人的第二大留学目的地，目前在中国有1.2万名哈萨克斯坦留学生，这一数字还在逐年攀升。哈萨克斯坦现任总理马西莫夫就曾在中国留学，能说一口流利的汉语。

世界多元文化背景下的汉语言文化传播策略

（摘自：光明日报，2月14日，作者：李云霞）

笔者在近20年的对外汉语教学工作和两年多的国外任教经历中，深刻感受到汉语随着中国国家实力不断发展壮大而日益增长的吸引力。到中国学习和工作的外国人越来越多，会说汉语的外国人也越来越多。不过，这些人中的绝大部分对中国传统文化中“天人合一”“仁爱”“中庸”等基本价值观念知之甚少，更对这些观念下的诸多行为不够理解。从这一角度可以看出，以往针对外国公众的汉语言文化传播在方向、路径上是正确的，并且取得了很大的成效，但是要使中华文化深入人心，还须在策略和操作上进行完善，应从以下几个方面重点推进：第一，凝练具有中华文化特质的价值观念，形成相对一致的传播文本。第二，了解其他文化的特点，找到文化传播交流的“最近发展区”。第三，鼓励和支持民间组织的文化传播，深化立体的多层次的推广和交流。第四，提高对汉语言文化传播者传统文化素养的要求。

2016年中央文献重要术语日文译文发布（第一期）

（摘自：人民网－日本频道，2月25日）

中央编译局近日公布了中央文献重要术语译文第十期内容。《中共中央关于制定国民经济和社会发展第十三个五年规划的建议》（以下简称《建议》）提出创新、协调、绿色、开放、共享五大发展理念，集中体现了我国“十三五”期间乃至更长时期的发展思路、发展方向和发展着力点。本期围绕创新发展，从《建议》中挑选了14条术语，涉及创新发展的方向、战略、政策和重大工程等内容。

纽约华裔移民增长迅速 消防救护员兴起中文热

（摘自：参考消息网，3月1日）

在美国第一大城市纽约，华裔是近年来增长最快的移民群体。由于很多新老移民不通英文，给纽约市的消防工作增加了难度。为了克服这个难题，纽约市的一些消防和救护人员自愿拿起中文教科书，重新走回课堂。

每周四晚上，纽约市消防局的消防员和救护人员会来到纽约市消防员互助组织——消防员之友的总部学习中文。纽约市消防局的中文课程开始于2015年秋天。如今，为期5个月的第一期课程已经接近尾声。第二期将从三月开始。

纽约市规划署的统计显示，从2001年到2011年，纽约讲中文的移民人口从26万增长到35万，增幅超过34%。市政府估计，按照目前增速，华裔移民可能会在未来五年超过多米尼加移民，成为美国最大城市的最大移民群体。

纽约消防局亚裔消防员组织凤凰社主席史蒂夫·李是中文项目的发起人。他说，在消防局一万多名消防员和其他工作人员中，只有大约120名亚裔。这个比例无法满足社区需求。开设中文课程能够在短期内改进社区服务水平。长期而言，消防局应该大幅提高亚裔消防员的人数比例。

新加坡英语家庭比率首次超越华语家庭

（摘自：中国侨网，3月10日，作者：林心惠）

据新加坡《联合早报》报道，新加坡统计局3月9日公布的2015年住户调查报告显示，截至2015年6月底，新加坡公民人口为338万，永久居民人口53万。在家中使用的语言方面，选择英语的家庭比率首次超越华语家庭。

住户调查与每10年进行一次的人口普查，从人口结构、宗教信仰、住屋类型和受教育水平等方面，展现新加坡社会的变化。

新加坡国人的受教育水平在不断提高，有更多国人会阅读至少两种语言。数据显示，15岁以上受过教育的国人中，会阅读至少两种语言的人从2010年的70.5%增至去年的73.2%。

在家中使用的语言方面，选择英语的家庭比率首次超越华语家庭。根据2010年人口普查，家中使用华语的家庭占35.6%，英语家庭则占32.3%。但到了去年，华语家庭减至34.9%，英语家庭增至36.9%。主要以方言沟通的家庭，则从2010年的14.3%减少至12.2%。

澳大利亚首领地推出“普通话蓝图”

（摘自：中国社会科学报，3月10日，作者：刘臻）

澳大利亚首领地教育厅厅长伯奇（Joy Burch）正式宣布，将向21所学校和社区组织拨款5万澳元，借此提升首领地与中国的关系密切程度。伴随着澳中关系不断发展，中文将变得越来越重要。据调查发现，中文已经成为除英文以外，首领地地区居民使用最普遍的语言，大约1.9%的居民以中文为主要语言。

文艺界委员热议中国文化走向世界

（摘自：人民政协网，3月12日）

2016年政府工作报告中提出要“深化中外人文交流，加强国际传播能力建设”。在小组讨论中，就什么样的文化“走出去”，怎么“走出去”，有代表认为，向世界传播中国文化，必须是代表中华民族精神的精品力作。也有代表认为，一方面要选择中国最优秀的文艺作品，另一方面也应当重视传播方式，对接收者做细致的分析和研究，这样才有可能使文化真正地“走出去”。

《中华思想文化术语（第三辑）》全球首发

（摘自：光明日报，4月18日，作者：陈鹏、李瑞娜）

4月12日，在伦敦国际书展上，“中华思想文化术语传播工程”最新成果，《中华思想文化术语（第三辑）》举行了全球首发式。三年来，这套书籍的编著者们把中华民族所创建的，浓缩着中华民族人文精神、思维方式、价值观念的300个术语词汇，转换为英文传播出去。他们在中华文明与世界其他文明之间架起了一座桥梁。

由于没有相对一致的理解与阐释，更没有规范的翻译标准，加之背后极其浓厚的中国传统文化可能造成的文化差异，外国受众对一些关键字词、术语会出现难以准确把握的情况。针对这种情况，2014年，由北京外国语大学、外语教学与研究出版社共同承担的“中华思想文化术语传播工程”（以下简称“工程”）项目正式启动。

“工程”旨在梳理反映中国传统文化特征和民族思维方式、体现中国核心价值的思想文化术语，用易于口头表达、交流的简练语言客观准确地予以诠释，在政府机构、社会组织、传播媒体等对外交往活动中，让世界更多了解中国国情、历史和文化。

“工程”采取整理一批、翻译一批、推广一批的原则，在组织各领域专家学者做好术语整理、诠释及翻译的基础性工作的同时，从图书出版、会议研讨、网站宣传、新媒体使用、展览呈现等多角度进行立体化传播。外交部已将千余册《中华思想文化术语（第一辑)》发送给我国驻海外的24家使领馆。

“工程”启动之后，李学勤、叶嘉莹、张岂之、林戊荪等70余位文、史、哲学科及英语翻译领域的国内外顶尖学者应邀组成专家学术团队。

从术语的筛选、释义到翻译，每个步骤都饱含专家学者的“较劲”与“求真”。

学科组专家从中国古代文献典籍中首先筛选出上千条术语，而后经过专家委员会审核认定，“仁”“义”“礼”“社稷”“九州”“阴阳”“大同”“格物致知”“厚德载物”“天人合一”等条目正式成为中华思想文化术语。例如：

道 Dao（Way）

大同 Universal Harmony

气象 Prevailing Features

社稷 Sheji（Gods of the Earth and the Five Grains）

文以载道 Literature Is the Vehicle of Ideas。

上善若水 Great Virtue Is Like Water。

厚德载物 Have Ample Virtue and Carry All Things

天人合一 Heaven and Man Are United as One。

印尼举办“开放与交流”华文教育主题座谈会

（摘自：中国侨网，4月21日，作者：李潇）

据《印度尼西亚商报》报道，近日，印尼举行以“开放与交流——掌握语言，抓住机遇”为主题的交流座谈会，此次座谈会由西加华文教育协调机构（以下简称西加协调）和共同希望语言学院联合主办。

中国驻印尼大使馆文化参赞金洪跃致辞表示，中印两国各行各业的合作会把中印两国连接成为一个经济和人口的联合体，中印两国已经成为全面战略伙伴，大范围区域性的对汉语人才的需求是紧迫的。印尼与中国2015年签约“雅加达—万隆”高铁协议，在建设方面迫切需要培训大批懂技术、懂专业、懂语言的人才，这也为华文的教育提供了积极的条件。金参赞还特意提到了中国政府每年不断增加的留学生奖学金名额，正是开放交流的具体措施之一，并且将特别给予西加符合条件的学生在接下来的这一周内申请奖学金的机会。

西加省省政府第二助理 LensusKandri 先生高度赞扬共同希望语言学院的建立，是在协助政府提高人力资源素质方面做出的积极奉献。他在列举省政府地区建设的数据时，特别提到将会有二十多个中国企业入驻西加省投资，需要大量精通汉语的人才，可谓机遇和挑战并存。

马来西亚政府支持官员赴华学汉语　加强中马关系

（摘自：中国新闻网，4 月 29 日）

据马来西亚《光华日报》报道，汉语学习课程获得马来西亚政府部门大力关注，并派遣官员参与。首相署国家团结及融合局于 2013 年与马来西亚汉语口语水平测试中心、马来西亚汉文化中心及国家翻译及书籍局，四方签署“汉语学习课程备忘录”，成为马来西亚首个响应并参与汉语学习课程的政府部门。

中国驻马大使黄惠康相信，这些学成归来的官员，将为进一步加强中马之间的友谊发挥重要的桥梁作用。

40 万人学中文！　美国“汉语热”进入新阶段

（摘自：人民网，5 月 7 日，作者：韩莎莎）

4 月 27 ~ 29 日，第九届全美中文大会在美国芝加哥召开，约 1300 人参加，包括美国教育官员、汉语老师和专家，以及美国学生等。

从大会开场美国学生跳民族舞、合唱“阿拉木汗”、用琵琶弹奏“茉莉花”，到美国教育地区主管争论汉语教学先从拼音还是汉字入手，再到“老外”汉语老师的感慨——“我认为现在开始学习汉语已经晚了”，美国的“汉语热”超出了所有人的预想。

中国设立阿盟汉语翻译项目奖学金

（摘自：新华社，5 月 10 日）

中国驻黎巴嫩使馆文化专员陈中林 10 日说，中国政府自 2016 年起将为阿拉伯国家联盟（阿盟）专门设立一个汉语翻译项目奖学金，为阿盟秘书处培养汉语翻译。这一奖学金项目每期一年，将持续 5 年，每期培养 15 人。

近年来中黎文化交流蒸蒸日上，中国文化受到越来越多黎巴嫩青年学生的喜爱，越来越多的黎巴嫩学生开始学习中文。陈中林表示希望黎巴嫩学生通过学习中文，了解和亲近博大精深的中国文化，为中黎友好贡献自己的力量。

联合国2016年“中文之夜”走进纽约　传播中国文化

（摘自：中国侨网，5月19日，作者：管黎明）

据美国《侨报》报道，来自联合国中文学习项目的逾百名国际学员、纽约五所孔子学院的老师和联合国中国书会的众多会员们，日前欢聚联合国总部，共度2016年“中文之夜”。

北京语言大学李宇明教授做了关于《中国的语言现状及语言政策》的学术讲座，就中文在不同年代的发展状况和政府的语言政策进行了深入浅出的介绍，其中包括中国在50年代所进行的推广普通话努力、推行汉语拼音方案，以及简化汉字，如今则致力于通过发掘语言的文化、经济和学术效益来发展和壮大汉语。李宇明教授还面向联合国中文学习项目的各位老师、学员及孔子学院的工作人员，特别提到了中华语言的国际传播问题，更从国内外统筹的高度介绍了中国现行的语言政策。

希拉里推首个中文竞选广告　获华裔议员支持

（摘自：观察者网，5月29日）

美国总统初选进行得如火如荼，加州初选将于下月7日登场。这里是华人的主要聚集地，希拉里从26日起推出首个中文竞选广告，争抢华裔票，并获得加州众议员赵美心等多位民主党华裔政治人物片中“登场”拉票。

希拉里于26日正式推出新的宣传片“更强的国家”，并用西班牙语、中文、越南语、韩语等语言对不同族裔喊话，砸下数十万美元在电视台播放。当中，中文竞选广告“我们的社群”（Our Community），字幕为繁体中文，请来多位知名华裔政治人物为她站台。

2016全球外国人汉语大会北京赛区预赛举行

（摘自：新华社，6月19日，作者：李江涛）

“汉语桥·2016全球外国人汉语大会”北京赛区预赛18日在首都经济贸易大学举行，来自清华大学、北京语言大学、山东师范大学等京内外17所高校的41名来华留学生参加比赛，同台竞秀汉语，展示汉语“功夫”。

“汉语桥·2016全球外国人汉语大会”自5月发布全球招募公告以来，以“学好汉语/读懂汉语”为主题，设立美洲、欧洲等5个洲际赛区和北京、成都等7个国内赛区，现场选拔和网络选拔并列进行，吸引全球喜爱中国汉语的外国朋友参加。

汉语进入罗马尼亚国民教育体系　中小学将开课

（摘自：中国侨网，6 月 23 日）

近日，罗马尼亚教育部批准了布加勒斯特大学孔子学院的申请，正式发文确认将汉语列入中小学最新外语语言课程名单。这标志着汉语正式进入罗国民教育体系，罗中小学汉语教学迎来了新的里程碑。

据悉，布大孔院近期向教育部提交了 HSK 入中考、高考认可成绩的申请，实现汉语学习与考试、升学挂钩，有利于增强学生们的学习热情，以制度建设促进汉语学习和推广。

第十五届“汉语桥”世界大学生中文比赛收官

（摘自：新华社，8 月 11 日，作者：张玉洁）

第十五届“汉语桥”世界大学生中文比赛总决赛 10 日晚在长沙收官。“汉语桥”由中国国家汉办主办，旨在激发各国青年学生学习汉语的积极性，增强世界对中国语言与中华文化的理解。本届比赛以“梦想点亮未来”为主题，于 7 月 12 日至 8 月 10 日在长沙举行。比赛一共吸引了来自 108 个国家的 146 名选手参赛，参赛选手数量达历年之最。

“中央文献重要术语译文”2016 年第 6 期发布

（摘自：中共中央编译局，8 月 18 日）

2016 年第 6 期围绕开放发展主题，从《中共中央关于制定国民经济和社会发展第十三个五年规划的建议》（以下简称《建议》）中挑选了 17 条术语，包括开放型经济新体制、互利合作、统筹国内国际两个大局、互联互通、利益共同体、制度性话语权、跨境电子商务、两岸一家亲等，涉及开放发展的原则、方针以及实现开放发展的战略布局和重要举措等内容。《建议》已由中央编译局翻译成英、俄、法、西、日、德、阿等七种外文，并由中央编译出版社出版发行。

海外中小学生汉语考试（YCT）大纲及标准教程发布

（摘自：新华网，8 月 25 日）

2016 年 8 月 24 日，YCT 系列汉语产品在第 23 届北京国际图书博览会（BIBF）隆重发布。在“YCT 新书发布暨签约仪式”上，高等教育出版社与孔子学院总部联合推出了《YCT考试大纲与应考指南（1～4级）》《YCT标准教程（1～6册）》两大类10种教学产品，还与印度尼西亚Legacy出版社签署了关于《YCT标准教程（1～6册）》的版权输出协议。

YCT是“Youth Chinese Test”的缩写，中文名称是“中小学生汉语考试”。此次推出YCT系列汉语产品，旨在为中小学国际汉语教育提供标准化课程与评测体系，实现“以考促教”“以考促学”的考教理念，助推全球中小学生汉语学习的热潮。

义乌20国老外同台竞技　首届外国居民汉字大赛促进中外居民交流

（摘自：金华日报，9月6日）

9月3日，被誉为“联合国社区”的义乌市鸡鸣山社区迎来首届外国居民汉字大赛。此次汉字大赛吸引了来自美国、哥伦比亚等20个国家的数十名社区外国居民代表参赛。

义乌市鸡鸣山社区有来自56个国家的近千名境外人员居住生活。此次由义乌工商学院、同悦社工共同举办活动，主要是为了引导在义乌创业生活、热爱中国传统文化的外国人，正确识记掌握汉字的音形义，提高他们的汉语水平及汉字书写能力，促进中外居民交流。

南非旅游部汉语班开课　20名学员将赴华培训

（摘自：人民网，9月22日）

南非旅游部外语培训班21日在约翰内斯堡正式开课，两组学员将分别学习汉语和俄语。在南非汉语课程结束后，20名学员还将赴华接受培训。

南非旅游部首期汉语培训班共有20名学员，包括导游及一线旅游从业者。汉语培训班每周40小时、为期12周，除了听、说、读、写等语言教学外，还有特别“量身定制”的中国文化课程，将介绍中国传统及现代文化、民族艺术、当代生活、商务礼仪，以及旅游业现状。当前，南非外交部、贸工部、科技部、警察总署、旅游部、基础教育部等国家部委已相继开设汉语培训课程。

学汉语从娃娃抓起　英国高调掀起“华务运动”

（摘自：新华网，9月24日）

英国教育部前不久宣布在全国正式启动“卓越汉语教学”项目，计划在2020年前从英国7年级（相当于中国初中一年级）及以上的中学生中，选拔和培养至少5000名能流利使用汉语的学生。英国政府计划为此投入1000万英镑。为促进汉语教学，伦敦大学教育学院还将与其他教育机构合作，为该项目培训至少100名汉语教师。

古有中国学习西方先进科技的“洋务运动”，现有英国掀起汉语学习的“华务运动”。英国政府的这一决定并不是心血来潮。最近几年，英国人在教育领域已经做出过不少“向中国学习”的动作。英国教育部负责学校改革事务的国务大臣尼克·吉布指出，掌握流利的汉语对英国发展具有国际竞争力的经济日益重要，教育部希望给年轻人提供学习汉语的机会，提高他们的汉语口语和写作水平及熟练程度。他认为，对汉语的强化学习不仅将丰富学生的个人经历，还能让他们在未来进入职场时获得巨大优势。

外国政府官员来华学汉语　深度了解中国文化

（摘自：中国新闻网，9月27日）

“第十二期外国政府官员中文学习班”开学典礼26日在北京华文学院举行。本次外国政府官员中文学习班由24名学员组成，主要来自泰国内政部、商务部、交通部、公共卫生部等部门，少数学员来自老挝。学员们将在北京华文学院进行为期一年的汉语学习。

为了让学员们提高综合运用汉语的能力，此次学习班将开设汉语听力、口语、阅读、写作等必修课，同时设有中国民族音乐、民族乐器、武术等中华文化选修课。学员还可以利用假期开展实践活动，考察中国社会经济发展情况，了解中国历史、地理和风土人情。

《跟着GoChengdu学汉语》网络课程上线

（摘自：成都日报，9月28日）

据了解，目前获批在成都设立领事机构的国家已达15个，世界500强企业有278家入驻，常驻外国人数量居西部第一。作为成都对外宣传的重要窗口，GoChengdu网站顺应需要，与汉优教育共同推出了《跟着GoChengdu学汉语》网络汉语课程。

该课程以在成都生活的外国人视角出发，介绍他们在成都生活、学习、工作的方方面面。将成都本土文化要素融入日常汉语交际情景中，在提高汉语学习者日常会话交流能力的基础上，加深其对中国传统文化及成都特色生活的理解和认识，以便能更好地融入成都本土的文化、生活氛围中。

越南教育部门提议将汉俄日语增列初级教育第一外语

（摘自：中国新闻网，9 月 28 日）

据报道，越南教育与培训部提议，从 2017 年起将汉语、俄语和日语增列为初级教育的第一外语，当地教育界对于当局鼓励学生学习汉语表示欢迎。根据这项提议，第一外语为必修语文。

越南中部顺化外国语大学中文系副主任阮氏林秀说，将中文列为第一外语有助于越南学生更好地了解中国，也为他们未来求职提供了良好的机会。她认为，尽管英语的使用非常普遍，也被很多国家列为官方语言，但“汉语是世界上使用人数最多的语言，中国是世界第二大经济体，学好中文，越南人可以更好地进入庞大的中国市场”。

匈牙利汉语热方兴未艾

（摘自：新华网，10 月 6 日）

“大，小，多……”秋日的一个早晨，布达佩斯郊区许恩·鲍拉日托儿所屋里传出幼儿跟着老师咿咿呀呀学说汉语的声音。进屋后记者了解到，正在学习汉语的是 2 个匈牙利小孩和 2 个中国小孩。托儿所让孩子从小就接受汉语熏陶，正是匈牙利汉语热方兴未艾的一个缩影。

汉语热在匈牙利公立学校也在逐渐升温。由匈中两国政府 2004 年 9 月合作创办的匈中双语学校，是一所用当地语言和汉语同时进行教学的全日制学校，建校之初有 4 个年级 87 名学生。为顺应匈牙利“向东开放”政策和中国“一带一路”倡议，学校今年增设高中部，成为 12 年制全日制学校。目前学校共有 9 个年级 390 多名学生，其中匈牙利学生占三分之二，中国学生约占三分之一。

匈牙利汉语热与孔子学院的大力推广密不可分。目前匈牙利共有 4 所孔子学院，近年来，孔子学院还在很多匈牙利中学开设了中文课，匈牙利高中生在毕业考试时可以把汉语作为外语考试科目。

北京国际设计周聚焦汉字文化，汉字创意点亮现代生活

（摘自：文汇报，10 月 8 日，作者：周渊）

日前，“汉字之美”创意设计论坛在北京 77 文创园举办，而历时一年的“汉字之美”2016 全球青年设计大赛也同时收官，17 份极富审美意味与文化意蕴的汉字创意设

计作品脱颖而出；另一边，设计周的品牌服务商专场则推出了主题为“汉字设计：从IP到颜值”的论坛活动，聚焦汉字文化如何“变现”。据介绍，由北京师范大学、清华大学美术学院共同主办的“汉字之美”全球青年设计大赛以“心灵生活”为主题，要求参赛者以30个包含“心”字偏旁部首的汉字字库中任意一字为创意，立意“心灵生活”，完成一件设计作品。大赛自去年在联合国教科文组织总部巴黎启动以来，吸引了来自全球16个国家和地区的选手参赛，共收到1250份作品。

速成汉语，效果如何？

（摘自：人民日报海外版，10月8日，作者：罗兰烁）

日前，英国教育部宣布正式启动“卓越汉语教学”项目，计划在2020年前从英国7年级（相当于中国的初中一年级）及以上的中学生中，选拔和培养至少5000名能流利使用汉语的学生，这些学生将在接下来的4年时间内密集地学习汉语，英国政府计划为此投入1000万元。明确学习目标能够使汉语学习者更有学习动力，从而提高学习效率。而在汉语学习过程中，还要有脚踏实地的学习精神和科学方法，才能最终收获满意的学习效果。

中孟语言文化交流搭建两国民心相通桥梁

（摘自：新华社，10月11日）

孟加拉国地处南亚，人口超过1.6亿，孟加拉语使用人数世界排名第七。随着两国关系尤其是经贸交往的日益加深，孟加拉国与中国的语言文化交流发展迅速，成为增进两国民众了解和友谊的桥梁。

中国驻孟加拉国大使馆文化参赞陈霜指出，孟加拉国作为“一带一路”沿线重要国家，正迎来中国机遇。越来越多的中国大学开设孟加拉语专业或课程。这为两国文化交流、民心相通提供了宝贵的人才支持。

同时，在孟加拉国，汉语也越来越多地受到关注。孟加拉国首都达卡大学今年10月刚刚正式获批设立汉语本科专业，并将在近期与中国云南大学合作设立汉语国际教育硕士专业。这一举措，将是两国教育、学术交流和合作领域的一次历史性突破，有助于两国教育交流达到更高水平。

据了解，孟加拉国已有2所孔子学院、1所孔子课堂以及1所网络孔子课堂。每年孟加拉国都会举办汉语桥比赛、中文歌曲大赛等活动，吸引广大孟加拉国的汉语爱好者参与其中。语言文化交流已成为两国民心相通的重要桥梁。

外媒：汉语热不等于中国文化得到西方的认可

（摘自：中国网，10 月 11 日）

据外媒报道，自 2004 年第一所孔子学院在韩国首尔成立以来，不到十年时间，全球五大洲都有孔子学院落地生根。根据汉办网站，截至 2015 年 12 月 1 日，全球 134 个国家（地区）已建立 500 所孔子学院和 1000 个孔子课堂。2014 年底孔子学院及孔子课堂累计注册学员达 345 万人，已有 61 个国家和欧盟将汉语教学纳入国民教育体系，全球学习汉语的人数已从 2004 年的近 3000 万人攀升至一亿人。

持续的汉语热是否等同于中国文化得到认可？

北京外国语大学教授乔木受访时表示，以教授语言为主的孔子学院虽在规模上远超英国文化协会、歌德学院等类似机构，但文化影响力远不如后者。他说："一个国家的政治影响力和感召力有限，文化影响靠起伏的经济和单纯的语言教学，很难持久和深入。"

报道称，汉语热虽然不等同于中国文化影响力的提升，但在一定程度上有助于增进汉语学习者对中国文化的兴趣。在中国历史上，对中华优秀文化的认同并非历来欠缺。孔子学院作为中国软实力的代表，除了向海外提供语言教学外，也可"随风潜入夜"地着力推广中华文化精髓。

北京大学推出全球首个 HSK 慕课

（摘自：北京大学对外汉语教育学院网，10 月 24 日）

由北京大学推出的全球首个 HSK 在线课程——"Chinese For HSK"一级课程于金秋十月在 Coursera 教育平台上线。"Chinese For HSK"课程涵盖 HSK 一至六级内容，计划明年年底前全部上线，主讲教师均来自北京大学对外汉语教育学院。"Chinese For HSK"一级课程是为汉语水平为零基础的学习者量身打造的汉语考试辅导课程，主讲人於斌老师使用英语进行授课。课程内容简明易懂，汉字及文化讲解新颖有趣。每节课词语及课文均配有录音以供学习者下载。课后练习题和测验题形式多样。

为满足商业需求　美国企业高管流行学习中文

（摘自：环球网，11 月 2 日，作者：周思敏）

据台湾《中时电子报》11 月 1 日报道，第六届纽约梨园社论文奖颁奖典礼近日在纽约举行，获颁该奖项的纽约佩斯大学孔子学院院长王文琴于领奖时表示，对于非华裔人来说，学习中文不仅是兴趣，许多人更是为了事业或工作而开始接触中文，其中不少人是国际知名品牌的高级主管。据报道，中文热潮风靡全球。近来孔子学院招收到的不少学生都为国际品牌的高级主管，其中包含国际知名内衣品牌维多利亚的秘密驻中国的高级主管。

做文明交流互鉴的“架桥人”

（摘自：光明日报，11 月 7 日，作者：陈二厚、郝亚琳）

国务院总理李克强当地时间 5 日下午在里加国家图书馆会见前来出席中东欧国家汉学研究和汉语教学研讨会的汉学家代表，与他们交流互动。著名汉学家、拉脱维亚大学孔子学院院长贝德高向李克强赠送了他编纂的《精选汉拉拉汉词典》，表示希望这本词典能够促进拉中两国人民的友好交往。李克强说，语言是沟通的桥梁，汉学家就是中国和中东欧文明交流互鉴的“架桥人”。希望能够看到更多促进中国和中东欧国家语言文字沟通交流的工具书出现。李克强指出，“16 +1 合作”机制诞生以来，中国同中东欧国家政治、经济、人文等各领域合作快速推进，各方参与合作的积极性更加高涨，加深相互了解的愿望更加迫切，这对中国和中东欧国家专家学者既是巨大的机遇，也提出了更高的要求。

学汉语就要“拿腔拿调”

（摘自：人民日报海外版，12 月 3 日，作者：刘菲）

汉语声调具有区分字词的作用，同一个音，四个声调，对应着 4 个不同的字，指代的事物也大相径庭。除了老师要不厌其烦地细抠发音外，学习者自己也可以通过多种形式加以练习。如，平时多听广播、多看电视，模仿播音员的讲话；与人交谈时留意对方的音调，再对照自己的发音；有的字拿不准发音，要勤于查字典等。从这个意义上说，学汉语就是要“拿腔拿调”。千万别为了图省事，说一口“歪果仁”式的汉语。

语伴也是小伙伴

（摘自：人民日报海外版，12 月 10 日，作者：刘菲）

我们知道，一个人说母语不需要什么理论，从小耳濡目染自然而然就学会了，是自然习得。学外语耳濡目染也是捷径。现在，学习汉语的外国朋友越来越多，要想更快地提高自己的汉语水平，找语伴是个不错的选择。语伴，顾名思义就是一起学习语言的伙伴。语伴间的互动能形成一种语境。有关语言学家通过实验发现，在语境中学习语言的速度是惊人的，而语境和方法是语言学习的两大重要因素。其实，语伴还可以成为小伙伴，在交流中外国汉语学习者可以寻找汉语语感，学习中华文化。

2017 年中国官方将新选拔汉语教师志愿者 4976 人

（摘自：中新网，12 月 17 日，作者：黄艳梅）

中国国家汉办志愿者工作处项目官员 17 日接受中新社记者采访介绍，汉语热在全球持续升温，海外对汉语人才的需求持续增长。孔子学院总部/国家汉办计划在 2017 年新选拔汉语教师志愿者 4976 人。汉语教师志愿者项目是中国为帮助世界各国解决汉语师资短缺问题而专门设立的志愿服务项目，于 2004 年开始实施。据国家汉办官员介绍，截至目前，中国累计向全球 137 个国家派出汉语教师志愿者 4 万余人次。

东北师大研发完成两项华文教学资源

（摘自：吉林日报，12 月 18 日，作者：任爽、赵立云）

12 月 15 日，东北师范大学宣布“汉语语法教学课件设计 100 例”和“海外华文教学词汇资源库”两项教学资源研发完成，将正式面向全球华文学校推出。“汉语语法教学课件设计 100 例”和“海外华文教学词汇资源库”是中国华文教育基金会立足于海外华文教育教学设立的两个项目，由东北师范大学承担。学校组织具有海外教学经验的一线教师，传媒、美术、计算机人才组成团队，历时一年顺利结项。两个项目的研究成果对丰富海外汉语教育教学资源、规范华文词语词汇和语法教学、加强汉语语法教学等方面将起到促进作用。

首个国家普通话水平测试海外培训测试中心将设立

（摘自：教育部语用司网，12 月 19 日）

12 月 19 日，教育部语言文字应用研究所与中国传媒大学举行《在海外合作开展普通话培训测试框架协议》及《设立国家普通话水平测试海外培训测试中心协议》签署仪式。根据协议，教育部语用所与中国传媒大学将整合利用双方资源，发挥各自优势，依托现有的海外共建或合作机构设立国家普通话水平测试海外培训测试中心。首个海外中心依托中国传媒大学与格罗宁根孔子学院基金会合作开办的格罗宁根孔子学院设立，中文名称为“中国国家普通话水平测试格罗宁根孔子学院培训测试中心”，工作地点在荷兰海牙。

语言学术动态

引 言

2016年是国家语言文字事业“十三五”的开局之年，语言学术蓬勃发展。尤其在以下方面颇为活跃：着眼国家发展战略，开展资政研究和科研服务；大力推动语言文字规范化、标准化和信息化，积极组织和协调普通话、汉字应用、规范标准的培训及测试，并努力巩固和拓展境外普通话培训测试市场；面向社会和人民群众的需求，开展各种语言服务工作。

语言文字智库建设有了新进展，语言政策、语言规划和语言生活研究走热。4月，教育部语信司与武汉大学签约共建国家语委研究机构中国语情与社会发展研究中心，对中国语言生活进行实时监测和调查研究，为党和政府提供决策参考，为经济社会发展提供服务。7月，北京语言大学语言资源高精尖创新中心正式启动，国际中国语言学学会第24届年会召开，国家民委民族语言文化心理重点研究基地揭牌。10月，语用创新联盟学术研讨会在鲁东大学召开。11月，教育部语信司举办“语言与国家”系列讲座，探讨智库建设。12月，南京理工大学成立江苏首家“‘一带一路’语言文化传播战略研究中心”。

语言文字信息化受到学界重视，语言应用及语言服务广受关注。5月，2016年中国中文信息学会战略研讨会召开；8月，国家语委“十三五”语言文字信息化专家研讨会和首届语言与智能技术高峰论坛举行；6月，全国听力语言康复工作会议和第八届亚太翻译论坛召开；7月，首届中国语言服务业协同创新发展论坛暨语资网2016年会员大会举行；9月，2016年度壮语文新词术语翻译专家审定会召开；12月，2016年中国语言服务业大会暨中国翻译协会年会顺利举行。

其他方面，国家语委“一带一路”汉语普通话推广培训基地（西北中心）在西北师大成立，第13届对外汉语国际学术研讨召开，2016年海峡两岸汉字文化之根研讨会召开，2016年两岸合编中华语文工具书第二次成果发布，第三届中法语言政策与规划国际研讨会召开，广西师大与东帝汶高校共建汉语言文化中心。

一 语言学术研究

为世界贡献语言学理论

（摘自：中国社会科学报，1月4日，作者：孙妙凝）

近日，“汉语史研究的语料、理论和方法”学术研讨会在北京大学召开。学者提出，应当根据中国语言的特点，合理借鉴西方语言学研究成果，推动中国特色语言学理论的建设与发展，为世界贡献中国的语言学理论。

法国著名语言学家贝罗认为汉语语言学家越来越多地关注外部机制，语言的接触和演变成为汉语历时语言学领域的新方向。首都师范大学文学院教授洪波认为，我国的语言接触研究虽然兴盛，但仍属起步阶段。

多年来，中国的语言学研究一直很重视对于西方普通语言学理论的借鉴。如何将中国的语言研究与西方理论相结合，引起学界热议。汉语历史悠久且有连续文献，它的形成离不开文字。学者认为，汉语的语言研究应重视文献与文字。

《中华汉文字美学》面世

（摘自：深圳特区报，1月22日，作者：韩文嘉）

国内第一部汉字美学专著《中华汉文字美学》日前正式面世，该书根据汉字的“形、音、义”，尝试从文字的内与外、文化的横与纵、历史的古与今、美学的中与西等多元维度来认知和探究中华文化的基因。

该书由深圳文化创意产业发展基金专项资助，深圳报业集团出版社出版。出版方认为，汉字书写为主的年代现已转变为以识别为主的年代，他们希望用这部书，让现代中国人重新认识汉字，从而唤起对中华传统文化的热爱。该书上册的“汉字｜书法｜演变”梳理了书法史，使得文字书法的脉络更加清晰。其中的文字学篇之说文解篆，把许慎的540个说文部首打散重排，从而让现代人更加便捷地学习和掌握文字学。

八旬老人胡哲为规范汉字出版《目及易别字和语病》

（摘自：新华网，1月28日，作者：方政军）

湖北省罗田县宏源药业有限公司退休干部胡哲先生年登85岁高龄，他在文化战线工作近30年，因爱好文字勘误，结集成章近日出版《目及易别字和语病》文稿一册，当地教育界纷纷称赞他为弘扬国学、规范汉字做了一件好事。

新华社记者看到，胡哲先生所取的病例，主要是从报纸书刊上摘下来的。他是一位认真的人，编辑这个小册子，目的是想对做文字工作的朋友提个醒：在执笔为文时，一定要注意用字用词的规范，尤其要特别注意“校对”，不但要有汉语语言文字功底和语法词汇方面的“高水平”，更要有高度的责任心。有些错别字，极可能是校对粗疏造成的。胡先生年逾古稀仍多次呼吁促进语言文字规范化工作，其精神可嘉可赞，值得后学敬佩和学习。

清古本《三字经》现身登洲

（摘自：广州日报，2月22日，作者：黄子宁）

随着区氏宗祠、区适子纪念馆的建成，该馆在今年开始面向社会征集有关《三字经》的真实古本及相关真迹，丰富展馆内容。记者了解到，清代光绪二十八年版的《三字经句释》，为顺德民间藏有最早版本的《三字经》。该版《三字经句释》由顺德清代“探花”李文田用粤音注释引发关注，它将成为《三字经》为顺德人著的有力证据。

顺德区历史文化研究会会长、顺德区清晖园博物馆副馆长李健明表示，正因为李文田的编辑，使得古本《三字经句释》内文中多用粤语方言。李文田以广东方言注解的《三字经句释》能成为《三字经》为顺德人著的证据之一。

围棋在英语里为什么叫go?

（摘自：果壳，3月12日）

围棋的英译名go是日语的发音译来的，围棋在日语里写作“碁”，读作ご（go）。go是日语中“碁”字的吴音，吴音一般来自南北朝时期的汉语。“碁”字的吴音有go，gi两个，汉音是ki。“期”字的吴音也是go，这说明现代汉语韵母是i的字在当时韵母类似o是系统的现象，不像误传。另外，越南语里“基”“机”的读音是có，类似现在汉语的“哥”，也说明历史上有一个时期这些字的汉语韵母是类似o的。

go的读音源于汉语，经日语推广，为英语接受。

法律语言研究要立足实践

（摘自：中国社会科学报，4月22日，作者：潘玥斐）

近日，在“司法文明与法治文化”高端论坛——“文学·语言·法治”学术研讨会上，与会学者认为，文学、语言两者与法律之间的互动历史悠久，在现今法律研究中应受到重视。

西南政法大学特聘教授丁国强认为，法学研究只有凸显人文性，法治实践才能与现实中的人和具体的日常生活紧密融通。与法律相关的文学和语言将成为法学研究表现人文性的重要突破点。与会学者表示，在重视法学学科的人文性的同时，不能过分夸大文化的作用，防止陷入文化决定论的误区。

中国政法大学外国语学院教授张立新认为，对于文学与法律的交叉研究不仅让我们更好地理解、拓展、更新文学的研究成果和重新认识文学家以及文学作品，而且对于洞察研究对象国家的法律内涵、复原研究对象国家的法律发展历史并阐释其司法背景与庭审模式具有重要意义。

济南社会科学院研究员王征认为，法治文化是对群众进行法治教育的有效方式，在传播社会正能量方面发挥着巨大作用。评价法治文学要兼顾作品的思想性和艺术性。

语言是法律和文学共有的关键媒介。据了解，早期对法律语言的研究主要集中于立法语言和法律文本方面。随着中国法治建设的推进，国内法律语言学研究得到迅速发展。

中国政法大学语言与证据研究中心主任邹玉华介绍，法律语言学的基本理论是语言的“认识论意义”在法学上的投射。用语言的“认识论意义”审视语言与法律关系的本质，最终确定法律语言学的基本理论和框架，在此基础上对法律语言学的研究目标、对象和性质等进行分析和阐释，从而构建新的法律语言学学科体系。但是，除语言学外，要运用社会学、政治学、心理学等多角度、多元化的理论和方法，才能真正达到为法律或法学服务的目的。

中国政法大学法律语言研究中心主任王洁表示，研究中国的法律语言应当“落”到法律实践中，社会的需求是法律语言学发展的动力。

教育部语信司与武汉大学签约共建语情研究中心

（摘自：中国社会科学网，4 月 28 日，作者：明海英）

4 月 26 日，教育部语言文字信息管理司、武汉大学共建中国语情与社会发展研究中心签约仪式在武汉大学举行。语言文字信息管理司副司长田立新、武汉大学副校长李斐分别代表双方签字。

作为国家语言文字工作委员会的研究机构，国家语言文字智库建设的首批试点单位，中心主要任务是，对中国语言生活进行实时监测和调查研究，及时分析语言生活中的重大问题、热点问题和突发事件，为党和政府提供决策参考，为经济社会发展提供服务。

中心主任赵世举介绍说，语言事业事关国家战略全局和发展大局，而我国相关研究十分薄弱，建设国家语言智库体系迫在眉睫。中心旨在观测语言生活、解读社会万象、提供决策咨询、服务国家发展。

中心是在原“武汉大学中国语情监测与研究中心”基础上，于2014年7月经国家语言文字工作委员会正式批准成立的。赵世举向记者介绍说，中心成立两年来，以服务国家和社会为己任，在语言生活监测分析、新的语言现象研究和有关国计民生的重大语言问题研究、咨询服务、人才培养、学科建设等方面取得了令人瞩目的成绩，得到了国家有关部门和学界的肯定。他表示，中心陆续推出的《语言与国家》《全球竞争中的国家语言能力》《“一带一路”建设的语言需求及服务对策》等研究成果，产生了广泛的社会反响；提交的咨询报告《全球竞争中我国面临的重大语言问题及应对建议》《关于构建国家语言智库体系的建议》《方言称谓关乎国家统一和政治稳定　亟待引起各方重视》等获得中央领导和国家部委领导批示，或被国家有关部门采纳。其中，《全球竞争中我国面临的重大语言问题及应对建议》入选《光明日报》智库研究与发布中心发布的2015年中国智库研究资政建言类十大重要研究成果。

掌握两种方言的儿童认知能力更强

（摘自：新华社，5月2日）

英国和塞浦路斯一项联合研究显示，能说两种语言或两种方言的人认知能力比只会一种语言一种方言的人强。剑桥大学以及塞浦路斯两所大学的研究人员以64名“双方言”儿童、47名“多语言”儿童和25名“单语”儿童为研究对象，把社会经济地位、说话流利程度、智力等因素考虑在内后发现，前两组儿童的记忆力、注意力、认知力测试结果都比最后一组好。研究人员拿破仑·卡特索斯说，以往研究已经证明儿童双语能力与认知能力存在积极关联，而这次研究则表明，掌握同一种语言的两种方言同样对儿童认知能力有促进作用。

“引智”专家圆满完成海外汉字文化研究中心驻所研究工作

（摘自：世界汉字学会，11月21日）

2016年10月30日~11月13日，上海交通大学海外汉字文化研究中心“引智”项目专家朱歧祥、河永三、丁克顺教授圆满完成为期两周的合作研究工作。三位教授与王平教授及其团队主要围绕“日本明治时期汉语辞书资料汇编”与“东亚汉文碑刻集萃”等出版项目等展开工作。此次“引智”项目，朱歧祥、河永三、丁克顺三位教授莅临中心指导海外汉字遗产大型资料丛书的整理与出版工作，将成为交大海外汉字文化研究中心诞生、域外汉字学科发展的重要历史坐标。

学界关注“一带一路”汉语国际传播研究

（摘自：中国社会科学网，12 月 5 日，作者：项江涛）

日前，北京语言大学对外汉语研究中心（教育部人文社科重点研究基地）围绕教育部重大课题“‘一带一路’汉语国际传播”召开专家论证会。讨论会上，卢德平教授陈述了目前汉语在国际上传播的形势以及课题进展的情况；郭熙教授在发言中对海外汉语学习群体进行了区分，他建议在“一带一路”倡议推行过程中，鼓励中资企业以及海外华人、华侨兴办“华校”以传播汉语、推广中华文化；杨慧林教授建议采取一些可行性的方法（比如访谈法）来代替田野调查；江怡教授认为，课题研究应该和所在基地的性质结合起来，不能把课题单纯作为一个课题来完成，而是要努力使课题成为基地的一个具有奠基性的创造产品。

编织连接丝路两端的文化纽带

（摘自：中国社会科学报，12 月 12 日，作者：张春海、查建国）

12 月 8 日，第二届“丝绸之路的两端：中国与摩洛哥”国际研讨会在上海举行，主题是“中国与摩洛哥人文交流机制建设”。上海外国语大学中东研究所教授丁俊表示，包括摩洛哥在内的阿拉伯国家位于“一带一路”的西端交汇地带，是中国推进“一带一路”建设的天然合作伙伴。“一带一路”倡议为新时期中阿文明交往提供了广阔的空间，在此背景下，不断推进和深化中阿文明交往和文化交流，是当代中阿学者共同的历史使命和时代责任。

宁夏大学将对西夏历史语言文化展开系统研究

（摘自：新华社，12 月 16 日，作者：艾福梅）

《西夏通志》由宁夏大学西夏学研究院院长杜建录领衔，体裁介于“纪传体”断代史和“章节体”论著之间，它的完成将弥补元修宋辽金三史却没有给西夏修一部纪传体专史的缺憾。《西夏文大词典》由著名西夏学者、中国社科院学部委员史金波负责。全书 600 万字左右，将为学界提供一部包含最大量西夏文词语，专家和初学者皆可使用的工具书。著名西夏学者、宁夏大学原党委书记陈育宁主编的《西夏多元文化及其历史地位研究》，将深入系统地探讨西夏文化的多元性，并从中华文化的大视野下审视西夏文化，有助于科学地了解西夏文化在中国历史中的地位和作用。

深度挖掘临高语族群文化

（摘自：海南日报，12 月 28 日，作者：李佳飞、王祝华）

2016 年“临高学”研究成果报告会日前在临高县举行。据介绍，临高语族群是指讲临高话的语言集团，现主要分布于我省北部地区，包括海口市琼山区、定安、澄迈、临高、儋州等市县，加上海南省外人口总计约 100 万。中山大学历史系主任吴义雄认为，临高语族群与我国海洋史有着千丝万缕的关系，深入挖掘临高语族群的海洋基因、海洋文化，对拓展和弘扬我国海洋文明具有非常积极的影响。

二　语言学术活动

2016 中青年语言学者沙龙在商务印书馆举行

（摘自：商务印书馆，1 月 19 日）

1 月 17 日，以“‘一带一路’的语言问题”为主题的中青年语言学者沙龙在商务印书馆举行。沙龙上，我国第一份以语言政策和语言规划为主要内容的专业学术期刊《语言战略研究》创刊号进行了首发。商务印书馆党委书记肖启明先生，北京语言大学党委书记、《语言战略研究》主编李宇明先生，商务印书馆总编辑周洪波先生分别致辞，介绍了《语言战略研究》的筹备和出版情况。

《语言战略研究》是国家新闻出版广电总局批准创办的双月刊，由商务印书馆主办，国家语言文字工作委员会任学术指导，中国语言学会语言政策与规划研究会为学术支持。主编为北京语言大学李宇明教授，执行主编为暨南大学郭熙教授。《语言战略研究》的办刊宗旨是服务国家社会需求、研究现实语言问题、促进学术成果转化、构建和谐语言生活。

2016 翻译与企业国际化研讨会在成都举行

（摘自：中国译协网，1 月 19 日）

2016 年 1 月 13 日，由语言桥集团主办，四川省翻译协会指导，四川省商务处对外经济合作处、中国对外承包工程商会、中国中铁二院工程集团有限责任公司、CPE 新疆石油工程建设有限责任公司、英国 KL 传播有限公司、马赛马拉野生动物保护基金会等近百家企业或单位参与的“2016 翻译与企业国际化研讨会”在成都举办。

会上探讨了：抓住“一带一路”机遇推动行业发展实现新跨越；语言服务企业与走出去企业的伙伴关系；语言服务提供商的创新发展；语言服务商面临的挑战……此次研讨会对中国对外承包工程发展现状和趋势、海外工程项目对翻译服务的需求变化、中外翻译服务提供方如何与走出去企业建立良好互信的合作伙伴关系有了更深入的了解。

国家语委 2016 年度重大科研项目选题会召开

（摘自：教育部语信司，3 月 24 日）

为深入贯彻落实《国家中长期语言文字事业改革和发展规划纲要》，做好《国家语委“十三五”科研规划》的制定和 2016 年度科研立项工作，教育部语言文字信息管理司近期分别在北京和江苏常州召开国家语委 2016 年度重大科研项目选题会，分别听取北京、江苏等 6 省市语言文字专家意见。语信司副司长田立新出席了在常州大学召开的选题会并讲话。

两次选题会上，与会专家结合“一带一路”建设、“互联网 +”、城镇化建设等形势需求提出了一系列语言战略和应用项目的建议选题，如中亚两国语言文化与语言政策研究、多语种的网络空间语言战略研究、国家安全观视野下的国家语言文字安全问题与对策研究、网络言语特征刻画与身份识别方法研究等，并建议加强汉语汉字溯源等基础理论研究、加强大陆与港澳台地区以及整个华语圈的汉字规范研究、开展互联网语篇深层动态语义分析等信息处理关键技术研究，以及关注老龄人口的语言障碍等问题。与会专家还讨论了《国家语委“十三五”科研规划》（征求意见稿），对该规划给予充分肯定，并提出一些修改完善意见。同时，对科研管理工作还提出一些建设性意见，如改善科研立项层级结构、丰富科研成果形式等。

中国语文现代化学会汉语拼写研讨会在北京召开

（摘自：语言文字周报，4 月 6 日，作者：徐川山）

近日，中国语文现代化学会在北京召开了汉语拼写研讨会。中国语文现代化学会副会长彭泽润教授主持了会议。来自全国各地高校、科研单位和新闻媒体的代表 20 多人参加了会议。

与会代表认为，汉语拼写的研究十分重要，有助于扩大汉语拼音方案的使用范围，提高汉语教学的效率和汉语国际传播的效率，使汉语汉字在 21 世纪国际化，实现语言文字科学工作者的中国梦。与会代表表示要继承前辈学者的遗志，努力维护和完善汉语拼音方案，加强教材和读物编写、教学实验和应用软件开发。

与会代表还对马庆株等教授提交的学术论文进行了热烈讨论。会议决定筹备成立“汉语拼写研究会”作为中国语文现代化学会的二级学会，推举复旦大学刘晓南教授为筹备小组组长。

《中国企业“走出去”语言服务蓝皮书》发布会暨语言服务高峰论坛在京举行

（摘自：中国翻译协会网，4月27日）

2016年4月23日，对外经济贸易大学英语学院和国际语言服务与管理研究所在北京对外发布《中国企业“走出去”语言服务蓝皮书》。同期举行为期一天的语言服务高峰论坛。

《中国企业“走出去”语言服务蓝皮书》项目负责人、对外经济贸易大学英语学院院长王立非介绍蓝皮书是对外经济贸易大学中国企业“走出去”协同创新中心“企业走出去的语言服务数据库研究及应用”重点研究项目。蓝皮书撰写人崔启亮博士介绍中国企业走出去语言服务需求调研结果，从5个维度描述中国企业语言服务需求的8大特征，提出了加强语言服务建设的6条建议。蓝皮书撰写人蒙永业博士介绍全球语言服务市场为高度分散的垄断竞争市场，地区分布不均衡，针对不同地区为走出去的中国企业提供语言服务战略分析，并为中国语言服务企业走出去提出跟船出海、借船出海、买船出海及提前出海四种路径，认为中国企业走出去的终极目标是中国标准全球通用。

2016年度国家语委科研机构工作会议在武汉大学召开

（摘自：国家语委科研机构秘书处，4月29日）

4月26~27日，教育部语信司在武汉大学召开2016年度国家语委科研机构工作会议。教育部语信司副司长田立新、武汉大学副校长李斐、湖北省语委办主任曾彦，国家语委各科研机构负责人以及语信司和武汉大学有关部门负责人等出席会议。

会上，各科研机构汇报交流了2015年工作总结和2016年工作计划，对《国家语委“十三五”科研规划（征求意见稿）》《关于实施国家语委语言文字科研项目优秀成果后期资助计划的通知（征求意见稿）》进行了审议，并就国家语委科研机构如何借鉴先进智库的成功经验，结合各自研究方向发挥比较优势，加强决策咨询研究的供给侧创新、针对国家重大现实需求科学选题，打破学科壁垒、突破机制瓶颈，加快建设国家语言文字智库进行了专题研讨。

2016年中国中文信息学会战略研讨会在海口召开

（摘自：海南师范大学，5月10日）

2016年5月5~6日，由中国中文信息学会主办，海南师范大学承办的“2016年中国中文信息学会战略研讨会”在海口顺利召开。

本次研讨会的主题是语言智能处理技术发展趋势。针对未来十年中文信息处理的主要着眼点、国际自然语言处理领域近年来最新的前沿进展、中文信息处理的重要原始创新等学术问题，参会的专家学者进行了精彩的演讲和热烈的讨论。大家一致认为，当前已经进入以互联网和大数据为主要标志的海量信息时代，计算机和互联网技术的快速发展，对中文信息处理技术提出了许多新的挑战，大数据和深度学习技术也正在改革中文信息处理领域的研究方法。

央视《中国诗词大会》节目研讨会在京召开

（摘自：光明日报，5月18日，作者：陈旭）

“节目立意好，能接受到文化的熏陶，能感受到中国文化的博大精深。”今年2～4月，中央电视台推出《中国诗词大会》，节目播出后备受人们关注，受到观众好评。17日，由光明日报协办、中央电视台发展研究中心与科教频道主办的《中国诗词大会》研讨会在京召开。

与会专家学者认为，《中国诗词大会》取得的丰硕成果，归根结底是中华优秀传统文化成风化人的成功。节目深入浅出地展示经典诗词活在当下的魅力，在传承中华文化基因的同时，结合时代新风，弘扬了社会主义核心价值观。

中国语言资源保护工程重庆库二期工程建设对接暨培训会顺利召开

（摘自：重庆市语言文字网，5月23日）

5月20日9：30，中国语言资源保护工程重庆库二期工程建设对接暨培训会在市教委顺利召开，20个区县语委办干部及课题组全体成员到会。

重庆市语委办要求各地语委办一是要进一步提高对方言源保护工程开展意义和重要性的认识，加强组织协调，提供保障支持；二是各课题组要严格按照工程相关管理规定和技术规范精心组织实施，明确责任分工，确保工程进度和质量；三是要做好拓展、延伸工作，在开展课题研究的同时要做好当地特色文化等的收集整理工作，为后期工程打好基础。

专家研讨机器语言能力和网络空间安全

（摘自：光明日报，5月26日，作者：王瑟）

近日，“机器语言能力和网络空间安全技术高层论坛”在新疆大学召开。论坛会聚了国内机器语言能力研究领域顶尖专家学者，大家在如何从机器语言能力实现网络空间安全核心技术的突破，如何推动网络安全和网络生态建设等问题进行了深入交流，提出了机器语言能力和网络空间安全技术融合发展，协同创新的思路。

世界语言大会展示·语言文化研习体验馆在苏州开馆

（摘自：语用司，6 月 15 日）

2016 年 6 月 15 日，世界语言大会展示馆·语言文化研习体验馆开馆活动在苏州举行。世界语言大会展示馆·语言文化研习体验馆，是集记录、展示、体验等于一体的多功能语言专题展示馆。展区面积约 700 平方米，由“世界馆”和“中国馆”两个单元组成。

“世界馆”分为两个主题展厅。厅一展示世界语言大会盛况和理念。厅二围绕世界语言及语言教育进行展示，重点介绍联合国教科文组织以及世界一些语言机构在语言教育上取得的重要成果。“中国馆”主要展示中国语言文字的丰富性，以及在语言文化传承和语言资源保护方面取得的成绩，共分三个主题展厅，以文字、图片、视频相结合方式呈现。

第八届亚太翻译论坛在西安成功举办

（摘自：人民日报海外版，6 月 24 日，作者：田立阳、吴丽丽、张皓玥）

6 月 17～18 日，由国际译联与中国翻译协会联合主办、西安外国语大学承办的第八届亚太翻译论坛在西安成功举办，本届论坛主题为“亚太地区翻译的明天”。来自全球 30 余个国家和地区的 500 余名翻译教育与培训、理论与实践、技术研发、企业管理领域的专家学者以及国际和亚太地区的翻译组织负责人参加了会议。

论坛举办期间，代表们围绕翻译在亚太区域发展中的作用以及在新形势下翻译人才培养、翻译技术应用、翻译标准化建设、翻译理论和实践创新等方面面临的机遇与挑战等议题进行发言并举办多场圆桌论坛、特设论坛和平行论坛。本届论坛还发表了《第八届亚太翻译论坛西安共识》。

全国听力语言康复工作会议在长春召开

（摘自：今日头条，6 月 30 日）

6 月 29～30 日，全国听力语言康复工作会议在吉林长春召开。中国残联党组成员、副理事长贾勇同志指出，过去五年，听力语言康复工作取得了非凡成就，大家有目共睹。今后五年，面对实现80%以上有需求的听力残疾儿童和持证听力残疾人接受基本康复服务，还需以高度的责任心、务实的工作态度，紧紧围绕精准康复服务核心，摸清底数，掌握需求；明确思路，统一认识，争取主动，尽快启动“十三五”；强化全局意识，加大基层残联组织及各级机构的培育力度；坚持问题导向，进一步加强机构建设和人才培养力度。

人脑语言能力与中国脑计划高端论坛在杭州召开

（摘自：中国社会科学网，6月30日，作者：李玉、查建国）

6月30日，由江苏高校语言能力协同创新中心人脑语言能力研究平台、江苏师范大学语言能力高等研究院主办的“人脑语言能力与中国脑计划高端论坛”在杭州召开。

与会专家认为，语言脑机制研究是科学的母语和外语教育的基础，语言脑机制研究对于母语和多语能力的提升具有关键意义；各种语言障碍疾病，特别是随着人口老龄化而日益凸显的人脑疾病所带来的语言障碍与退化问题也已经成为脑科学研究中迫切需要解决的重要课题；以语言脑机制为驱动的人工智能研究对于从根本上改变人工智能运行机制和发展水平也具有重大意义。与会代表均倡议应成立“中国神经语言学研究会”，以推进人脑语言能力协同创新和脑科学研究的创新发展。

2016年海峡两岸汉字文化之根研讨会开幕

（摘自：安阳日报，7月8日，作者：郭新星）

7月7日，由安阳市台办、安阳市社科联主办，中国文字博物馆支持，安阳市殷商文化研究会、安阳殷墟管理处承办的2016年海峡两岸汉字文化之根研讨会开幕式在中国文字博物馆隆重举行。

本次研讨会为期3天，主题为“弘扬汉字文化　共圆中国之梦”。其间，与会代表还将参加2016年海峡两岸甲骨文书画展，参观中国文字博物馆、殷墟宫殿宗庙遗址和王陵遗址等。

2016年两岸合编中华语文工具书第二次成果发布会

（摘自：教育部，7月12日）

7月12日，两岸合编中华语文工具书大陆编委会在西安理工大学举行2016年两岸合编中华语文工具书第二次成果发布会。《中华语文大词典》（试印本）是在2012年两岸合编的《两岸常用词典》《两岸通用词典》基础上扩充字头和词条编成的。词典收字头1.1万多个，其中包括大陆《通用规范汉字表》中的8105个字和台湾《国字标准字体母稿》中的常用字和次常用字，收录两岸共同使用的同中有异、同实异名、同名异实、属于一方特有的词条9万多条，共10万多字词条目。

未来一个时期，大陆编委会将按照即将发布的《国家语言文字事业“十三五”发展规划》的要求，继续编写和推广应用两岸中华语文工具书、科技名词工具书，进一步完善两岸中华语文知识库网站建设，继续推动汉字简繁文本转换技术等的合作研究与开发，加强与台湾青少年的语言文化交流。

语信司赴《光明日报》社等主流媒体单位调研

（摘自：教育部语信司，7月6日）

7月5日，语言文字信息管理司司长田立新一行赴《光明日报》社，就双方共同推动《光明日报》支持国家语言文字事业发展，特别是复刊后的《语言文字》专刊的定位、发展等进行调研座谈。

田立新结合即将发布实施的《国家语言文字事业“十三五”发展规划》，深入解读国家语言文字方针政策，关注社会语言生活重大问题，跟踪国家语言文字重点工作进展，积极开展语言文字规范标准的宣传推广。双方还就《语言文字》专刊的栏目设置、智库化办报、合作举办活动等问题进行了座谈。

国家语委“一带一路”汉语普通话推广培训基地（西北中心）成立

（摘自：语用司，7月15日）

7月10日上午，国家语委“一带一路”汉语普通话推广培训基地（西北中心）正式成立。语言互通是“一带一路”建设的基本前提和基础。甘肃是中华文明的重要发源地，自古以来就是东西方文明交流的重要通道，甘肃将在国家语委的领导下，全力支持“一带一路”汉语普通话推广培训基地（西北中心）建设，将其建设成为立足甘肃、辐射西北、面向全国、延伸到中亚的汉语普通话专业人才培养的基地、丝绸之路通用语言研究的基地、中国西北各少数民族和中亚各国语言需求服务的基地、中国西北和中亚各国语言文化及教育交流的窗口和平台及“一带一路”国家语言战略和语言规划的专业化高端智库。

国际中国语言学学会第24届年会在京开幕

（摘自：中国社会科学网，7月17日）

2016年7月17日“国际中国语言学学会第24届年会”于北京语言大学开幕，此次会议由国际中国语言学学会主办、北京语言大学承办。会议的主题为“多元文化背景下的汉语教学与研究”，来自世界各地的百余名学者参加了此次会议，报告内容涉及语音、句法语义、方言、类型学、古汉语与汉语史、认知与心理、信息处理、教学与习得、社会与规划、语篇与语用等多个语言学研究领域。此次会议共持续3天（7月17～19日）。

国际中国语言学学会年会是一个具有世界性影响的国际学术会议，自1992年创办以来已在新加坡、法国、美国、荷兰、澳大利亚、日本、韩国、中国等国家成功举办了23届，旨在为从事汉语语言学及中国境内语言研究的广大学者提供一个国际性的交流平台。

国家民委民族语言文化心理重点研究基地挂牌

（摘自：中国青年报，7月18日）

国家民委民族理论政策研究基地——“民族语言文化心理重点研究基地”挂牌仪式日前在中国人民大学举行，国家民委副主任陈改户与中国人民大学校长刘伟共同为基地揭牌。

陈改户指出，近年来，国家民委在有关高校和科研机构设立研究基地，目的是联合开展民族理论政策研究，积极为党和国家民族工作决策提供服务。中国人民大学利用自身在心理学学科上的优势，申请成立研究基地，将民族语言心理、民族文化心理、民族社会心理、民族教育心理作为重点研究方向，在当下具有重要的学术价值和重大的现实意义，将填补民族工作高端智库建设的一个空白。

语言资源高精尖创新中心正式启动

（摘自：中国社会科学网，7月19日，作者：王婷婷、郭雅静）

2016年7月18日语言资源高精尖创新中心启动仪式在北京语言大学举行。

语言资源高精尖创新中心由北京语言大学牵头，在北京市教委及各协同单位的大力支持下得以成立，以语言资源库、语言文化博物馆和“语言通”智能服务三大工程为基础，力求创建集科研创新、学科孵化、产业服务、人才会聚与培养、国际交流与合作为一体的综合性创新平台。2016年5月25日正式成立实体研究机构，成为北京市教委认定的第二批北京高等学校高精尖创新中心之一。

语言资源高精尖创新中心要做的是“一库、一馆、一通”，首先是建立全球语言资源库，在此基础上建设用以展示世界各国语言文化的语言博物馆，最终搭建一个语言信息化的处理平台，即“语言通”智能服务，以此来响应习近平总书记在哲学社会科学工作座谈会以及全国科技创新大会中提出的要求与希望，为国家与民族的事业做出贡献。

第三届中国语言智能大会在京顺利召开

（摘自：北京晚报，7月19日）

2016年7月17～18日，由中国人工智能学会和北京语言智能协同研究院联合主办、中国高校英语（精品课）写作教学联盟协办、批改网承办的第三届中国语言智能大会暨大数据在外语（课程）教学科研中的应用学术研讨会在北京召开。本次大会是在大数据和人工智能飞速发展的背景下，旨在讨论互联网时代下，如何利用大数据和语言智能技术优化语言教学和重塑语言学习。

第13届对外汉语国际学术研讨会于乌鲁木齐开幕

（摘自：中国社会科学网，7月23日，作者：郭雅静、张卓晶）

2016年7月23～24日，第十三届对外汉语国际学术研讨会在新疆大学召开，本次会议由教育部人文社会科学重点研究基地北京语言大学对外汉语研究中心和新疆大学国际文化交流学院联合主办。会议的主题是“面向一带一路的多层次国际汉语教育人才培养模式研究”。来自世界各地的两百余位学者参加了此次会议，报告内容涉及面向一带一路的研究、汉语习得研究、汉语本体研究、汉语教学研究、数据库与多媒体教学研究等。本次研讨会的召开对提高新疆高校的对外汉语教学与研究必将发挥积极的推动作用，推进汉语国际教育领域的合作发展。

“中国诗词大会”研讨会在上海举行

（摘自：语用司，7月25日）

7月20～21日，教育部语用司与中央电视台科教频道共同在上海市教育科学研究院举办了“中国诗词大会”研讨会。与会专家认为第二届诗词大会，要在首届以唐宋诗词为主要内容的基础上进一步深耕，追溯到先秦《诗经》，延伸到现当代革命文化。在保证文学水平的同时，更加突出社会主义核心价值观和中华传统文化；保证科学性的同时，更加突出趣味性。

中国语言文字政策研究热点与趋势学术研讨会在沪召开

（摘自：中国语言文字网，7月26日）

7月11～12日，“中国语言文字政策研究热点与趋势学术研讨会（2016）”在上海召开。与会专家就2015年我国语言政策与规划理论建设、语言文字舆情和学情发展，以及国家通用语言文字普及、语言规范、语言保护、语言教育、语言传播、语言服务等政策领域的研究状况进行了全面梳理与总结，就各领域研究热点、理论趋势进行了研讨，就国家语言战略、社会语言生活对语言文字政策研究的需求进行了分析，并对《中国语言文字政策研究发展报告（2016）》（蓝皮书）的编撰工作提出了意见和建议。会议决定将《中国语言文字政策研究发展报告》列为继《中国语言生活状况报告》（绿皮书）之后的又一重要学术品牌予以精心打造。

2016中国网络语言文明论坛在京举办

（摘自：教育部语信司，7月27日）

7月27日，2016中国网络语言文明论坛在京举行。本次论坛由国家互联网信息办公室网络社会工作局指导，中国文化网络传播研究会、商务印书馆、北京语言大学等共同主办。

论坛立足于汇聚各界智慧，以“文明网络语言　共建清朗空间”为主题进一步推动中国网络语言文明。与会专家学者一致认为，网络语言的蓬勃发展是社会进步的表现，也是语言发展的源头活水，同时对于网络语言必须加以引导，让文明的网络语言为中华民族伟大复兴凝神聚气。

国家语委“十三五”语言文字信息化专家研讨会在京召开

（摘自：教育部语信司，8月5日）

8月3日下午，教育部语言文字信息管理司在京召开语言文字信息化专家研讨会，就贯彻落实即将发布的《国家语言文字事业“十三五”发展规划》相关任务听取专家的意见建议，与会专家一致认为，《国家语言文字事业“十三五”发展规划》富有指导性、前瞻性，对语言文字信息化发展具有重要的指导作用。专家从不同角度就实施规划相关任务提出许多建设性的意见和建议，主要有：重点抓好语言资源建设，重视相关基础标准的制定，推动资源的开放与共享；突出重点，找准关键技术的突破点和优先领域；深入开发利用成果，强调社会服务应用；加强自然语言深度理解和人机对话方面的研究；要形成标志性成果；进一步完善机制体制等。

通用语言文字规范使用专业委员会成立

（摘自：人民法院报，8月20日，作者：刘曼）

8月20日，在《中华人民共和国国家通用语言文字法》颁布施行15周年之际，50

多名文化学者、艺术家、法律工作者、编辑记者在北京见证全国首家关怀、关注国家通用语言文字的社会公益组织——中国语文现代化学会通用语言文字规范使用专业委员会的成立。这一文化公益组织将运用社会监督、舆论推动、法律界定与干预等综合手段，推动国家通用语言文字的正确使用与健康发展。

首届语言与智能技术高峰论坛在京隆重召开

（摘自：人民网，8 月 29 日）

8 月 28 日，首届语言与智能技术高峰论坛（Language & Intelligence Summit）在北京隆重召开。本届高峰论坛，旨在向社会公众介绍国际语言与智能及相关领域的发展趋势和创新成果，进一步推动我国语言与智能技术领域的发展。本届论坛的主题为"语言与智能的未来"。与会专家针对人工智能、语言理解、深度学习、大数据挖掘等热门技术探讨目前的技术现状。大会关注国内外语言与智能研究领域的最新进展，对本领域面临的种种挑战性科学问题和关键性技术难题展开了深入研讨，为所有与会者带来了一场学术与技术的饕餮盛宴。

2016 年度壮语文新词术语翻译专家审定会在广西天等县召开

（摘自：中国民族语文翻译局，9 月 12 日）

9 月 10～12 日，由中国民族语文翻译局主办、广西崇左市天等县民族局协办的 2016 年度壮语文新词术语翻译专家审定会在天等县召开。本次会议旨在贯彻落实中央民族工作会议和《国家民委关于进一步做好民族语文翻译工作的指导意见》文件精神，进一步做好民族语文新词术语规范化、标准化、信息化工作，以期进一步促进国家的大政方针、法律法规在少数民族地区的贯彻落实。

中国语言资源保护工程现场推进会召开

（摘自：中国教育报，10 月 14 日，作者：董鲁皖龙）

中国语言资源保护工程现场推进会今天在延安大学召开。会议主题为贯彻落实中央关于大力推广和规范使用国家通用语言文字、科学保护各民族语言文字，传承弘扬中华优秀传统文化精神，扎实推进《国家语言文字事业"十三五"发展规划》，及时总结中国语言资源保护工程建设经验，切实落实语保工程总体规划。教育部副部长、国家语委主任杜占元出席会议并讲话，陕西省副省长庄长兴参加会议。杜占元在讲话中总结了语保工程建设的阶段性成果。自 2015 年工程启动以来，语保工程建设成效显著，已经完成和正在开展的汉语方言、少数民族语言和语言文化调查点共计631个，占总体规划的42%；共有255所高校和科研机构、500个专家团队、近1500名专业技术人员参与工程建设；建设完成中国语言资源采录展示平台。

中西部地区翻译论坛　200余名专家学者探讨行业人才发展

（摘自：荆楚网，10月16日，作者：裴斌）

10月15～16日，第十一届中西部地区翻译理论与教学研讨会暨翻译研究国际论坛在荆州举行。本次论坛以“一带一路”“长江经济带”战略下的翻译人才培养为主题。论坛设立了翻译人才培养研究和中华文化“走出去”战略与语言服务业发展研究分论坛，国内外众多高校的学者对翻译人才培养、中华经典外译、语言服务业发展等问题展开热烈讨论。天津外国语大学赵彦春：经典翻译理论等迎来新机遇；武汉工程大学范文君：语言服务业发展在增加就业等方面扮演重要角色；长江大学黄滨：“一带一路”与长江经济带为翻译专业发展带来机遇；三峡大学科技学院刘娣：协调机制实现创新翻译人才培养目标；湖北科技学院吴玥璠：实现中国文化从“走出去”到“被接纳”的转变。

粤西地区普通话测试员能力提升培训班在湛江开班

（摘自：碧海银沙网，10月20日，作者：李满青、屈云、王汝彬、罗宝苑）

为大力推广国家通用语言文字，落实语言事业“十三五”规划，加快实现普及普通话的目标。10月16～19日，广东省教育厅、省语委举办的粤西地区普通话测试员能力提升培训班在岭南师范学院开班。教育部语用司司长姚喜双出席开班仪式并围绕《国家语言文字事业“十三五”发展规划》为学员讲授第一课，广东省教育厅副厅长王创和岭南师范学院党委书记罗海鸥分别在开班仪式上致辞。岭南师范学院副校长邵乐喜等领导以及来自粤西不同地区的测试员老师和岭南师范学院学生100多人参加开班仪式。开班仪式由省教育厅语委办调研员张毅主持。

语用创新联盟学术研讨会在鲁东大学召开

（摘自：鲁东大学，10月20日）

近日，由教育部语言信息管理司主办，鲁东大学文学院、国家语委汉语辞书研究中心承办的语言文字应用研究中青年学者协同创新联盟学术研讨会在鲁东大学举行。研讨会以“‘一带一路’战略与国家语言生活、语言规划、语言创新”为主题。中国社会科学院周庆生教授、澳门理工学院周荐教授作大会特邀报告。周庆生以“语言保护若干理论思考”为题，从语言形态、保护方式、生命状态三个方面提出了语言保护的五大原则和十二项措施；周荐以“两岸差异词论略”为题，分析了两岸差异词语的构词差异和结构差异，特别是造成这种差异的认识差异和思维差异，探寻差异词语所以造出的深层次原因。会议期间，与会人员就语言政策与语言规划研究、语言资源开发及保护和利用、语言生态、语言生活、语言教育研究等相关问题举办了一系列专题报告，并进行了热烈讨论。

第十五届全国计算语言学学术会议暨第四届基于自然标注大数据的自然语言处理国际学术研讨会召开

（摘自：国家语委科研机构秘书处网，10月20日）

10月14～17日，由中国中文信息学会主办，清华大学智能技术与系统国家重点实验室组织，鲁东大学文学院承办的第十五届全国计算语言学学术会议（CCL 2016）暨第四届基于自然标注大数据的自然语言处理国际学术研讨会（NLP－NABD 2016）在鲁东大学召开。中国人工智能先驱、中国科学院院士、清华大学张钹教授作了题为《后深度学习时代的计算语言学》的主旨报告。会议论文涉及语言学与认知科学、计算语言学基础理论与方法、信息检索与问答、文本分类与文摘、知识图谱与信息抽取、机器翻译、民族语言处理、语言资源与评测、社会计算与情感分析、自然语言处理应用等十个领域，对汉语辞书研究中心特别是辞书编纂现代化研究起到极大的促进作用。

全国语言经济学暨语言产业论坛在京举行

（摘自：教育部语信司，10月26日）

10月22日，第七届中国语言经济学论坛暨第二届中国语言产业论坛在北京举行。来自全国30余所高校的学者、语言企业及媒体代表60余人参加了本届论坛。语信司司长田立新在讲话中指出，语言经济与语言产业这两个研究领域既相关、有交叉，又各有侧重，并在这些年的发展中形成了各自的研究重心与体系。此次两个论坛联合举办，为语言经济与语言产业的研究者搭建了一个很好的交流平台。论坛还举行了我国首部地域版城市版语言生活状况报告《北京语言生活状况报告2016》发布仪式。

纪念黄侃先生诞辰130周年研讨会召开

（摘自：武汉大学文学院，10月27日，作者：曹亚北）

10月22～23日，纪念黄侃先生诞辰130周年国际学术研讨会在武汉大学召开。来自日本、美国、法国、中国大陆、中国台湾的近百位学者出席研讨会，北京师范大学资深教授王宁、武汉大学资深教授宗福邦、台湾政治大学教授竺家宁、日本大东文化大学教授丁锋、北京语言大学教授华学诚依次作了大会学术报告，题目分别是《黄季刚先生的人格与风格》《编纂〈故训汇纂〉与〈古音汇纂〉的一点感想》《章黄学派的特色及在台湾的发展》《赴日唐僧道璿〈华严传音义〉初探》《传承光大章黄思想，推阐发展训诂之学》。23 日下午，南京师范大学董志翘教授、北京大学孙玉文教授、清华大学张美兰教授、中国社会科学院语言研究所杨永龙研究员、台湾师范大学赖贵三教授依次作了大会学术报告，题目分别是《指称词后“侪”、“曹”、“属”、“辈”、“等”的词性及语法功能》《湖北黄冈话的“擂子”》《反复问句结构的历时演变与南北类型关联制约》《先秦汉语强调主语宾语的语气副词》《季刚先生黄侃〈易〉学钩沉发微》。

第三届中法语言政策与规划国际研讨会在京召开

（摘自：人民日报，11 月 1 日，作者：张烁、吕端）

第三届中法语言政策与规划国际研讨会在京召开。会议期间，双方签署了中法两国《关于语言政策交流合作协议》，并举办了第二届中法语言政策与规划国际研讨会成果发布会。会议主题为“语言发展与文化多样性”。在为期两天的研讨会分论坛中，专家学者们围绕“语言政策与规划”、“法语教育与汉语教育”、“语言保护与文化多样性”和“语言服务与语言传播”四个主题进行深入研讨。同时，还在首都博物馆举办为期一周的“中法语言文化交流与合作”成果展，通过文字、图片、实物、多媒体资料和生动实景，解读两国语言政策与规划发展、展示两国语言保护措施及文化多样性。

中国少数民族古籍珍品保护成果展走进云南

（摘自：中国文化报，11 月 8 日，作者：肖依群、杨国勤）

11 月 1 日，“民族遗珍书香中国：中国少数民族古籍珍品暨保护成果展全国巡展活动（云南站）”在云南民族博物馆开幕，全面展示了 30 余年来，我国在少数民族古籍保护、普查、收集、整理、翻译、出版等方面取得的成就。此次展览展示了书籍类、铭刻类、文书类、讲唱类的中国少数民族古籍；现存的具有代表性和重要文献价值的珍贵古籍原件；我国在古籍复制、修复和再造善本上的成果；各省区市 30 年来整理出版的具有重要影响和学术价值的成果。

“中华思想文化术语的现代释译与运用”学术研讨会暨中华思想文化术语第二批发布仪式在武汉举行

（摘自：教育部语信司，11月10日）

11月5~6日，“中华思想文化术语的现代释译与运用”学术研讨会暨中华思想文化术语第二批发布仪式在武汉举行。继2014年12月在北京发布第一批81条中华思想文化术语之后，本次研讨会开幕式上发布了第二批319条术语，其中包括“乾”“兼爱”“道法自然”等哲学术语115条、“龙”“社稷”“居安思危”等历史术语103条、“诗”“丹青”“写意”等文艺术语101条。已发布的400条中华思想文化术语中很多被广泛引用，如“民惟邦本”“天人合一”“天下兴亡，匹夫有责”“治大国若烹小鲜”等，对它们的准确解释和翻译，将有利于传播好中国声音，讲好中国故事。

第五届世界汉学大会开幕

（摘自：人民日报海外版，11月14日，作者：赵婀娜、赵婷玉）

孔子学院总部、国家汉办和中国人民大学共同主办的第五届世界汉学大会11日在北京开幕，共有来自16个国家和地区的近百名专家学者参加本次大会。本届大会的主题为“比较视野下的汉学：传统与创新”，共设有“汉学与中国”“汉学与西学”“汉学刊物的百年回顾”“汉学范式的古今之争”等四个议题，意在探讨多元文化交流背景下汉学发展的多重可能性，通过学术交流勾连历史与未来、精神与现实、海内与海外，为汉学创新展开新的画卷。

中华诗词新韵学术研讨会在苏州召开

（摘自：教育部语用司，11月15日）

11月8日，中华诗词新韵学术研讨会在国家语委语言文字应用培训（苏州）基地召开，教育部语用司司长姚喜双、省教育厅副厅长曹玉梅出席并讲话。姚喜双强调，制定中华诗词新韵规范，要依法推进，认真贯彻《国家通用语言文字法》，遵循《汉语拼音方案》；要服务大众，满足广大群众特别是中小学师生学习和创作儿歌、诗词等需求；要面向未来，尊重语言发展规律，促进中华优秀语言文化弘扬和传播。

国家普通话水平测试在香港开展20周年纪念论坛成功举办

（摘自：国家语委普通话与文字应用培训测试中心，11月15日）

“国家普通话水平测试在香港开展20周年纪念论坛”近日在香港举办，教育部副部长、国家语委主任杜占元出席论坛并致辞。杜占元对论坛成功举办表示祝贺，向支持普通话推广工作的香港各界表示感谢。杜占元指出，在香港推广普及国家通用语言，加强中国优秀传统文化教育，使普通话、广东话和英语各自发挥其应有的作用，符合香港的社会实际和发展需要，有利于巩固和发展香港的竞争优势，也有利于香港长期保持繁荣稳定。教育部和国家语委将秉承“服务香港市民和社会”的理念，坚持“尊重、支持、协作、共赢”的合作原则，进一步巩固和发展以国家普通话水平测试为基础的语言文化交流合作，拓展和深化内地与香港的教育交流合作，为促进香港经济社会发展发挥积极作用。

教育部语信司田立新司长在武大做专题报告

（摘自：武汉大学文学院，11 月 17 日，作者：王璐）

11 月 4 日，教育部语信司田立新司长应中国语情与社会发展研究中心邀请，在武汉大学作专题报告，详细解读教育部和国家语委发布的《国家语言文字事业“十三五”发展规划》以及《国家语委“十三五”科研规划》的主要内容。来自武汉大学、华中师范大学、中南民族大学、湖北大学、江汉大学等高校的一百多位师生参加了报告会。田立新在报告中主要就《规划》的指导思想、发展目标、主要任务和工作重点进行了解读，并着重介绍了“十三五”期间我国语言文字事业发展的五大任务。

京津冀语言传播教育暨齐越精神研讨会召开

（摘自：教育部语用司，11 月 22 日）

11 月 15 日，京津冀语言传播教育暨齐越精神研讨会在沧州召开。与会专家对“忠诚、敬业、爱民、奉献、清廉”的齐越精神进行了深入研讨，并就如何进一步弘扬齐越精神，促进京津冀语言传播教育事业发展，推进京津冀语言文字事业协同发展提出了很好的建议。齐越是中国共产党第一位著名男播音员，参加了开国大典盛况的现场播音，播出了《谁是最可爱的人》《县委书记的榜样焦裕禄》等一系列影响几代人的长篇通讯，为新中国播音员的培养，为党的新闻事业、播音主持教育事业发展贡献了毕生心血。

蒋希文、王瑛学术历程回顾研讨会举办

（摘自：贵州日报，11 月 25 日，作者：王小梅）

11 月 22 日，由贵州省文史研究馆主办、贵州省语言学会承办的“蒋希文、王瑛先

生学术历程回顾研讨会”在贵州大学中国文化书院举行。蒋希文、王瑛在中国语言学方面颇有造诣，学术专著众多，影响甚大。蒋希文著有《中原雅音记略》等专著，王瑛曾参与编撰《近代汉语词典》，一生专著众多，如《诗词曲语辞例释》《宋元明市语汇释》，以及过世后出版的《〈汉语大辞典〉商补》续编等。

语信司举办“语言与国家”系列讲座探讨智库建设

（摘自：教育部语信司，12月2日）

11月25日，语信司举办“语言与国家”系列讲座第八讲，邀请武汉大学国家文化发展研究院院长傅才武教授作《建设文化领域特色专业智库的几点体会及展望》专题报告。国家语委于2015年3月颁布了《国家语言文字智库建设规划》。同年5月，语信司在上海、武汉两地开展国家语言文字智库建设首批试点工作。“语言与国家”系列讲座是语信司为提升干部业务水平、推进学习型司局建设而策划的系列活动，定期举办。

2016中华思想文化术语大赛全国总决赛在京举办

（摘自：教育部语信司，12月8日）

近日，“2016中华思想文化术语大赛全国总决赛”在外语教学与研究出版社成功举办，目的在于面向青少年群体普及中华思想文化术语及传统文化。大赛依托国家重大项目“中华思想文化术语传播工程”，宣传覆盖全国11个城市的143所学校，报名参与学生达5000余人。大赛特邀北京大学、中国人民大学、武汉大学等高校的专家设计题目，确保专业性和权威性。题目涵盖文史哲学科领域，还着重考察选手的英语口语和翻译能力，以活泼有趣的形式、年轻化的风格，将承载传统文化精髓的中华思想文化术语带入青少年的视野，对弘扬中华优秀传统文化、传播好中国声音起到积极的促进作用。

中华文化汉语教材荟萃孔子学院大会

（摘自：光明日报，12月12日，作者：张勇、余清、郭沛然）

在第十一届孔子学院大会召开期间，孔子学院国际汉语教材、文化创意作品、云南非物质文化遗产和中医药民族医药文化在大会现场展出，受到参会中外嘉宾的关注和欢迎。在昆明滇池国际会展中心的大会会场，共展出了近80个语种的各级各类国际汉语教材，展品数量1万余件，创下了历届孔子学院大会之最。外语教学与研究出版社将优秀的传统文化典籍译成十几种国家的文字面向全球发售，让中国文化和民俗走出国门。多家出版机构还推出了线上课程以满足不同需求的汉语学生，学生不仅可以用课本学习，还可以通过下载 App 和扫描二维码的方式进行汉语学习。

法国华裔学者夏诠真先生访问语情中心

（摘自：中国语情与社会发展研究中心，12 月 15 日，作者：郑蒙）

12 月 8 日，法国华裔学者、“汉语百宝箱”研发人夏诠真先生一行光临中国语情与社会发展研究中心访问交流。夏诠真先生详细介绍了他领导开发的“汉语百宝箱”，它由三个核心部分组成：一是以关系数据库形式储存的汉语知识库；二是由中性码和词句码有机关联的新代号系统；三是人机合作的智能输入输出系统。可为使用者提供强大而灵活准确的搜索功能和复杂细腻的信息分析功能等，以方便全球华人学习、检索和使用汉语知识、百科知识、古代诗词曲以及重要文化典籍等。

广西师大与东帝汶高校共建汉语言文化中心

（摘自：广西新闻网，12 月 16 日，作者：林涌泉）

12 月 13 日，记者从广西师范大学获悉，12 月 12 日上午，在东帝汶首都帝力，广西师范大学与东帝汶商学院共同举行合作共建“汉语言文化中心”新闻发布会暨 2016 年东帝汶商学院毕业典礼。广西师范大学有关负责人与东帝汶商学院院长共同签署了合作协议。该“汉语言文化中心”是广西师大与东帝汶高校建立的首家汉语言文化中心，旨在加强中国与东帝汶双方高校的合作，进一步推进汉语言教学与文化交流。

北京高等学校语言实验教学示范中心成立

（摘自：人民网教育频道，12 月 16 日，作者：李依环、熊旭）

12 月 16 日上午，北京高等学校语言实验教学示范中心在北京交通大学揭幕成立。专家们表示，不应忽视高校教师的创客身份，学校应该为教师创设条件，激发其在课程、教学方面的创造性。这种创造性，不但包含对教师“创课”及教学的技术、人力支持，也包含对教师创课的成绩认定、经济鼓励等一系列措施。数字化语言学习协同创新实验室就是一个鼓励和引导教师不断提升创课、教学、科研能力的良好平台，依托这一平台培养和打造一批创客型师资队伍指日可待。

2016 年人文社会科学翻译高层论坛在北京举行

（摘自：中国社会科学报，12 月 16 日，作者：王俊美）

12 月 11 日，由首都师范大学主办的 2016 年人文社会科学翻译高层论坛在北京举行。首都师范大学国际文化学院专家莫大伟（David Moser）表示，译者在翻译过程中应发挥主体意识，有选择地运用理论来指导实践。清华大学外文系教授罗选民表示，当前中国需要“大翻译”，即通观之下的语符翻译，是对中国典籍的阐释和翻译，以及文化意象的建构。通观意味着翻译活动不是聚焦的，而是分散的。语符翻译意味着翻译不仅仅是语言的，还是符号的，更是语言与符号的复合体。中国外文局原副局长黄友义认为，机器翻译固然能够帮助人们加快翻译速度，但在人文领域，机器翻译远未达到实际要求，难以取代人工翻译。

中华多民族谚语整理与研究开题论证会在呼和浩特举行

（摘自：呼和浩特日报，12 月 20 日，作者：王中宙）

近日，2016 年度国家社科基金重大项目《中华多民族谚语整理与研究》开题报告会在内蒙古大学举行。包括中国社会科学院、中央民族大学、大连民族大学、国务院、中国民族语言学会、内蒙古社科院、内蒙古师范大学等专家学者参加开题报告会。报告会上，课题首席专家、内蒙古大学人文科学学部主任、内蒙古语言学会会长李树新教授作了国家社科基金重大项目《中华多民族谚语整理与研究》开题报告，介绍了项目的整体研究框架与研究思路。同时，专家组成员也对课题的研究思路、研究内容、资金使用、阶段性成果等提出了许多具有建设性的思路和建议。

青年观“一带一路”语言与跨文化传播论坛在京举办

（摘自：中国网，12 月 20 日，作者：王雅楠、李梦薇、于森）

18 日，国内首届以青年视角关注“一带一路”语言与跨文化传播的论坛——青年观“一带一路”语言与跨文化传播论坛在中国传媒大学举办。中共中央对外联络部西欧局局长张建国说，西欧在“一带一路”倡议中具有重要作用，应该“重心下沉、脚踏实地、民心相通”“有的放矢、精确传播”“做好媒体工作”“注意词汇选取”，打造利于有效传播的文化软环境。文化部外联局翻译处处长蒋好书借助两条热点新闻引入对新时代文化传播的思考。她对青年学子们提出三点希望，希望他们能兼顾好“记者”“翻译”“主播”的三重身份，为中国文化走向世界做出贡献。

华南师大召开古文字学术研讨会，张玉金称：不提倡高考作文使用古文字

（摘自：羊城晚报，12 月 21 日，作者：王倩、吴惠莉、李宇红、杨柳青）

华南师范大学文学院特聘教授、古文字学家张玉金向记者解释了考释一个甲骨文究竟有多难。由于甲骨文是中国最早的成系统的文字，是现存最珍贵的历史文物之一。自 1899 年发现甲骨文开始，经过罗振玉、王国维、郭沫若等几代学人的共同努力，已经释读出甲骨文字 1000 个左右，但是还余下近 3000 个甲骨文字是没有考释出来的未释字。这些未释字，释读难度非常大，都是前人留下来的“硬骨头”。张玉金认为，首先用古文字并不符合用现代汉语写作的作文要求，其次汉字的演变过程是由繁到简，目的是便于书写，使用好简体汉字是考生应该具备的首要能力。

2016 中国语言服务业大会暨中国翻译协会年会在京举行

（摘自：中国社会科学网，12 月 26 日，作者：潘玥斐）

12 月 23 ~ 24 日，由中国翻译协会主办的 2016 中国语言服务业大会暨中国翻译协会年会在京举行。本次会议以“创新发展与标准化建设”为主题，围绕“一带一路”与语言服务、“互联网 +”时代语言服务业的创新与发展、语言服务人才培养与创业创新、语言服务模式创新与发展、语言服务的标准化与信用体系建设、语言服务与权益保障等议题进行探讨。本次会议还启动了中国译协语言服务法律咨询服务项目，发布了《本地化入门手册》和《本地化翻译和文档排版质量评估规范》等协会规范，组织了十多场丰富多彩的分论坛。

南京理工大学成立“一带一路语言文化传播战略研究中心”

（摘自：南京日报，12 月 27 日，作者：朱志飞、谈洁、胡兮羽）

南京理工大学举办“一带一路语言文化传播战略研究高层论坛”，成立江苏首家“一带一路语言文化传播战略研究中心”。记者了解到，现今“一带一路”小语种人才稀缺，不少高校正在或计划增设“一带一路”相关的小语种专业。浙江大学教授许钧介绍，“一带一路”沿途涉及 60 多个国家，包括 20 多种语言，其中有不少还是少人问津的小语种。“过去我们学习英语、俄语比较多，但随着‘一带一路’发展的需要，我们到沿线东亚一些国家时，如果总用英语、俄语跟他们交流，就没有办法了解当地的文化和民俗，也会影响到交流的效果，因此小语种人才变得急缺。”

专家研讨语言服务创新与文化软实力提升

（摘自：中国文化报，12月28日，作者：王连文）

12月23～24日，以“创新发展与标准化建设”为主题的2016中国语言服务大会在北京举行。来自中国外文局、发改委西部开发司、各语言服务和语言技术产品供应商等300余人，围绕“一带一路”建设与语言服务、“互联网＋”时代语言服务业创新发展与国家文化软实力提升、语言服务标准化等议题深入研讨。专家指出，中国语言服务行业未来发展需要“三走三跨”战略：“走出去”的跨语言服务、“走进去”的跨文化服务、“走上去”的跨平台服务，助推中国经济与文化走向世界。

“中华经典资源库”二、三期项目成果发布会在京举行

（摘自：教育部语用司，12月29日）

12月29日上午，“中华经典资源库”二、三期项目成果发布会在人民教育出版社召开，国家语委主任、教育部副部长杜占元出席发布会并讲话指出，中华经典资源库是教育部、国家语委深入贯彻党的十八大、十八届历次全会精神和习近平总书记系列重要讲话精神的重大项目，也是坚定文化自信、传承弘扬中华优秀传统文化、落实国家语言文字事业《规划纲要》和《“十三五”发展规划》的重要成果。

图书在版编目（CIP）数据

中国语情年报. 2016 / 赫琳主编. -- 北京 ：社会科学文献出版社，2020. 9
ISBN 978 - 7 - 5201 - 7040 - 6

Ⅰ. ①中… Ⅱ. ①赫… Ⅲ. ①汉语 - 语言学 - 2016 - 年报 Ⅳ. ①H1 - 54

中国版本图书馆 CIP 数据核字（2020）第 137785 号

中国语情年报（2016）

主　　编 / 赫　琳

出 版 人 / 谢寿光
责任编辑 / 胡百涛

出　　版 / 社会科学文献出版社（010）59367215
地址：北京市北三环中路甲 29 号院华龙大厦　邮编：100029
网址：www. ssap. com. cn
发　　行 / 市场营销中心（010）59367081　59367083
印　　装 / 三河市龙林印务有限公司

规　　格 / 开 本：787mm × 1092mm　1/16
印 张：17　字 数：317 千字
版　　次 / 2020 年 9 月第 1 版　2020 年 9 月第 1 次印刷
书　　号 / ISBN 978 - 7 - 5201 - 7040 - 6
定　　价 / 89. 00 元